Kriegsbegründungen

Sicherheitspolitische Kultur
in Deutschland
nach dem Kalten Krieg

von

Martin Florack

Tectum Verlag
Marburg 2005

Florack, Martin:
Kriegsbegründungen.
Sicherheitspolitische Kultur in Deutschland nach dem Kalten Krieg.
/ von Martin Florack
- Marburg : Tectum Verlag, 2005
Bildnachweis für Coverabbildungen: Deutscher Bundestag
ISBN 978-3-8288-8792-3

Tectum Verlag
Marburg 2005

Inhaltsverzeichnis

1. Einleitung

„Die einst so mächtige Friedensbewegung der Bundesrepublik, die die politische Kultur hierzulande wahrscheinlich weit mehr geprägt hat als 1968, hat sich still und leise verabschiedet schon bei der ersten Nagelprobe. Wie weiland am Abend des ersten Weltkriegs gab es auch angesichts des ersten militärischen Einsatzes nach 1945, an dem die Bundeswehr teilnimmt, zunächst keine streitenden Parteien mehr. Die Grünen, aus der Friedensbewegung geboren, sind an der Regierung beteiligt und trugen die Verantwortung für die Nato-Schläge gegen Jugoslawien mit. Keiner hängte Bettlaken heraus. Keiner rief ‚Nie wieder Krieg!'. Und die wenigen überzeugungstreuen Ostermarschierer mussten entdecken, dass sie nicht für die Sache des Friedens auf die Straße gegangen waren, sondern, wie weiland Saddam Husseins ‚edle Seelen', als Unterstützungskomitee für Slobodan Milosevic. Was ist geschehen?" (Cora Stephan zum Kosovokrieg, 1999)[1]

1.1 Einleitende Bemerkungen und Fragestellung

Der Wandel der deutschen Sicherheitspolitik seit 1990 zeigt sich nirgendwo so deutlich wie in der Frage militärischer Auslandseinsätze der Bundeswehr außerhalb des NATO-Bündnisgebietes. Der Kosovokrieg im Jahre 1999 – die Bundeswehr war hier zum ersten Mal seit 1945 aktiv an einem Kampfeinsatz beteiligt – erscheint im Zuge dieser Veränderungen fast wie eine reine Durchgangsstation. Angesichts der militärischen Beteiligung der Bundeswehr am internationalen „Kampf gegen den Terrorismus" ab November 2001 zeigt sich darüber hinaus auch eine geographische Ausweitung der militärischen Einsatzmöglichkeiten der Bundeswehr. Bundeskanzler Gerhard Schröder stellte bereits in seiner Regierungserklärung vom 11. Oktober 2001 fest, die Bundesrepublik habe sich nach der Wiedererlangung ihrer vollen Souveränität ihrer internationalen Verantwortung in einer neuen Weise zu stellen. Dies schließe die *„Beteiligung an militärischen Operationen zur Verteidigung von Freiheit und Menschenrechten, zur Herstellung von Stabilität und Sicherheit ausdrücklich ein"*. Die Bereitschaft, *„auch militärisch für Sicherheit zu sorgen"*, sei ein *„wichtiges Bekenntnis zu Deutschlands Allianzen und Partnerschaften"*. *Dies bedeute „ein weiterentwickeltes Selbstverständnis deutscher Außenpolitik. [...] Dabei jedes unmittelbare Risiko zu vermeiden kann und darf nicht die Leitlinie deutscher Außen- und Sicherheitspolitik sein".*[2] Damit hat die deutsche Sicherheitspolitik seit 1990 einen langen und innenpolitisch oft umstrittenen Weg zurückgelegt. Von 1945 bis 1990 waren eine „Kultur der Zurückhaltung" und eine Politik der militärischen

---

[1] Stephan, Cora: Der moralische Imperativ. Die Friedensbewegung und die neue deutsche Außenpolitik, S. 269, in: Schmid, Thomas (Hrsg.): Krieg im Kosovo, Reinbek 1999, S. 269-277.

[2] Schröder, Gerhard: Regierungserklärung des Bundeskanzlers zur aktuellen Lage nach Beginn der Operation gegen den internationalen Terrorismus in Afghanistan vor dem Deutschen Bundestag am 11. Oktober 2001 in Berlin, in: Bulletin der Bundesregierung, Nr. 69/1 vom 12. Oktober 2001.

Selbstbeschränkung die Hauptcharakteristika deutscher Sicherheitspolitik gewesen. Dieser „antimilitaristische Konsens" manifestierte sich in der weitgehend geteilten Norm, die Bundeswehr lediglich innerhalb des NATO-Bündnisgebietes zu Verteidigungszwecken einzusetzen. Sowohl der Kosovokrieg als auch die Ausführungen von Bundeskanzler Schröder anlässlich des „Kampfes gegen den Terrorismus" markieren damit eine grundlegende Veränderung gegenüber dem „antimilitaristischen Konsens".

Die zentrale Fragestellung dieser Arbeit lautet daher: Wie ist dieser Wandel in der zentralen sicherheitspolitischen Frage militärischer Auslandseinsätze der Bundeswehr zu erklären? Warum ist der Einsatz der Bundeswehr außerhalb des Verteidigungszwecks denkbar geworden? Warum hat eine offensichtliche Abkehr von dem bis 1990 praktizierten sicherheitspolitischen Handeln stattgefunden?

Die grundlegende These der vorliegenden Arbeit lautet, dass sich im Verlauf der 90er Jahre ein schrittweiser Wandel der „sicherheitspolitischen Kultur" vollzogen hat, der zu der Etablierung eines neuen sicherheitspolitischen Konsenses führte. Weder der Kosovoeinsatz der Bundeswehr, noch die militärische Beteiligung am „Kampf gegen den Terrorismus" stellen somit eine plötzliche oder grundsätzliche Zäsur dar. Vielmehr ist die veränderte sicherheitspolitische Praxis das Ergebnis eines schrittweisen kulturellen Wandlungsprozesses. Dieser setzte bereits in Folge des Golfkrieges 1990/91 ein, vollzog sich schrittweise im Verlauf der 90er Jahre und fand mit der Beteiligung der Bundeswehr am Kosovokrieg und am internationalen „Kampf gegen den Terrorismus" einen vorläufigen Abschluss. Durch den Wandel der sicherheitspolitischen Kultur wurden militärische Auslandseinsätze denkbar und somit zu einer sicherheitspolitischen Handlungsoption.

Zugleich handelt es sich weniger um eine fundamentale Abkehr von der sicherheitspolitischen Kultur der Zurückhaltung, sondern vielmehr um die kreative Rekonstruktion verschiedener in ihr bereits angelegter Deutungsangebote und Normen. Dem diagnostizierten Wandel steht so auf der anderen Seite in vielerlei Hinsicht Kontinuität gegenüber. Daher können alternative Deutungsangebote wie realistische und neorealistische Ansätze keine ausreichende Erklärung für den Politikwandel liefern. Diese machen vor allem strukturelle Veränderungen wie die veränderte Stellung innerhalb des internationalen Systems für sicherheitspolitische Wandlungsprozesse verantwortlich.[3] Solche materiellen Erklärungsfaktoren können zwar in vielerlei Hinsicht Auslöser für sicherheitspolitischen Wandel sein, sie können jedoch weder den kulturellen, noch den Politikwandel ausreichend erklären.[4] Vielmehr ist gerade die Rekonstruktion von Bedeutungen und Normen im Rahmen der politischen Kultur notwendig für ein Verständnis dieser Veränderungen.

---

[3] Eine solche strukturelle Erklärung bietet beispielsweise die Theorie des Neorealismus. Vgl. beispielsweise Waltz, Kenneth: Theory of International Politics, Reading 1979.

[4] Vgl. Maull, Hanns W.: Germany in the Yugoslav Crisis, in: *Survival* 4/1995-96, S. 99-130.

Daher stützt sich die vorliegende Arbeit zur Analyse des Fallbeispiels militärischer Auslandseinsätze der Bundeswehr auf einen theoretischen Analyseansatz der politischen Kultur. Politische Kultur wird hier primär als ein diskursives Phänomen verstanden. Dieses Verständnis beruht auf der Definition politischer Kultur von Michael Schwab-Trapp:

> „Diese Perspektive geht von der Annahme aus, dass die politische Kultur einer Gesellschaft aus einem System von Bedeutungen für politische Ereignis- und Handlungszusammenhänge besteht, das in öffentlichen Auseinandersetzungen zwischen politischen und kulturellen Eliten hergestellt wird und Legitimation für diese Ereignis- und Handlungszusammenhänge enthält. [Es geht darum,] politische Kultur als ein Phänomen zu begreifen, das vorrangig in politischen Diskursen hergestellt, reproduziert oder verändert wird."[5]

Politische Kultur wird also in politischen Diskursen intersubjektiv hergestellt, reproduziert und verändert. Politische Eliten als Hauptakteure kämpfen im Zuge dieser Diskurse argumentativ um die Legitimität ihrer Deutungsangebote. Im Rahmen dieser diskursiven Auseinandersetzung etablieren sich dominante Deutungsangebote und im Zuge dessen handlungsleitende Normen. Diese werden im Rahmen der politischen Kultur auf verschiedene Arten institutionalisiert. Erstens zeichnen sich dominante Deutungsangebote und Normen durch ihre intersubjektive Akzeptanz aus. Sie werden von den politischen Eliten weitgehend geteilt und in politischen Diskursen reproduziert. Damit werden sie zu ‚sozialen Fakten' und sind dadurch einer schnellen Veränderung entzogen. Zweitens werden dominante Deutungsangebote durch politisches Handeln legitimiert und institutionalisiert. Politisches Handeln schreibt die Legitimität bestimmter Deutungsangebote in der politischen „Realität" fest und schafft damit Fakten, die nicht mehr ohne weiteres diskursiv verändert werden können. Schließlich wird die Institutionalisierung politischer Kultur auch durch die Akzeptanz der ihr zugrunde liegenden Deutungsangebote und Normen im Rahmen der öffentlichen Meinung beeinflusst.

Seit 1945 hatte sich in der Bundesrepublik, nicht zuletzt auch unter dem Einfluss der strukturellen Umstände, ein „antimilitaristischer Konsens" entwickelt, der bis 1990 weitgehend handlungsleitend blieb. Die Basis dieser sicherheitspolitischen „Kultur der Zurückhaltung" bildeten dabei drei grundlegende Normen: Erstens, die Norm des „Antimilitarismus". Die damit verbundene Handlungsaufforderung lautete „Nie wieder Krieg". Damit eng verknüpft war der weitgehende Konsens der sicherheitspolitischen Eliten, die Bundeswehr nur zu Verteidigungszwecken einzusetzen. Zweitens, die Norm des „Multilateralismus", welche sich in der Handlungsaufforderung „Nie wieder Sonderwege" ausdrückte. Und drittens, die eng mit dem Multilateralismus

---

[5] Schwab-Trapp: Kriegsdiskurse. Die politische Kultur des Krieges im Wandel 1991-1999, Opladen 2002, S. 19. Eine Kurzfassung des Diskurskonzeptes auch in Schwab-Trapp, Michael: Diskurs als soziologisches Konzept. Bausteine für eine soziologisch orientierte Diskursanalyse, in: Hirseland, Andreas u.a. (Hrsg.): Handbuch Sozialwissenschaftliche Diskursanalyse, Band 1: Theorien und Methoden, Opladen 2001, S. 261-283.

verbundene Norm der Integration und der Westbindung. Die Norm des Antimilitarismus wurde dabei sowohl durch die politische Praxis als auch die Verfassungsinterpretation des Grundgesetzes fest in der politischen Kultur institutionalisiert. Der Einsatz der Bundeswehr außer zu Verteidigungszwecken blieb somit ausgeschlossen. Bereits im Zuge des Golfkrieges treten diese in der sicherheitspolitischen Kultur institutionalisierten Normen in einen Widerspruch zueinander. Zwar wird in der Debatte 1990/91 eine deutsche Beteiligung von den politischen Eliten noch nicht als Handlungsoption wahrgenommen, die sicherheitspolitische Kultur und der antimilitaristische Konsens sind weiterhin handlungsleitend. Dennoch werden bereits im Rahmen dieses Diskurses Deutungsangebote entwickelt, welche prinzipiell für eine deutsche Beteiligung am Golfkrieg sprechen. Hierbei steht zunächst das Deutungsangebot der Bündnissolidarität im Vordergrund, welches eng verbunden mit der Norm des Multilateralismus ist. Zugleich zeichnet sich ein Wandel der Norm des Antimilitarismus ab. Diese beruhte vor allem auf den Erfahrungen der deutschen Vergangenheit, d.h. auf dem dominanten Verständnis des kollektiven Gedächtnisses, welches im weiteren Verlauf als „Basiserzählung" konzeptualisiert werden soll. Diese „Basiserzählung" beginnt sich jedoch bereits während des Golfkriegs zu wandeln. Zu dem dominanten Deutungsangebot „Nie wieder Krieg" tritt die ebenfalls aus der nationalsozialistischen Vergangenheit abgeleitete Norm „Nie wieder Auschwitz" in Konkurrenz. Dieses Deutungsangebot legitimiert im Gegensatz zur Norm des Antimilitarismus auch den Einsatz der Bundeswehr im Rahmen militärischer Interventionen. Damit markiert der Golfkrieg das Aufbrechen des antimilitaristischen Konsenses und leitet den schrittweisen Wandel der sicherheitspolitischen Kultur ein.
Die vorliegende Arbeit untersucht diesen kulturellen Wandlungsprozess, der sich im Rahmen des Diskurses der politischen Eliten vollzieht. Dabei legen die Ergebnisse den Schluss nahe, dass sich im Zuge dieses Diskurses ein neuer Konsens über militärische Auslandseinsätze der Bundeswehr etabliert. Dieser zeigt sich spätestens im Zuge des Kosovokrieges 1999. Die deutsche Beteiligung an dieser militärischen Intervention markiert also weniger eine grundsätzliche Zäsur, sondern einen vorläufigen Schlusspunkt des kulturellen Wandlungsprozesses, der mit dem Golfkrieg begonnen hatte, sich im Verlauf der 90er Jahre verstärkte und sich im Zuge der deutschen Beteiligung am „Kampf gegen den Terrorismus" weiterentwickelt.

1.2 Überblick über den Forschungsstand

Lucian Pye weist zu Recht darauf hin, dass „Kultur" in den Sozialwissenschaften zu den übergreifenden „Mega-Konzepten" gehört.[6] Den ersten großen Versuch, Kultur als analytisches Konzept auch empirisch für die

---

[6] Pye, Lucian W.: Political Culture Revisited, S. 487, in: *Political Psychology* 3/1991.

Politikwissenschaft nutzbar zu machen, stellt die vergleichende Studie „*Civic Culture*" von Almond and Verba aus dem Jahr 1963 dar. Diese Untersuchung basierte auf dem wissenschaftstheoretischen Fundament des Behaviorismus und einer zunehmend empirischen Forschungsorientierung der Sozialwissenschaften.[7] Dabei stand für Almond und Verba die Frage im Mittelpunkt, welche Eigenschaften eine politische Kultur aufweisen müsse, um eine stabile Demokratie zu gewährleisten.[8] In dieser klassischen Ausrichtung politischer Kulturforschung wird politische Kultur somit primär als Ergebnis subjektiver Einstellungen und Werthaltungen verstanden, die sich zur politischen Kultur einer sozialen Einheit verdichten. Methodisch greift dieser Ansatz zumeist auf quantitative und statistische Methoden zurück. Politische Kultur besitzt somit als Ergebnis subjektiver Einstellungen den Status einer abhängigen bzw. intervenierenden Variablen, wird jedoch nicht als eigenständige erklärende Variable operationalisiert.[9]

Nach einem geflügelten Wort von Max Kaase gleicht die Analyse politischer Kultur zwar oftmals dem Versuch, „*einen Pudding an die Wand zu nageln*"[10], das Studium politischer Kultur blieb dennoch ein wichtiger Teil der politikwissenschaftlichen Forschung. Die Forschungsliteratur zur politischen Kultur klassischer Ausrichtung ist umfassend.[11] Zumeist standen jedoch, wie schon bei Almond und Verba, die Bedeutung politischer Kultur für innenpolitische Aspekte und eine vergleichende Perspektive verschiedener politischer Kulturen im Vordergrund des Interesses.[12]

Im Zuge dessen, was von Jeffrey Checkel als „*Constructivist Turn*"[13] in der Theoriebildung der internationalen Beziehungen bezeichnet wird, fand Kultur ebenfalls verstärkt Eingang in die theoretische Diskussion dieser politikwissenschaftlichen Teildisziplin. Anja Jetschke und Andrea Liese kommen so zu dem Schluss, seit Beginn der 90er Jahre befinde sich „*Kultur im*

---

[7] Greiffenhagen, Martin und Sylvia: Politische Kultur, S. 174, in: Bundeszentrale für Politische Bildung (Hrsg.): Grundwissen Politik, Bonn 1997, S. 167-238.
[8] Die grundlegende These beider war die Annahme, eine demokratische Form der Partizipation im politischen System setze eine entsprechende politische Kultur voraus. Siehe Almond, Gabriel A. und Sidney Verba: The Civic Culture, Princeton 1963, S. 5.
[9] Ulbert, Cornelia: Die Konstruktion von Umwelt, Baden-Baden 1997, S. 50.
[10] Kaase, Max: Sinn oder Unsinn des Konzepts „Politische Kultur" für die vergleichende Politikforschung, oder auch: Der Versuch, einen Pudding an die Wand zu nageln, in: Kaase, Max und H.D. Klingemann (Hrsg.): Wahlen und politisches System, Opladen 1983, S. 144-172.
[11] Für einen Überblick über die Ursprünge und theoretischen Grundlinien sowie die weitere Entwicklung dieser Ansätze siehe ausführlicher Pye: Political Culture; Berg-Schlosser, Dirk und Jakob Schissler (Hrsg.): Politische Kultur in Deutschland. Bilanzen und Perspektiven der Forschung, Opladen 1987.
[12] Vgl. Berg-Schlosser und Schissler: Politische Kultur.
[13] Checkel, Jeffrey T.: The Constructivist Turn in International Relations Theory, in: *World Politics* 2/1998, S. 324-348.

Aufwind".[14] Die Vielzahl der untersuchten Fallbeispiele legt dabei jedoch den
Schluss nahe, dass es keinen gemeinsamen Forschungsgegenstand gibt.[15] Im
Rahmen dieses neuen Forschungsprogramms sind für die vorliegende Arbeit
diejenigen kulturellen Erklärungsansätze von Bedeutung, die konkreter auf das
Politikfeld „Sicherheit" bezogen sind. Damit stehen unterschiedliche Modelle
zur Verfügung. Diese unterschiedlichen Ansätze reichen beispielsweise von
„strategischer Kultur"[16] über „Organisationskultur"[17], „politisch-militärische
Kultur"[18] bis hin zu „nationaler Sicherheitskultur"[19]. Von einer einheitlichen
Definition oder gar einer „Kulturtheorie" kann jedoch keine Rede sein. Eine
Vielzahl dieser dem theoretischen Ansatz des Sozialkonstruktivismus[20]
zuzurechnenden Modelle grenzt sich klar von „rationalistischen" oder
„materialistischen" Erklärungsansätzen wie dem Neorealismus oder dem
Neoliberalismus ab, die gerade im Bereich der Sicherheitspolitik als wichtige
Erklärungsmodelle gelten.[21] Hervorgehoben wird die Bedeutung von
(politischer) Kultur, Normen, Identität und Werten für politisches Handeln,
wohingegen „rationalistische" Theorieansätze vor allem Interessen und
materielle Strukturen betonen. Mit dieser Akzentuierung kultureller Faktoren
geht jedoch auch eine Bedeutungsverschiebung des Kulturbegriffs einher, die
der klassischen Ausrichtung der Kulturforschung eine weitere Perspektive
hinzufügte. Politischer Kultur wird hier der Status einer erklärenden Variablen

---

[14] Jetschke, Anja und Andrea Liese: Kultur im Aufwind. Zur Rolle von Bedeutungen, Werten und Handlungsrepertoires in den internationalen Beziehungen, in: *ZIB* 1/1998, S. 149-179. Dieser Literaturbericht befasst in sich vergleichender Weise mit einigen Kulturansätzen zu verschiedenen Politikfeldern.

[15] Vgl. beispielsweise das auf die internationale Umweltpolitik bezogene Modell von Ulbert. Siehe Ulbert: Konstruktion; für einen Überblick der Forschungsansätze, die sich allgemein mit Außenpolitik auseinandersetzen siehe auch Hudson, Valerie (Hrsg.): Culture and Foreign Policy, Boulder 1997.

[16] Johnston, Alistair I.: Cultural Realism. Strategic Culture and Grand Strategy in Chinese History, Princeton 1995.

[17] Legro, Jeffrey W.: Culture and Preferences in the International Cooperation Two-Step, in: *American Political Science Review* 1/1996, S. 118-137.

[18] Berger, Thomas U.: Cultures of Antimilitarism: National Security in Germany and Japan, Baltimore und London 1998.

[19] Duffield, John C.: World Power Forsaken: Political Culture, International Institutions, and German Security Policy after Unification, Stanford 1998.

[20] Der Sozialkonstruktivismus wird oftmals Alexander Wendt zugerechnet. Zu dieser Theorierichtung der internationalen Beziehungen siehe beispielsweise Wendt, Alexander: „Anarchy is What States Make of It": The Social Construction of Power Politics, *International Organization*, 2/1992, S. 391-425; Wendt, Alexander: Social Theory of International Politics, Cambridge 1999; Ruggie, John Gerard: Constructing the World Polity. Essays on International Institutionalisation, London u.a. 1998; Checkel: Constructivist Turn.

[21] Katzenstein, Peter J.: Introduction: Alternative Perspectives on National Security, S. 10 u. 17, in: ders. (Hrsg.): The Culture of National Security: Norms and Identity in World Politics, New York 1996, S. 1-32.

zuerkannt. Kultur erscheint somit als ein *„Gebilde von Wertorientierungen und Symbolsystemen sowie als Repertoire von Praktiken, das Handeln erst ermöglicht und diesem Sinn verleiht".*[22] Kultur schafft damit Bedeutungen, die für politisches Handeln konstitutiv sind. Insofern unterscheidet sich die sozialkonstruktivistische Konzeptualisierung politischer Kultur grundlegend von Ansätzen klassischer Ausrichtung.

Dieser sozialkonstruktivistischen Perspektive zuzurechnende Erklärungsansätze haben sich verstärkt auch der Analyse der deutschen Außen- und Sicherheitspolitik bzw. entsprechenden Fallbeispielen zugewandt. Hier sind vor allem die Studien von John S. Duffield, Thomas U. Berger und Hanns W. Maull zu nennen.[23] Basierend auf analytischen Konzepten wie der „political-military culture" (Berger), der *„außenpolitischen Kultur"* (Maull) und *„national security culture"* (Duffield) werden unterschiedliche Fallbeispiele deutscher Außen- und Sicherheitspolitik untersucht. Die Frage militärischer Auslandseinsätze der Bundeswehr wird dabei von allen als eine grundlegende Frage deutscher Sicherheitspolitik nach 1990 identifiziert und im Rahmen der Analyse behandelt. Insofern können die Studien sowohl einen Beitrag zur Formulierung eines theoretischen Analyserahmens als auch zur empirischen Untersuchung des ausgewählten Fallbeispiels leisten.

Hinzu kommen rollentheoretische Ansätze wie das Konzept der *„Zivilmacht"* von Maull und Kirste und das von Rosecrance entwickelte und von Staack weiterentwickelte Modell des *„Handelsstaats".*[24] Auch hier ist zu unterscheiden zwischen Studien, die sich der allgemeinen Erklärung deutscher Außen- und Sicherheitspolitik zuwenden und denen, die sich mit einzelnen Fallbeispielen des Politikfeldes „Sicherheit" befassen. Von besonderer Bedeutung für die

---

[22] Ulbert: Konstruktion, S. 50. Berger unterscheidet zwischen einem „anthropologischen" und einem „historisch-kulturellen Ansatz" zum Studium von Kultur. Dabei ist die klassische Kulturforschung im Sinne Almonds und Verbas dem anthropologischen Ansatz zuzurechnen. Siehe ausführlicher Berger: Cultures, S. 9-11.

[23] Duffield: World Power; Berger: Cultures; Berger, Thomas U.: Norms, Identity, and National Security in Germany and Japan, in: Katzenstein, Peter J. (Hrsg.): The Culture of National Security: Norms and Identity in World Politics, New York 1996, S. 317-356.; Maull, Hanns: Außenpolitische Kultur, in: Korte, Karl-Rudolf und Werner Weidenfeld (Hrsg.): Deutschland-TrendBuch. Fakten und Orientierungen, Bonn 2001, S. 645-672. Allgemeiner siehe ebenfalls Bellers, Jürgen: Politische Kultur und Außenpolitik im Vergleich, München/Wien 1999.

[24] Kirste, Knut und Hanns W. Maull: Zivilmacht und Rollentheorie, in: *ZIB*, 2/1996, S. 283-312; Staack, Michael: Handelsstaat Deutschland. Deutsche Außenpolitik in einem neuen internationalen System, Paderborn u.a. 2000; Harnisch, Sebastian und Hanns W. Maull (Hrsg.): Germany as a Civilian Power. The Foreign Policy of the Berlin Republic, Manchester 2001. Zur Kritik des Zivilmachtkonzepts siehe beispielsweise Tewes, Henning: Das Zivilmachtkonzept in der Theorie der Internationalen Beziehungen. Anmerkungen zu Knut Kirste und Hanns W. Maull, in: *ZIB* 2/1997, S. 347-359.

vorliegende Arbeit sind die Beiträge von Philippi, die sich speziell mit dem hier untersuchten Fallbeispiel der Auslandseinsätze auseinandersetzt.[25] Neben diesen theoretisch ausgerichteten Forschungsbeiträgen gibt es weitere empirisch orientierte Studien, die sich mit dem untersuchten Fallbeispiel befassen. Zu nennen sind hier vor allem die Beiträge von Siedschlag, Schmidt, Kamp und Thomas und Nikutta.[26] Allerdings mangelt es oftmals an Aktualität und eine übergreifende empirische Gesamtdarstellung neueren Datums liegt bisher nicht vor. Daher muss auch auf allgemeine Literatur zur deutschen Außen- und Sicherheitspolitik der 1990er Jahre verwiesen werden.[27] Über diese im engeren Sinne politikwissenschaftliche Literatur hinaus gibt es weitere sozialwissenschaftliche Studien, welche für die hier untersuchte Fragestellung von Bedeutung sind. Besonders muss in diesem Zusammenhang auf die Untersuchung von Michael Schwab-Trapp hingewiesen werden.[28] Dieser Beitrag zur „politischen Soziologie"[29] befasst sich in zugespitzter Form mit der Frage militärischer Auslandseinsätze der Bundeswehr. Neben der inhaltlichen Bedeutung ist die Analyse aber auch aus theoretischer Sicht von Belang für die vorliegende Arbeit. Das von Schwab-Trapp entwickelte Diskursmodell einer

---

[25] Philippi, Nina: Bundeswehr-Auslandseinsätze als außen- und sicherheitspolitisches Problem des geeinten Deutschlands, Frankfurt a.M. u.a. 1997; Dies.: Civilian Power and War: The German Debate About Out-of-Area Operations 1990-99, in: Harnisch, Sebastian und Hanns W. Maull (Hrsg.): Germany as a Civilian Power. The Foreign Policy of the Berlin Republic, Manchester 2001, S. 49-67. Die Monographie bezieht über die politikwissenschaftliche Fragestellung hinaus auch juristische Aspekte des Fallbeispiels in die Analyse ein.

[26] Siedschlag, Alexander: Die Aktive Beteiligung Deutschlands an militärischen Aktionen zur Verwirklichung kollektiver Sicherheit, Frankfurt a.M. u.a. 1995; Schmidt, Christian: „Out-of-Area" - Eine Chronologie zu den Auslandseinsätzen der Bundeswehr, in: _antimilitarismus information_ 3/1997, S. 12-21; Thomas, Caroline und Rudolph Nikutta (Bearb.): Bundeswehr und Grundgesetz. Zur neuen Rolle der militärischen Intervention in der Außenpolitik, Frankfurt a.M. 1991; Kamp, Karl-Heinz: Die Debatte um den Einsatz deutscher Streitkräfte außerhalb des Bündnisgebietes, Sankt Augustin 1991

[27] Vgl. z.B. das Sonderheft der Zeitschrift „German Politics" 1/2001 zur deutschen Außenpolitik. Hier finden sich ebenfalls Artikel, die einzelne Aspekte des Fallbeispiels wie den Kosovokrieg thematisieren. Allgemeiner auch Haftendorn, Helga: Deutsche Außenpolitik zwischen Selbstbeschränkung und Selbstbehauptung. 1945-2000, Stuttgart/München 2001; Rittberger, Volker: Deutschlands Außenpolitik nach der Vereinigung. Zur Anwendbarkeit theoretischer Modelle der Außenpolitik: Machtstaat, Handelsstaat oder Zivilstaat, Tübingen 1999;Schöllgen, Gregor: Die Außenpolitik der Bundesrepublik Deutschland. Von den Anfängen bis zur Gegenwart, München 2001. Zu verweisen ist auch auf eine Sammlung von Reden zur deutschen Außenpolitik, welche im Rahmen einer Veranstaltungsreihe der DGAP gehalten wurde. Siehe Kaiser, Karl (Hrsg.): Zur Zukunft der deutschen Außenpolitik. Reden zur Außenpolitik der Berliner Republik, Bonn 1998.

[28] Schwab-Trapp: Kriegsdiskurse. Siehe ergänzend ders.: Diskurs.

[29] So bezeichnet Schwab-Trapp seinen und vergleichbare Ansätze. Siehe Schwab-Trapp: Kriegsdiskurse, S. 33-34.

„politischen Kultur des Krieges" kann als zentraler Ausgangspunkt für die Entwicklung eines theoretischen Analyserahmens verwendet werden. Ergänzend werden zu diesem Zweck die ebenfalls der soziologischen Literatur zuzuordnenden Studien von Klaus Eder und Thomas Herz herangezogen.[30] Mit Hilfe einer solchen Verbindung politikwissenschaftlicher und soziologischer Literatur kann ein theoretisches Analysemodell politischer Kultur entwickelt werden, welches sich für die weitergehende empirische Untersuchung eignet. Damit gleicht diese Verbindung nicht zuletzt eine Schwäche sozialkonstruktivistischer Kulturansätze aus, die oftmals primär theoretisch ausgerichtet sind und eine empirische Untersuchung damit oftmals nur unzureichend ermöglichen.[31]

1.3 Methodik und Materialauswahl

Politische Kulturforschung war von Beginn an methodologischer Kritik ausgesetzt. Auch heute richtet sich die Kritik an kulturtheoretischen Untersuchungs- und Erklärungsansätzen oftmals gegen die zur Analyse herangezogene Methodik.[32] Die klassische Kulturforschung greift vor allem auf quantitative Analyseinstrumente wie Repräsentativumfragen zurück. Dahingegen bedienen sich andere Ansätze qualitativer bzw. interpretativer Methoden wie der Inhalts-, Dokumenten- und Diskursanalyse, um politische Kultur zu erfassen und operationalisieren.[33]

---

[30] Eder, Klaus: Politik und Kultur. Zur kultursoziologischen Analyse politischer Partizipation, in: Honneth, Axel u.a. (Hrsg.): Zwischenbetrachtungen. Im Prozess der Aufklärung, Frankfurt 1989, S. 519-548; Herz, Thomas: Die „Basiserzählung" und die NS-Vergangenheit. Zur Veränderung der politischen Kultur in Deutschland, in: Clausen, Lars (Hrsg.): Gesellschaften im Umbruch. Verhandlungen des 27. Kongresses der Deutschen Gesellschaft für Soziologie in Halle an der Saale, Frankfurt/New York 1995, S. 91-110. Neben dem Beitrag von Herz ist auch vor allem auch auf das Buch von Markovits und Reich zu verweisen, die sich explizit mit Geschichtsbewusstsein und kollektivem Gedächtnis auseinandersetzen. Auch diese Studie wird im theoretischen Teil der Arbeit aufgegriffen. Markovits, Andrei S. und Simon Reich: Das deutsche Dilemma. Die Berliner Republik zwischen Macht und Machtverzicht, Berlin 1998.

[31] Zur Kritik an politischen Kulturansätze, hier vor allem in sozialkonstruktivistischer Ausrichtung, und der Reaktion darauf vgl. beispielsweise Desch, Michael C.: Culture Clash. Assessing the Importance of Ideas in Security Studies, in: *International Security* 1/1998, S. 141-170; Duffield, John C. u.a.: Correspondence. Isms and Schisms: Culturalism versus Realism in Security Studies, in: *International Security* 1/1999, S. 156-180; Kowert, Paul und Jeffrey Legro: Norms, Identity, and Their Limits: A Theoretical Reprise, in: Katzenstein, Peter J. (Hrsg.): The Culture of National Security: Norms and Identity in World Politics, New York 1996, S. 451-497.

[32] Vgl. Kowert und Legro: Norms; Desch: Culture Clash.

[33] Vgl. Almond und Verba: Civic Culture; Schwab-Trapp: Kriegsdiskurse, S. 72-73. Greiffenhagen unterscheidet in diesem Zusammenhang zwischen „empirischer" und „hermeneutischer" Methode. Zu Problemen beider Methoden vgl. ausführlicher Greiffenhagen: Politische Kultur, in: Bundeszentrale, S. 179-182; Greiffenhagen, Sylvia

Die vorliegende Arbeit orientiert sich methodisch an dem von Alemann und Tönnesmann dargestellten Leitbild der „kritisch-empirischen Politikforschung", welche für einen Methodenpluralismus plädiert.[34] Ein solcher Methodenpluralismus findet sich auch in zahlreichen neueren Untersuchungen zur politischen Kultur.[35] Hauptinstrument zur Untersuchung politischer Kultur im Rahmen dieser Arbeit ist die Diskursanalyse. Dieses Untersuchungsmodell und die damit verbundenen methodischen Instrumente sollen im theoretischen Teil der Arbeit detaillierter dargestellt und weiterentwickelt werden. Im Zuge der Diskursanalyse stehen vor allem qualitative und interpretative Methoden wie die Inhalts- und Dokumentenanalyse im Vordergrund.[36]

Im engeren Sinne Untersuchungsgegenstand sind die Debatten im Deutschen Bundestag über militärische Auslandseinsätze der Bundeswehr im Zeitraum von 1990 bis 2001. Zu diesem Zweck werden die entsprechenden Plenarprotokolle diskursanalytisch ausgewertet. Im Vordergrund stehen hierbei die Debatten über den zweiten Golfkrieg 1990/91, die UN- und NATO-Einsätze in Jugoslawien im Verlauf der 90er Jahre, der Somaliaeinsatz, die Beteiligung der Bundeswehr am Kosovokrieg, an der Operation „Enduring Freedom" sowie der Einsatz deutscher Soldaten in Afghanistan. Hinzu kommen weitere Bundestagsdebatten, die sich mit der Verlängerung bestehender Einsatzmandate befassen. Diese werden jedoch nur dann herangezogen, wenn sie über den bisherigen Diskurs hinausreichende Deutungsangebote beinhalten oder wichtige Aspekte der grundsätzlichen Diskussion prononciert unterstreichen.

Eine solche Eingrenzung des Materials erscheint neben arbeitsökonomischen Überlegungen aus weiteren Gründen sinnvoll. Zum ersten ermöglicht es eine kontinuierliche und chronologische Untersuchung der Bundestagsdebatten, die Entwicklung einzelner Deutungsangebote und Normen nachzuvollziehen. Die Diskursteilnehmer beziehen sich im Rahmen der Debatten aufeinander und greifen auf Diskursbeiträge und Deutungsangebote in vorangegangenen Debatten zurück. Die Bundestagsdebatten begrenzen das Material somit sinnvoll

---

und Martin: Politische Kultur, S. 464, in: Andersen, Uwe und Wichard Woyke (Hrsg.): Handwörterbuch des politischen Systems der Bundesrepublik Deutschland, Bonn 1997, S. 463-467; Desch: Culture Clash.

[34] Alemann, Ulrich von und Wolfgang Tönnesmann: Grundriss: Methoden der Politikwissenschaft, S. 65-71, in: Alemann, Ulrich von (Hrsg.): Politikwissenschaftliche Methoden. Grundriss für Studium und Forschung, Opladen 1995, S. 17-140. Für eine ausführliche Gegenüberstellung quantitativer und qualitativer Methode siehe ebd., S. 61-65.

[35] Jetschke und Liese sprechen von einem *‚hermeneutisch informierten Positivismus'*, der aus verstehenden Analyseverfahren mit einem auf Erklärung angelegten Forschungsdesign bestehe. Siehe Jetschke und Liese: Kultur, S. 166-167.

[36] Diese Analyse orientiert sich dabei grundsätzlich an der von Reh dargestellten Methode der Quellen- und Dokumentenanalyse. Siehe Reh, Werner: Quellen und Dokumentenanalyse in der Politikfeldforschung: Wer steuert die Verkehrspolitik?, in: Alemann, Ulrich von (Hrsg.) Politikwissenschaftliche Methoden. Grundriss für Studium und Forschung, Opladen 1995, S. 201-260.

und machen dennoch eine „*Prozessanalyse*" möglich.[37] Zweitens spielt der Bundestag in der Frage bewaffneter Auslandseinsätze der Bundeswehr eine entscheidende Rolle. Mit der Entscheidung des Bundesverfassungsgerichts vom 12. Juli 1994 wurde eine konstitutive Mehrheit des Bundestags zur rechtlichen Voraussetzung für die Entsendung deutscher Soldaten außerhalb des NATO-Bündnisgebietes. Nicht zuletzt dies begründet die Erwartung, dass alle wichtigen Argumente für und gegen solche Bundeswehreinsätze im Bundestag debattiert werden. Drittens besitzt der Bundestag in Fragen der Außen- und Sicherheitspolitik eine öffentliche Funktion. Das Plenum ist der Ort, an dem grundsätzliche außenpolitische Debatten stattfinden.[38] Schließlich verschränkt sich im Rahmen der Bundestagsdebatten der Diskurs der politischen Eliten auch mit dem gesellschaftlichen Diskurs über diese Frage. Die Diskursbeiträge der politischen Eliten spiegeln damit in gewissem Maße auch gesamtgesellschaftliche Deutungsangebote wider. Gleichzeitig sind die im Rahmen der Debatten vorgebrachten Argumentationsmuster eng mit politischem Handeln und der konkreten Entscheidungsfindung verbunden. Somit besteht ein direkter Zusammenhang zwischen dem Diskurs – und den damit verbundenen Deutungsangeboten und Normen – und politischem Handeln.

Über diese grundsätzliche Begrenzung auf die Plenarprotokoll hinaus wird die Analyse, wenn dies notwendig erscheint, durch weitere Diskursbeiträge ergänzt. Hier ist vor allem auf ergänzende Reden und Textbeiträge der sicherheitspolitischen Eliten zu verweisen. Diese sind zu einem großen Teil dem Bulletin der Bundesregierung entnommen. Hinzu kommt der Rückgriff auf ergänzende Sekundärliteratur, in welcher relevante Diskursbeiträge bereits aufgearbeitet sind.[39] Weitere analysierte Quellen sind Zeitungs- und Zeitschriftenartikel.[40] Wichtige Diskursbeiträge werden im Verlauf der Arbeit im Originaltext zitiert, um daraus abgeleitete Interpretationen auch für den Leser deutlich und nachvollziehbar zu machen.

Quantitative Methoden finden im Rahmen dieser Arbeit insofern Anwendung, als dass ergänzend zur Analyse des Elitendiskurses die öffentliche Meinung Beachtung finden soll. Zu diesem Zweck wird von allem auf Umfragedaten zurückgegriffen wird. Mit ihrer Hilfe soll der Zusammenhang zwischen der politischen Elitenkultur auf der einen, die ihren Ausdruck im Diskurs findet und öffentlicher Meinung auf der anderen Seite herausgearbeitet werden. Die öffentliche Meinung wird hier als „Resonanzboden" politischer Elitenkultur betrachtet.

---

[37] Hierzu Jetschke und Liese: Kultur, S. 171.
[38] Vgl. Krause, Joachim: Die Rolle des Bundestages in der Außenpolitik, S. 138, in: Eberwein, Wolf-Dieter und Karl Kaiser (Hrsg.): Deutschlands neue Außenpolitik. Band 4: Institutionen und Ressourcen, München 1998, S. 137-152.
[39] Hier vor allem die Untersuchung der „Kriegsdiskurse" von Schwab-Trapp zu nennen. Siehe Schwab-Trapp: Kriegsdiskurse, S. 87-354.
[40] Ergänzende Experteninterviews wären in diesem Zusammenhang sinnvoll gewesen. Diese hätten jedoch den Rahmen dieser Arbeit gesprengt.

In erster Linie wird im Rahmen dieser Untersuchung auf die Daten des „Politbarometers" der „Forschungsgruppe Wahlen" zurückgegriffen. Für die meisten der konkret beleuchteten Auslandseinsätze der Bundeswehr im Zeitraum von 1990 bis 2001 stehen diese Daten zur Verfügung. Die Datensätze des „Politbarometers" ermöglichen nicht zuletzt auch einen Vergleich zwischen Ost- und Westdeutschland. Ergänzt werden diese Umfragedaten für den Zeitraum von 1990 bis 1995 durch die im Auftrag von RAND durchgeführten Studien von Ronald D. Asmus.[41] Diese Daten zeigen eher langfristige Trends der öffentlichen Meinung auf und sind weniger auf die konkreten Entscheidungen bezogen als die Daten des „Politbarometers". Schließlich wird auf weitere Umfragedaten zurückgegriffen, die der ergänzenden Sekundärliteratur entnommen sind.[42]

1.4 Programm der Arbeit

Die vorliegende Arbeit ist in grundsätzlich zwei Abschnitte unterteilt. In einem ersten Schritt geht es zunächst um die theoretische Entwicklung eines Analyserahmens politischer Kultur, in einem zweiten Schritt soll die Anwendung dieses Analyserahmens im Rahmen der empirischen Untersuchung des Fallbeispiels folgen.

Um ein theoretisches Modell politischer Kultur zu entwickeln, werden zunächst einleitend einige Voraussetzungen aufgezeigt, die ein für die Untersuchung des hier vorliegenden Fallbeispiels militärischer Auslandseinsätze der Bundeswehr angemessener Analyserahmen erfüllen muss. Kapitel 2.1 wendet sich dann einer theoretischen Definition politischer Kultur und seiner Operationalisierung zu. Es geht zunächst darum, politische Kultur als diskursives Phänomen zu definieren. Politische Kultur wird damit als Bedeutungssystem verstanden, welches in politischen Diskursen erzeugt, reproduziert und verändert wird. Darüber hinaus geht es darum, die mit diesem diskursiven Verständnis verbundenen sozialen und konfliktuellen Dimensionen politischer Kultur aufzuzeigen. Des weiteren soll die Rolle und Bedeutung politischer Eliten für politische Kultur beleuchtet und die Konzentration des Ansatzes auf politische „Elitenkultur" begründet werden. Schließlich wendet sich dieser Abschnitt der Frage von Stabilität und Wandel politischer Kultur, und damit einem grundsätzlich sowohl mit der Fragestellung als auch der These der Arbeit verbundenen Aspekt zu. Das folgende Kapitel 2.2 thematisiert den Zusammenhang zwischen politischer Kultur und politischem Handeln. Sowohl die Fragestellung als auch die

---

[41] Asmus, Ronald D.: German Strategy and Opinion after the Wall 1990-1993, Santa Monica 1994; ders.: Germany's Contribution to Peacekeeping. Issues and Outlook, Santa Monica 1995; ders.: Germany's Political Maturation: Public Opinion and Security Policy in 1994, Santa Monica 1995.

[42] Siehe hierzu Thomas und Nikutta: Bundeswehr, S. 98-100; Philippi: Bundeswehr-Auslandseinsätze, S. 168-171; „interesse". Informationen. Daten. Hintergründe, 11/2001, hrsg. vom Bundesverband deutscher Banken.

grundlegende These dieser Arbeit gehen von einer Beeinflussung politischen Handelns durch politische Kultur aus. Daher müssen der Zusammenhang und die Abgrenzung beider Elemente thematisiert und weiter ausgeführt werden. In einem nächsten Schritt geht es um die Bedeutung historischer Erfahrungen für die Entwicklung und den Wandel politischer Kultur. Zu diesem Zweck werden zwei theoretische Konzepte – die des kollektiven Gedächtnisses und der „Basiserzählung" – aufgegriffen und mit der diskursiven Basisdefinition politischer Kultur verbunden. Mit ihrer Hilfe soll dann im weiteren Verlauf der Arbeit der Einfluss und die Bedeutung von Vergangenheit für politische Kultur erfassbar gemacht werden. In Kapitel 2.4 werden des Weiteren die Wirkungsmechanismen politischer Kultur aufgezeigt, bevor sich die Darstellung im folgenden Kapitel 2.5 dem Zusammenhang zwischen politischer Kultur, als von Eliten in Diskursen hergestelltes Phänomen und öffentlicher Meinung zuwendet. Hier soll öffentliche Meinung definiert und die Frage der empirischen Erfassung öffentlicher Meinung thematisiert werden. Das Kapitel 2.6 wendet sich dann dem Wechselspiel zwischen politischer Kultur und internationalen Normen zu, bevor in einem letzten Schritt die Ergebnisse des theoretischen Kapitels und die Grundzüge des entwickelten Analyserahmens politischer Kultur in einem Zwischenfazit zusammengefasst werden.

Mit Hilfe dieses theoretischen und methodischen Rahmens wird das Fallbeispiel militärischer Auslandseinsätze der Bundeswehr in den 90er Jahren untersucht. Dabei geht es auch in den empirischen Kapiteln immer wieder darum, einen direkten Bezug zum theoretischen Analysemodell herzustellen. Zunächst werden in Kapitel 3.1 die historischen Quellen, die Entwicklung und die Institutionalisierung der sicherheitspolitischen Kultur und des „antimilitaristischen Konsenses" bis 1990 beleuchtet. Diese Darstellung soll primär einen Ausgangspunkt für die eigentliche Analyse schaffen.

Die nachfolgende Darstellung der empirischen Analyse erfolgt weitgehend chronologisch. Sie beginnt mit dem Aufbrechen des antimilitaristischen Konsenses im Zuge des Golfkrieges 1990/91 und endet mit der Entscheidung des Bundestags über die Beteiligung der Bundeswehr am internationalen „Kampf gegen den Terrorismus" im November und Dezember 2001. Das übergeordnete Fallbeispiel militärischer Auslandseinsätze der Bundeswehr ist damit in gewissem Maße in weitere „Fälle" wie den Golfkrieg und Kosovokonflikt unterteilt. Dabei ist die Struktur in allen empirischen Kapiteln identisch. In der thematischen Einführung geht es um eine kurze inhaltliche Darstellung von Ereignisabläufen und politischen „Fakten". Bevor sich das jeweils zweite Kapitel unter dem Stichwort „dominante Deutungsangebote und Normen" eingehend mit dem Diskurs der politischen Eliten und damit im engeren Sinne der sicherheitspolitischen Kultur befasst, werden einige der inhaltlichen Grundlinien vorweg zusammengefasst. Die Diskursanalyse soll dabei möglichst die intersubjektive Nachvollziehbarkeit der Interpretationen und Deutungen ermöglichen. Daher werden in der Darstellung die jeweiligen Diskursbeiträge durchaus ausführlich und im Originaltext zitiert. Das jeweils dritte und abschließende Kapitel setzt sich dann mit der politischen Praxis, also konkreten politischen Entscheidungen und der öffentlichen Meinung auseinander. Beide dienen nicht zuletzt aus theoretischen Gründen als Kontrollinstanzen bzw. Resonanzboden der sicherheitspolitischen Elitenkultur. Nach dem einführenden Kapitel 3.1 wendet sich das folgende der Analyse des Golfkrieges 1990/91 zu. Das darin diagnostizierte Aufbrechen des antimilitaristischen Konsenses wird in Kapitel 3.3 weitergehend untersucht. Dazu wird der Diskurs über die „Fälle" Adriaeinsatz, AWACS-Beteiligung und Somaliaeinsatz der Bundeswehr im Zeitraum von 1992 bis 1993 analysiert. Kapitel 3.4 wendet sich dann dem einschlägigen Urteil des Bundesverfassungsgerichts vom 12. Juli 1994 zu und untersucht seine Bedeutung durch eine Analyse seiner diskursiven Rezeption. Im anschließenden Kapitel 3.5 werden der Einsatz deutscher Tornados im Rahmen der „schnellen Eingreiftruppe" zum Schutz der UNPROFOR sowie die IFOR- und SFOR-Einsätze der Bundeswehr in vergleichender Perspektive analysiert. Hier steht vor allem die Kontrastierung der Entscheidung über den Einsatz deutscher Tornados vom 30. Juni 1995 mit den nachfolgenden Entscheidungen über die IFOR- und SFOR-Einsätze im Dezember 1995 bzw. 1996 im Vordergrund der Analyse. Kapitel 3.6 befasst sich dann eingehend mit dem Kosovokrieg 1999, bevor sich der anschließende Abschnitt mit der Beteiligung der Bundeswehr am „Kampf gegen den Terrorismus" auseinandersetzt. Beleuchtet werden die Beteiligung an der Operation „Enduring Freedom" und, über die internationale Terrorismusbekämpfung hinausgehend, der Einsatz deutscher Soldaten in Afghanistan im Rahmen der ISAF. Durch die einheitliche Struktur und die Konzentration auf die Verbindung der unterschiedlichen „Fälle" soll dabei der inhaltliche Zusammenhang der Argumentation gewahrt und für den Leser nachvollziehbar bleiben.

Das Schlusskapitel fasst die grundsätzlichen Ergebnisse der Analyse zusammen, zeigt die Zusammenhänge noch einmal explizit auf und macht damit sowohl die Argumentation als auch die daraus abgeleitete These noch einmal deutlich.

2. Politische Kultur als Analyserahmen

Was ist politische Kultur? Wie definiert sie sich, was sind ihre Bestandteile, welchen Einfluss hat sie und wie kann politische Kultur empirisch untersucht werden? Die Suche nach Antworten auf diese Fragen muss zunächst im Vordergrund stehen, um ein tragfähiges Konzept politischer Kultur zu entwickeln. Die Untersuchung des hier ausgewählten Fallbeispieles setzt zunächst eine Definition politischer Kultur sowie ihre Operationalisierung für eine empirische Analyse voraus. Die politische Kulturforschung bietet, wie bereits oben ausführlicher dargestellt, eine Vielzahl unterschiedlicher Forschungs- und Untersuchungsansätze. Von einer einheitlichen „Theorie der politischen Kultur" kann jedoch nicht gesprochen werden.[43] Das Verständnis politischer Kultur umfasst dabei sowohl sinnstiftende als auch zielsetzende und handlungssteuernde Funktionen von Kultur.[44] An dieser Stelle soll daher auch keineswegs eine umfassende inhaltliche Diskussion der vorliegenden Literatur geführt werden. Vielmehr geht es darum, wichtige Aspekte der unterschiedlichen Ansätze herauszuarbeiten, um auf diese Art einen für die Untersuchung des Fallbeispieles geeigneten Analyserahmen politischer Kultur zu entwickeln.

Eine entsprechende Definition politischer Kultur muss dabei einige grundlegende Voraussetzungen erfüllen. Zunächst muss politische Kultur als wissenschaftliches Erklärungsmodell wertfrei sein. Politische Kultur ist im analytischen Sinne kein normativer Begriff und unterscheidet sich damit fundamental von „politischem Stil" oder „politischer Moral".[45] Zweitens muss politische Kultur als relativ „weiches" Analyseinstrument die Untersuchung eines konkreten Fallbeispiels ermöglichen.[46] Es geht daher nicht darum, eine allgemeine „Theorie der politischen Kultur" zu entwickeln. Vielmehr muss sich das Modell primär für eine empirische Untersuchung eignen, es geht als vor allem um eine sinnvolle Verbindung von Theorie und Empirie. Das hier verwendete Modell politischer Kultur soll daher auf den hier untersuchten Einzelfall zugeschnitten sein. Es muss somit sowohl theoretische Orientierung als auch empirisch anwendbare Analyseinstrumente bereitstellen. Drittens stehen die Fragen im Vordergrund, wie politische Kultur entsteht, wie sie sich weiterentwickelt, reproduziert und möglicherweise verändert. Evolutions- und Wandlungsprozesse politischer Kultur müssen theoretisch definiert und empirisch überprüfbar sein. Viertens muss die Frage nach dem Einfluss politischer Kultur auf politisches Handeln thematisiert werden. Ohne den Zusammenhang zwischen politischer Kultur und politischen Entscheidungen aufzeigen zu können, bleibt politische Kultur als Erklärungsmodell wirkungslos. Schließlich muss ein sinnvoller Ansatz politischer Kultur auch die Rolle und

---

[43] Schwab-Trapp: Kriegsdiskurse, S. 23-24.
[44] Jetschke und Liese: Kultur, S. 151-153.
[45] Greiffenhagen: Politische Kultur, in: Bundeszentrale, S. 170.
[46] Vgl. Greiffenhagen: Politische Kultur, in: Bundeszentrale, S. 174.

Bedeutung politischer Akteure definieren. Zu diesem Zweck muss thematisiert werden, welche Akteure für die Entwicklung und den Wandel politischer Kultur wichtig sind und wie sie Einfluss nehmen. Ausgangspunkt des hier entwickelten Analyserahmens ist das von Michael Schwab-Trapp vorgeschlagene diskursanalytische Modell der *„politischen Kultur des Krieges"*.[47] Diese Basisdefinition wird im weiteren Verlauf modifiziert und erweitert. Zu diesem Zweck werden einige grundsätzliche und weiterführende Fragen beleuchtet und in direkter Verbindung mit der von Schwab-Trapp entwickelten Definition diskutiert. Dazu gehören die Rolle sicherheitspolitischer Eliten, das Verhältnis zwischen politischer Kultur und politischem Handeln, die Bedeutung öffentlicher Meinung sowie internationale Normen als Anknüpfungspunkte politischer Kultur. Am Ende soll ein Konzept politischer Kultur stehen, mit dessen Hilfe die Debatte über militärische Auslandseinsätze der Bundeswehr untersucht werden kann.

2.1 Politische Kultur als Elitendiskurs

Politische Kultur wird hier primär als „diskursives Phänomen" verstanden:

> „Diese Perspektive geht von der Annahme aus, dass die politische Kultur einer Gesellschaft aus einem System von Bedeutungen für politische Ereignis- und Handlungszusammenhänge besteht, das in öffentlichen Auseinandersetzungen zwischen politischen und kulturellen Eliten hergestellt wird und Legitimation für diese Ereignis- und Handlungszusammenhänge enthält. [Es geht darum,] politische Kultur als ein Phänomen zu begreifen, das vorrangig in politischen Diskursen hergestellt, reproduziert oder verändert wird."[48]

Politische Kultur setzt sich damit aus unterschiedlichen Deutungsangeboten zusammen, die im Rahmen politischer Diskurse vor allem durch Eliten ausgetauscht werden. Im Zuge dieser politischen Diskurse werden Normen erzeugt, die handlungsleitende Bedeutung für politisches Handeln besitzen. Unter Normen werden in diesem Zusammenhang intersubjektiv geteilte, wertgestützte Erwartungen angemessenen politischen Verhaltens verstanden. Das Definitionsmerkmal der Intersubjektivität unterscheidet Normen von individuellen Überzeugungen und damit von „Ideen". Hinzu kommt die unmittelbare Verhaltensorientierung von Normen, was sie ebenfalls von Werten und Ideen abgrenzt.[49]

Eine solch diskursive Definition politischer Kultur entspricht grundsätzlich den oben definierten Voraussetzungen eines empirisch orientierten Analysemodells.

---

[47] Siehe Schwab-Trapp: Diskurs als soziologisches Konzept.

[48] Schwab-Trapp: Kriegsdiskurse, S. 19.

[49] Siehe Boekle, Henning, Volker Rittberger und Wolfgang Wagner: Normen und Außenpolitik: Konstruktivistische Außenpolitiktheorie (Arbeitspapiere zur Internationalen Politik und Friedensforschung, Nr. 34), Tübingen 1999, S. 4-5. Vgl. hierzu ergänzend Finnemore, Martha: National Interest in International Society, Ithaca 1996, S. 22-23.

Sie begreift politische Kultur als Ergebnis politischer Elitendiskurse. Sie unterstreicht die soziale Dimension politischer Kultur, indem sie die soziale Konstruktion von Normen und Legitimität unterstreicht. Politische Kultur ist in diesem Sinne eine öffentliche Auseinandersetzung, in der politische Akteure im Rahmen des Diskurses bzw. des Politikprozesses um die Legitimität konkurrierender Deutungsangebote kämpfen. Ein solch diskursives Verständnis politischer Kultur ermöglicht es, Evolution, Entwicklung und Wandel politischer Kultur im Rahmen einer Diskursanalyse nachzuzeichnen und zu analysieren. Insofern handelt es sich auch um eine Definition, welche auf die Einzelfallanalyse ausgerichtet ist, indem sie die Untersuchung einzelner politischer Diskurse ermöglicht und zu diesem Zweck diskursanalytische Instrumente bereitstellt. Schließlich thematisiert dieses diskursive Modell politischer Kultur die Rolle politischer Akteure, indem es politischen Eliten eine wichtige Rolle zuweist. Im weiteren Verlauf sollen diese einzelnen Elemente weitergehend diskutiert werden und Gemeinsamkeiten, Unterschiede und Anknüpfungspunkte zu anderen Ansätzen politischer Kultur herausgearbeitet werden.

Die soziale Dimension politischer Kultur

Eine diskursive Definition begreift politische Kultur primär als soziales Phänomen. Daher muss zunächst ausführlicher thematisiert werden, was als die „soziale Dimension" politischer Kultur bezeichnet werden kann.[50] „Traditionelle" Ansätze der politischen Kulturforschung definieren politische Kultur primär im Sinne subjektiver Einstellungen. Hier sind beispielsweise Almond und Verba zu nennen, die von *„political orientations"* oder einem *„set of orientations toward a special set of social objects and processes"* ausgehen.[51] Damit bezieht sich politische Kultur auf das, was Greiffenhagen als *„subjektive Dimension der Politik"* bezeichnet.[52] Politische Kultur beinhaltet in diesem Sinne subjektive Kategorien wie Einstellungen, Meinungen, Werte und Ideen. Duffield stellt daher zu Recht fest:

> "Whether culture is described in terms of assumptions, attitudes, beliefs, concepts, conceptual models, feelings, ideas, images, knowledge, meanings, mind-sets, norms, orientations, sentiments, symbols, values, world views, or some combinations of these concepts, it refers to the recurring patterns of mental activity, of the habits of thought, perception, and feeling that are common to members of a particular group."[53]

Ein solch traditionelles, primär auf subjektive Einstellungen abzielendes Verständnis lässt jedoch die soziale Dimension politischer Kultur in gewissem Maße außer Acht. Einstellungen sind in diesem Sinne vor allem auf Individuen bezogen und politische Kultur erscheint somit als Summe individueller

---

[50] Siehe hierzu Schwab-Trapp: Kriegsdiskurs, S. 21-22.

[51] Almond und Verba: Civic Culture, S. 13.

[52] Greiffenhagen: Politische Kultur, in: Andersen und Woyke, S. 463.

[53] Duffield, John: Political Culture and State Behavior: Why Germany confounds Neorealism, S. 769, in: *International Organization* 4/1999, S. 765-803.

Einstellungsmuster. Herz bezeichnet ein solches Verständnis als *„individualistisch"*.[54]
Demgegenüber soll politische Kultur hier, in Anlehnung an Karl Rohe, aber primär als *„überindividuelles"* und damit soziales Phänomen verstanden werden:

> „Sie [d.h. politische Kultur] bedarf zwar konkreter Individuen, die sie in ihr Denken, Fühlen und Handeln aufnehmen; Träger von Kultur sind aber letztlich nicht Individuen, sondern gesellschaftliche Kollektive. Kultur hat ‚man' stets nur mit anderen zusammen."[55]

Politische Kultur ist damit primär ein Merkmal von sozialen Gemeinschaften[56], oder in anderen Worten: Es geht weniger um subjektive Einstellungen als vielmehr um intersubjektiv geteilte Vorstellungen.[57] Ein diskursives Verständnis von politischer Kultur greift diese soziale Dimension politischer Kultur auf. Normen und Deutungsangebote werden in diesem Sinne im Rahmen politischer Diskurse entwickelt und damit intersubjektiv „konstruiert". Indem eine solche diskursive Definition zugleich auch methodische Instrumente der Diskursanalyse beinhaltet, ermöglicht sie es, die soziale Konstruktion politischer Kultur nachzuvollziehen, zu beschreiben und somit einer Analyse zugänglich zu machen.[58] Mit der Betonung dieser sozialen Dimension politischer Kultur steht das hier verwendete Modell in theoretischer Perspektive sozialkonstruktivistischen Ansätzen der politischen Kulturforschung nahe, die vor allem auf die soziale Konstruktion von Kultur, Normen, Werten, Einstellungen und Interessen abzielen.[59]

Die konfliktuelle Dimension politischer Kultur

Eng verbunden mit der sozialen Dimension ist, was hier in Anlehnung an Schwab-Trapp als die „konfliktuelle Dimension" politischer Kultur bezeichnet werden soll. Wie bereits oben angesprochen, treten im Zuge politischer Diskurse unterschiedliche Deutungsangebote in Konkurrenz zueinander. Politische Kultur setzt sich, darauf verweist Eder, aus Teilkulturen zusammen. Unterschiedliche Deutungsangebote, Argumente, Normen und Werte treten in Widerspruch zueinander und konkurrieren auf einem *„Markt politischer Kulturen"*

---

[54] Herz: Basiserzählung, S. 95.
[55] Rohe, Karl: Politische Kultur und der kulturelle Aspekt politischer Wirklichkeit, S. 39-40, in: Berg-Schlosser, Dirk und Jakob Schissler (Hrsg.): Politische Kultur in Deutschland (Politische Vierteljahresschrift, Sonderheft 18), Opladen 1987, S. 39-48. Vgl. Katzenstein: Introduction, S. 7.
[56] Siehe Duffield: World Power, S. 23; ders.: Political Culture, S. 770.
[57] Zur Unterscheidung zwischen „Einstellungen" und „Vorstellungen" siehe Rohe: Politische Kultur, S. 40-41.
[58] Die Instrumente der Diskursanalyse werden im weiteren Verlauf des theoretischen Kapitels entwickelt. Diese kommen dann im empirischen Teil der Arbeit zum Einsatz.
[59] Vgl. hierzu Wendt: Social Theory; Ruggie: Constructing; Checkel: Constructivist Turn.

miteinander.[60] Politische Kultur stellt somit das Ergebnis dieser Auseinandersetzungen dar, oder, wie Herz feststellt: *„Politische Kultur wird in Konflikten erzeugt."*[61] Gerade die Umsetzung kultureller Wertüberzeugungen in konkrete Handlungsnormen ist dabei der demokratischen Konkurrenz ausgesetzt und damit ein konfliktueller Prozess.[62] In der politischen Kultur manifestieren und institutionalisieren sich schließlich diejenigen Deutungsangebote, die sich gegenüber anderen diskursiv durchsetzen konnten. Diese sollen im weiteren Verlauf als dominante Deutungsangebote und Normen bezeichnet werden. Politische Kultur kann in diesem Sinne als *„verhandelte Realität"* verstanden werden.[63]

Eine diskursive Definition bezieht diese konfliktuelle Dimension politischer Kultur ein. Der Diskursbegriff orientiert sich dabei an dem von Michel Foucault entwickelten Diskursmodell. Im Gegensatz zu Habermas' eher normativ und idealtypisch orientiertem Verständnis zielt Foucault explizit auf den Konfliktcharakter (politischer) Diskurse ab.[64] Eine auf die „konfliktuelle" Dimension ausgerichtete Diskursanalyse kann damit die in Auseinandersetzungen begründete, entwickelte und gewandelte politische Kultur nachzeichnen.

Die Einzelfallanalyse politischer Kultur

Das hier entworfene Konzept politischer Kultur soll des Weiteren die empirische Untersuchung eines Fallbeispiels – hier die Frage militärischer Auslandseinsätzen der Bundeswehr – ermöglichen. Ein angemessener Ansatz muss daher auf den untersuchten Einzelfall zugeschnitten sein und neben einer theoretischen Orientierung auch empirisch anwendbare Analyseinstrumente bereitstellen.

Gerade sozialkonstruktivistisch orientierte politische Kulturansätze sehen sich der oftmals berechtigten Kritik ausgesetzt, eine empirische Überprüfung der theoretischen Annahmen nur schwer zu ermöglichen. Kulturelle Variablen seien häufig unklar definiert und schwierig zu operationalisieren.[65] Gerade bei vielen primär theoretisch ausgerichteten Ansätzen steht dabei eher die Abgrenzung von „rationalistischen" oder „materialistischen" Erklärungsansätzen wie Neorealismus und Neoliberalismus als die Ausrichtung auf eine empirische Analyse im Vordergrund.[66] Darüber hinaus wird politische Kultur als Theorie

---

[60] Eder: Politik, S. 530.
[61] Herz: Basiserzählung, S. 95.
[62] Kühnhardt, Ludger: Wertgrundlagen der deutschen Außenpolitik, S. 119, in: Kaiser, Karl und Hanns W. Maull (Hrsg.): Deutschlands neue Außenpolitik, Band 1: Grundlagen, München 1994, S. 99-128.
[63] Berger: Cultures, S. 13.
[64] Siehe hierzu Schwab-Trapp: Kriegsdiskurse, S. 28-33.
[65] Als Beispiel für derartige Kritik siehe Desch: Culture Clash, S. 150.
[66] Vgl. beispielsweise den von Katzenstein herausgegebenen Band. Katzenstein, Peter J. (Hrsg.): The Culture of National Security: Norms and Identity in World Politics, New York 1996. Außerdem Duffield: Political Culture; Maull: Außenpolitische Kultur.

vor allem dazu verwendet, langfristige Perspektiven zu erklären und zu analysieren. Spezifische Entscheidungen oder einzelne Fallbeispiele stehen dagegen eher im Hintergrund.[67] Die Studien von Duffield, Berger und Maull fassen beispielsweise grundsätzliche Fragen wie Kontinuität und Wandel der deutschen Außen- und Sicherheitspolitik ins Auge, nur in zweiter Linie geht es um die Untersuchung einzelner Aspekte dieses Politikfeldes.[68] Duffield verweist explizit darauf, dass einzelne Fallstudien mit Hilfe kultureller Ansätze untersucht werden müssten, um diese Limitierung der existierenden Literatur zu überwinden.[69]

Ein für die Einzelfallanalyse geeignetes Analyseraster muss jedoch gerade eine solche empirische Überprüfung des konkreten Fallbeispiels ermöglichen. Ein Modell, welches politische Kultur als diskursives Phänomen versteht, kann eine solch empirische Untersuchung des vorliegenden Fallbeispiels ermöglichen - *„Diskursanalyse ist [...] Einzelfallanalyse".*[70] Die Frage einer Beteiligung der Bundeswehr an militärischen Auslandseinsätzen kann somit durch die Untersuchung des politischen Diskurses über diese Frage analysiert werden. Insofern erscheint die diskursive Basisdefinition auch deswegen als geeigneter Ausgangspunkt.

Die Rolle und Bedeutung sicherheitspolitischer Eliten
Im Gegensatz zu traditionellen Untersuchungen politischer Kultur – hier beispielsweise die „Civic Culture" von Almond und Verba - stehen im Rahmen des hier entwickelten Analysemodells weniger gesamtgesellschaftliche Einstellungen und Orientierungen als vielmehr das, was im weiteren Verlauf als „Elitenkultur" definiert werden soll, im Mittelpunkt. Das bedeutet nicht, dass gesamtgesellschaftliche Einstellungsmuster – im weiteren Verlauf wird „öffentliche Meinung" als Synonym gebraucht – für das Studium politischer Kultur irrelevant sind. Dennoch geht der hier vertretene Ansatz davon aus, dass gerade außenpolitische Eliten von entscheidender Bedeutung für die politische Kultur sind.[71] Unter Eliten werden hier diejenigen politischen Akteure verstanden, die im Diskurs wichtige Deutungsangebote entwickeln, Träger kultureller Norm sind und politische Kultur als Entscheidungsträger in politisches Handeln überführen.

Für eine Konzeptualisierung politischer Kultur als Elitenkultur gibt es sowohl theoretische als auch praktische und empirische Gründe. Zum ersten, darauf

---

[67] So Duffield: World Power, S. 248.
[68] Vgl. Maull: Außenpolitische Kultur; Kirste und Maull: Zivilmacht; Berger: Cultures;
      Duffield: World Power.
[69] Duffield: World Power, S. 249.
[70] Schwab-Trapp: Kriegsdiskurse, S. 36.
[71] Die Bedeutung politischer Eliten wird ebenfalls hervorgehoben und in den Mittelpunkt
      der Analyse gestellt von Berger: Cultures; Maull: Außenpolitische Kultur; Duffield:
      World Power; Markovits und Reich: Das Deutsche Dilemma und Staack: Handelsstaat.
      Siehe hierzu auch Rohe: Politische Kultur.

weist Greiffenhagen hin, täuscht das ‚demokratische' Argument für die Erhebung gesamtgesellschaftlicher Einstellungsmuster darüber hinweg, dass die unterschiedliche Macht- und Entscheidungsposition politischer Akteure grundsätzlichen Einfluss auf das Gewicht dieser Orientierungen hat.[72] So ist gerade in der Außen- und Sicherheitspolitik davon auszugehen, dass politische Eliten außenpolitische Entscheidungsprozesse und konkrete Entscheidungen sehr viel stärker und direkter beeinflussen als gesamtgesellschaftliche Einstellungen der Bevölkerung.[73]

Zweitens darf eine empirische Analyse politischer Kultur nicht nur eine Rezeption von Umfragedaten und quantitativ erhobenen Einstellungsmustern umfassen. Vielmehr muss nach den diesen Einstellungen zugrunde liegenden und meist historisch gewachsenen politischen Codes gefragt werden.[74] Gerade politische Eliten sind, so Markovits und Reich, für die historischen Ursprünge politischer Kultur von besonderer Bedeutung. So *„sind die herrschenden Erinnerungen einer gegebenen Gesellschaft zu einer gegebenen Zeit die Erinnerungen ihrer herrschenden Klasse".*[75] Politische Eliten sind damit die Hauptträger der „historischen Codes" politischer Kultur. Nur durch die Konzentration der Analyse auf diese Eliten können somit die historischen Quellen und die Bedeutung des kollektiven Gedächtnisses für politische Kultur erfasst und analysiert werden.

Drittens besitzen politische Eliten drei grundlegende Merkmale, welche für eine Konzentration auf die politische Elitenkultur von Bedeutung sind.[76] Hier muss zum ersten auf die „Initiierungsfunktion" hingewiesen werden. Eliten können Öffentlichkeit herstellen, Themen forcieren und auf die politische Agenda setzen. Sie fungieren damit als Initiatoren neuer Deutungsangebote im Rahmen des politischen Diskurses. In diesem Zusammenhang muss über die Initiierung von Deutungsangeboten hinaus auch auf *"diskursive Strategien"* politischer Eliten verwiesen werden.[77] Diskursive Strategien beinhalten dabei sowohl sprachliche als auch argumentative Mittel, mit deren Hilfe politische Eliten versuchen, ihre Argumente zu dominanten Deutungsangeboten innerhalb des Elitendiskurses zu machen. Von Bedeutung für das hier untersuchte Fallbeispiel ist vor allem, was Schwab-Trapp als *„diskursive Allianzen"* bezeichnet. Im Rahmen diskursiver Allianzen werden unterschiedliche Deutungsangebote miteinander verbunden, um die Legitimität dieses Argumentationsmusters zu erhöhen. Bezogen auf das Fallbeispiel geht es beispielsweise um die Verbindung der Frage einer deutschen Beteiligung an militärischen Auslandseinsätzen mit

---

[72] Greiffenhagen: Politische Kultur, in: Andersen und Woyke, S. 464; Greiffenhagen: Politische Kultur, in: Bundeszentrale, S. 182.

[73] Hierzu Duffield: World Power, S. 33-34.

[74] Greiffenhagen: Politische Kultur, in: Andersen und Woyke, S. 464.

[75] Markovits und Reich: Das deutsche Dilemma, S. 39. Siehe auch Herz: Basiserzählung, S. 95-96.

[76] Siehe hierzu Schwab-Trapp: Kriegsdiskurse, S. 56-57.

[77] Schwab-Trapp: Kriegsdiskurse, S. 57-61.

dem Diskurs über die europäische Integration. Damit stellt das Diskursmodell über den theoretischen Rahmen hinaus auch diskursanalytische Instrumente zur Verfügung, die im Rahmen der empirischen Untersuchung Anwendung finden können. Zum zweiten besitzen Eliten eine „Repräsentationsfunktion", d.h. sie repräsentieren mit ihren Beiträgen übergeordnete „diskursive Gemeinschaften".[78] Diese Diskursgemeinschaften sind übergeordnete soziale Einheiten und Träger konkurrierender Deutungsangebote. Sie können dabei unterschiedlich stark institutionalisiert sein. Bezogen auf das untersuchte Fallbeispiel sind die politischen Parteien die dominanten Diskursgemeinschaften. Es können jedoch auch größere Gemeinschaften wie die „Friedensbewegung" oder allgemein eine „linke" Diskursgemeinschaft identifiziert werden. Diskursgemeinschaften orientieren sich aneinander und gewinnen ihre Identität durch Abgrenzung voneinander. Gleichzeitig können sich auch Verschiebungen innerhalb von Diskursgemeinschaften vollziehen, indem sich die ihr zugrunde liegenden Deutungsangebote wandeln. Solche Prozesse weisen auf einen Wandel politischer Kultur hin. Indem politische Eliten solche Diskursgemeinschaft repräsentieren, weisen ihre Diskursbeiträge über ihre Person hinaus. Damit drücken sie nicht nur individuelle Vorstellungen, sondern innerhalb der Diskursgemeinschaft intersubjektiv geteilte Einstellungen aus. Damit können trotz der Beschränkung auf politische Eliten umfassendere Deutungsangebote aus dem Diskurs abgeleitet werden. Schließlich gewinnen Eliten nicht zuletzt durch die Repräsentation einer Diskursgemeinschaft an ‚symbolischem Kapital'.[79] Indem sie öffentlich für eine größere Gemeinschaft das Wort ergreifen, gewinnen ihre Deutungsangebote an Autorität und damit an Bedeutung innerhalb des Diskurses. Zum dritten stellen politische Eliten Bezugspunkte innerhalb des Diskurses dar. Sowohl Gegeneliten als auch die öffentliche Meinung orientieren sich zu einem gewissen Grad an politischen Eliten. Die Untersuchung des Elitendiskurses kann somit nachzeichnen, wie Argumente miteinander in Konkurrenz treten, sich aufeinander beziehen und im Rahmen dieser Auseinandersetzung dominante Normen ausgebildet werden. Nicht zuletzt diese drei Grundmerkmale politischer Eliten begründen ihre herausgehobene Bedeutung und legitimieren die Konzentration des Analyseansatzes auf die politische Elitenkultur.

Viertens manifestieren sich in der politischen Elitenkultur nicht nur die gesellschaftlichen und innenpolitischen Ansprüche an außenpolitisches Handeln, sondern auch die externen Erwartungen und strukturellen Einflüsse der internationalen Umwelt. Sicherheitspolitische Eliten beziehen strukturelle Umstände – die Rolle innerhalb des internationalen Systems, Erwartungen anderer internationaler Akteure, etc. – in ihre Überlegungen ein.[80] Eine

---

[78] Hierzu Schwab-Trapp: Kriegsdiskurse, S. 52-54.

[79] Der Begriff des ‚symbolisches Kapitals' stammt von Pierre Bourdieu. Siehe hierzu Bourdieu, Pierre: Ökonomisches Kapital – Kulturelles Kapital – Soziales Kapital, in: ders.: Die verborgenen Mechanismen der Macht, Hamburg 1992.

[80] Vgl. Maull: Außenpolitische Kultur, S. 653.

Konzentration auf die Elitenkultur ermöglicht es daher, trotz eines prinzipiellen Verständnisses politischer Kultur als innenpolitischer Determinante von Außenpolitik, auch externe strukturelle Einflüsse in einem gewissen Maße zu berücksichtigen. „Materielle" Einflussfaktoren auf sicherheitspolitisches Handeln finden über die Deutungsangebote der Eliten Eingang in den Diskurs und entfalten damit neben innenpolitisch erzeugten Normen ebenfalls Einfluss auf politisches Handeln. Gleichzeitig geht ein solch diskursiver Ansatz politischer Kultur nicht von einer direkten Wirkung „materieller" Strukturen auf politisches Verhalten aus, sondern konzentriert sich auf deren Rezeption im Rahmen des innenpolitischen Diskurses.

Über diese theoretischen Gründe hinaus sprechen auch praktische Überlegungen für eine Konzentration auf Elitenkultur. So ist Elitenkultur leichter zu beschreiben und zu erfassen, da Eliten ihre Einstellungen expliziter und detaillierter ausdrücken. Gleichzeitig haben sie einen ungleich größeren und direkteren Einfluss auf konkrete sicherheitspolitische Entscheidungen.[81] Daher versteht das hier entwickelte Analysemodell politische Kultur vor allem als Elitendiskurs:

> „Die Hauptakteure politischer Konflikte und Träger politischer Kultur sind politische und kulturelle Eliten. Diese Eliten repräsentieren politische Kollektive wie politische Parteien, Institutionen oder politisch-kulturelle Milieus, die sowohl eigene politische Kulturen ausgebildet haben als auch in vielfältigen Konkurrenz- und Konfliktbeziehungen untereinander stehen."[82]

Stabilität und Wandel politischer Kultur

Wie bereits oben im Zusammenhang mit der Initiierungsfunktion angesprochen, sind politische Eliten Träger kulturellen Wandels.[83] Sie können Veränderungen über neue Deutungsangebote initiieren und damit wichtige Argumente für den Wandel politischer Kultur liefern. Die damit verbundene übergeordnete Frage nach Stabilität und Wandel politischer Kultur ist ein weiterer wichtiger Aspekt, der bei der Entwicklung eines kulturellen Analyserahmens thematisiert werden muss. Grundsätzlich gehen die meisten Kulturansätze davon aus, dass politische Kultur relativ stabil ist und sich Wandlungsprozesse nur langsam, graduell und über längere Zeiträume hinweg vollziehen:[84]

---

[81] Duffield: World Power, S. 33-34; ders.: Political Culture, S. 793.
[82] In dieser Definition kommen damit die soziale und die konfliktuelle Dimension, die Rolle politischer Eliten und die Bedeutung diskursiver Gemeinschaften deutlich zum Ausdruck. Siehe Schwab-Trapp: Kriegsdiskurse, S. 27.
[83] Greiffenhagen: Politische Kultur, in: Bundeszentrale, S. 206.
[84] Vgl. so übereinstimmend Duffield: World Power, S. 23; ders.: Political Culture, S. 770; Greiffenhagen: Politische Kultur, in: Bundeszentrale, S. 206; Berger: Norms, S. 318; ders.: Cultures of Antimilitarism, S. 15.

„...political culture [...] identifies distinctive clusters of attitudes that are widely held across individuals. These durable clusters from subjective world orientations [...] are highly resistant to change...''[85]

Relative Stabilität ist bereits im traditionellen Grundverständnis politischer Kultur angelegt. Der Definition von Almond und Verba entsprechend kann zwischen verschiedenen Elementen politischer Kultur unterschieden werden. Demnach besteht sie aus drei Komponenten: *„cognitive"*, *„affective"* und *„evaluative orientations"*.[86] Sie schließt damit *„Kenntnisse und Meinungen über politische Realität, Gefühle über Politik und politischer Werthaltungen"* ein.[87] Neben den kognitiven Elementen, die in höherem Maß von einer empirischen Überprüfung an der Wirklichkeit durch ihre Träger abhängig sind, umfasst politische Kultur somit auch normative und emotionale Aspekte. Dieses Grundverständnis politischer Kultur wird in der neueren Forschung aufgegriffen und als Erklärung für die relative Stabilität politischer Kultur angeführt. Sowohl Duffield als auch Berger verweisen beispielsweise darauf, dass normative und emotionale Orientierungen und Wertvorstellungen deutlich weniger kurzfristigem Wandel unterworfen sind als die kognitiven Elemente politischer Kultur.[88] Dies gilt es bei der Analyse kultureller Wandlungsprozesse und politischer Kultur allgemein im Auge zu behalten.

Hinzu kommt das, was im weiteren Verlauf als die „Institutionalisierung" politischer Kultur bezeichnet wird. Das hier als Basisdefinition verwendete diskursive Verständnis politischer Kultur geht davon aus, dass handlungsleitende Normen und dominante Deutungsangebote primär im innenpolitischen Elitendiskurs geschaffen, entwickelt und verändert werden. Sind politische Kultur und Normen innerhalb einer sozialen Gemeinschaft, hier im Kreis der sicherheitspolitischen Eliten, einmal „konstruiert", so werden sie zu ‚sozialen Fakten'.[89] D.h. die intersubjektive Akzeptanz dieser Deutungsangebote und Normen sorgt für ihre Institutionalisierung innerhalb der politischen Kultur. Normen entwickeln somit eine eigene Bedeutung und sind damit einer kurzfristigen und schnellen Revision entzogen.[90] Die Institutionalisierung politischer Kultur kann dazu führen, dass in ihr grundgelegte politische Normen weiterhin Bedeutung besitzen, auch wenn möglicherweise die ursprünglichen

---

[85] Jackman, Robert W. und Ross A. Miller: A Renaissance of Political Culture?, S. 636, in: *American Journal of Political Science* 3/1996, S. 632-659.

[86] Almond und Verba: Civic Culture, S. 15.

[87] Almond, Gabriel A.: Politische Kulturforschung – Rückblick und Ausblick, S. 29, in: Berg-Schlosser, Dirk und Jakob Schissler (Hrsg.): Politische Kultur in Deutschland. Bilanzen und Perspektiven der Forschung, Opladen 1987, S. 27-38.

[88] Vgl. hierzu ausführlicher Duffield: World Power, S. 24; ders.: Political Culture, S. 770-771; Berger: Cultures, S. 15.

[89] Mit dem Begriff der ‚sozialen Fakten' greift Berger auf Emil Durkheim zurück. Siehe Berger, Thomas: The Past in the Present: Historical Memory and German National Security Policy, S. 43-44, in: *German Politics* 1/1997, S. 39-59.

[90] Vgl. übereinstimmend Berger: Past, S. 43-44 und Duffield: World Power, S. 24.

Ideen und die Träger dieser Normen an Bedeutung verloren haben.[91] Nicht zuletzt durch die daraus folgende Stabilität gewinnt politische Kultur eine eigenständige Bedeutung und Erklärungskraft.[92] Politische Kultur kann jedoch über die intersubjektive Etablierung bestimmter Deutungsangebote hinaus institutionalisiert werden. Sie kann sich in rechtlichen Strukturen und bürokratisch-organisatorischen Prozeduren sowie im Politikprozess niederschlagen. Sie kann sich auch als Bestandteil einer außenpolitischen Identität oder im Rahmen eines Rollenkonzepts als ideologische „Institution" etablieren.[93] Ein auf das hier untersuchte Fallbeispiel bezogenes Analysemodell muss diese Formen der Institutionalisierung politischer Kultur beachten. Von besonderer Bedeutung bei der Frage militärischer Auslandseinsätze ist in diesem Zusammenhang die Institutionalisierung in rechtlichen Rahmenbedingungen. Hier ist vor allem auf die restriktive Interpretation des Grundgesetzes bis zum Urteil des BVerfG 1994 zu verweisen.

Der Aspekt der Stabilität politischer Kultur wird somit von verschiedenen theoretischen Ansätzen aufgegriffen. Kowert und Legro verweisen jedoch zu Recht darauf, dass dahingegen kulturelle Wandlungsprozesse von vielen theoretischen Modellen nur unzureichend konzeptualisiert werden.[94] Eine Erklärung für kulturellen Wandel bietet das Modell systemischer „Schocks", wie Berger es im Rahmen seiner Analyse entwickelt.[95] Fundamentale Wandlungsprozesse sind somit die Reaktion auf einschneidende externe Veränderungen. Eine grundsätzliche Veränderung struktureller Bedingungen stellt so grundlegende Normen der politischen Kultur in Frage, was zu Anpassungsprozessen der politischen Kultur führt.

Schrittweiser und gradueller Wandel politischer Kultur ist dahingegen weniger leicht theoretisch zu konzeptualisieren. In diesem Zusammenhang wird beispielsweise von Sozialisationsprozessen gesprochen, in denen politische Kultur weitergegeben wird. Dabei stehen kulturelle Normen stets unter dem Druck externer und interner Widersprüche durch die sich wandelnde politische Realität. Unter dem Eindruck solcher Widersprüche kommt es schließlich zu Veränderungen und Anpassungen der politischen Kultur:

> „Cultures [...] are not static entities hovering above society, economic, and political forces. They are transmitted trough the often imperfect mechanisms of primary and secondary socialization and are under constant pressure from both external developments and internal contradictions. Cognitive beliefs about the world are constantly tested by actual events. While failures and surprises can be reinterpreted so

---

[91] Duffield: World Power, S. 29.
[92] Ebd., S. 29-30.
[93] Berger: Norms, S. 336-337.
[94] Gleichwohl erheben diese theoretischen Konzepte den Anspruch, sowohl Kontinuität als auch Wandel erklären zu können. Siehe hierzu ausführlicher Kowert und Legro: Norms, S. 488-489.
[95] Siehe Berger: Cultures, S. 15 u. 209; ders. : Past, S. 56.

that the do not contradict existing norms and beliefs, they also create pressures that can lead to a reevaluation and modification of the culture."[96]

Schrittweiser Wandel politischer Kultur kann jedoch nur im Rahmen einer Untersuchung des Einzelfalles empirisch ermittelt werden. Ein diskursives Verständnis politischer Kultur ermöglicht damit die Analyse kultureller Wandlungsprozesse. Es kann mit Hilfe des Instruments der Diskursanalyse den schrittweisen Wandel politischer Normen und Deutungsangebote nachvollziehen und zugleich eine theoretische Fundierung der Analyse bieten. Über die Definition politischer Kultur als diskursives Phänomen hinaus stellt der methodische Aspekt des Analysemodells, die Diskursanalyse, Instrumente zur Untersuchung kulturellen Wandels bereit.[97]

In diesem Zusammenhang müssen *„diskursive Ereignisse"* Beachtung finden.[98] Schwab-Trapp versteht darunter Diskursbeiträge, die Wendepunkte in der politischen Auseinandersetzung darstellen. Dabei handelt es sich um solche Beiträge, die kontrovers sind, aus dem normalen Diskurs hervorstechen und in denen politische Akteure – hier politische Eliten – einen grundsätzlichen inhaltlichen Wandel ihrer Position vollziehen. Sie beinhalten dabei oftmals Deutungsangebote, die von anerkannten Normen der politischen Kultur abweichen und damit kulturellen Wandel markieren. Der Begriff des diskursiven Ereignisses soll hier jedoch ausgeweitet werden. Er umfasst weitergehend auch konkrete politische Ereignisse, die im Elitendiskurs immer wieder eine Rolle spielen – bezogen auf das Fallbeispiel ist beispielsweise die Einnahme der UN-Schutzzone Srebrenica im Juli 1995 zu nennen. Mit Hilfe dieses Instruments können Wendepunkte des Diskurses identifiziert werden, welche auf den Wandel politischer Kultur hinweisen. Ein diskursives Modell politischer Kultur kann damit auch die Schwäche anderer Ansätze ausgleichen, die schrittweise Wandlungsprozesse nicht ausreichend erfassen und analysieren können. Indem Veränderungen politischer Kultur diskursiv nachgezeichnet werden können, kann politische Kultur auch zur Erklärung politischer Veränderungen herangezogen werden. Damit wird ein weiterer Nachteil anderer Kulturansätze ausgeglichen, die auf die Stabilität politischer Kultur und damit auf die Kontinuität politischen Handelns abzielen.[99] Das untersuchte Fallbeispiel zeigt einen offensichtlichen Wandel der politischen Praxis zu militärischen Auslandseinsätzen der Bundeswehr im Verlauf der 90er Jahre. Ein Konzept politischer Kultur kann daher nur dann als Erklärungsmodell herangezogen werden, wenn es den Aspekt des Wandels einbezieht. Ein diskursives

---

[96] Berger: Norms, S. 326.
[97] Allgemein zu Instrumenten der Diskursanalyse siehe Schwab-Trapp: Kriegdiskurse, S. 41-65.
[98] Siehe hierzu Schwab-Trapp: Kriegsdiskurse, S. 61-65.
[99] In diesem Sinne wird von einem kausalen Zusammenhang zwischen der Stabilität politischer Kultur und der Kontinuität politischen Handelns ausgegangen. Berger verweist zu Recht darauf, dass ein Hauptproblem kultureller Ansätze dahingegen die Erklärung von Veränderung ist. Siehe Berger: Cultures, S. 12.

Verständnis politischer Kultur leistet dies. Politische Kultur wird somit hier als öffentliches Gut verstanden, welches im Diskurs miteinander konkurrierender Deutungsangebote entwickelt, reproduziert und gegebenenfalls verändert wird.[100]

2.2 Politische Kultur und politisches Handeln

Ein wichtiger Gesichtspunkt bei der Untersuchung politischer Kultur ist das Verhältnis zwischen politischer Kultur und politischem Handeln. Unter politischer Kultur sollen hier, wie oben ausführlich dargestellt, diskursiv hergestellte Deutungsangebote und Normen verstanden werden. Diese Normen sind handlungsleitend für die politische Praxis, politische Kultur wird zur erklärenden Variable für politisches Handeln. Das hier entwickelte Modell geht daher von einem kausalen bzw. zumindest plausiblen Zusammenhang zwischen politischer Kultur und politischem Handeln aus.

Wie kann nun politische Kultur empirisch erhoben werden und ein Zusammenhang zu politischem Handeln hergestellt werden? Das oben entwickelte Modell schlägt eine elitendiskursive Analyse vor, bei der politische Kultur primär aus dem politischen Diskurs über Auslandseinsätze der Bundeswehr abgeleitet wird. Die Analyse des Elitendiskurses erlaubt eine Rekonstruktion von Bedeutungen, Werten, Ideen und Normen der politischen Akteure und kann dominante Deutungsangebote und handlungsleitende Normen aus dem Diskurs entnehmen.[101] Politische Kultur wird damit zunächst unabhängig von politischem Handeln ermittelt. Maull nennt neben einer solch unabhängigen Erhebung politischer Kultur auch die Möglichkeit, handlungsleitende Normen aus (sicherheits)politischem Handeln zu erschließen: *„Die Analyse von Außenpolitik erlaubt grundsätzlich Rückschlüsse auf die dem Verhalten zugrunde liegenden Normen und Einstellungen."*[102] Ein methodisches und analytisches Verständnis politischer Kultur als erklärende Variable schließt jedoch einen solchen Rückschluss aus. Es käme einer Tautologie gleich, da erklärende (politische Kultur) und abhängige Variable (politisches Handeln) miteinander vermischt würden:

> „The difficulty of describing political culture is compounded by the need to avoid making inference from behavior, since otherwise one confounds the dependent and independent variables and the argument becomes tautological."[103]

---

[100] Schwab-Trapp: Kriegsdiskurse, S. 36-37.

[101] Politische Kultur kann mit dieser Methode ebenso ermittelt werden wie materielle Erklärungsfaktoren – beispielsweise Interessen. Darauf weisen Jetschke und Liese hin. Siehe Jetschke und Liese: Kultur, S. 171.

[102] Maull: Außenpolitische Kultur, S. 649.

[103] Duffield: World Power, S. 33. In diesem Punkt herrscht weitgehend Übereinstimmung. Vgl. hierzu ebenfalls Berger: Cultures, S. 20; Jetschke und Liese: Kultur, S. 169; Duffield: Political Culture, S. 769.

Daher muss bei der Untersuchung analytisch zwischen politischer Kultur und sicherheitspolitischem Handeln getrennt werden. Politische Kultur muss unabhängig erhoben werden, um ihr den Status einer erklärenden Variablen einräumen zu können. Die Rekonstruktion von Normen aus politischem Handeln kann nicht aufzeigen, ob die diskursiv entwickelten Deutungsangebote tatsächlich handlungsleitend sind oder ob politisches Verhalten auf andere Faktoren zurückzuführen ist.

Von einem direkten Zusammenhang zwischen beiden Variablen kann ausgegangen werden, wenn sich die politische Kultur im Gleichklang mit politischem Handeln befindet bzw. entwickelt. Findet ein Wandel der politischen Kultur ohne eine entsprechende Veränderung der politischen Praxis statt oder ist ein verändertes politisches Verhalten beobachtbar ohne eine entsprechende Veränderung der politischen Normen, so kann ein Zusammenhang zwischen beiden Variablen bezweifelt werden: *„In other words, expressed cultural beliefs and values should develop in tandem with behavior – in this case, with defense and national security policy.“*[104] Selbst ein direkter Zusammenhang bedeutet jedoch nicht, dass es nicht zu Widersprüchen zwischen politischer Praxis und kulturellen Normen kommen kann. In diesen Fällen ist jedoch Widerstand – beispielsweise in Form von politischen Auseinandersetzungen und Demonstrationen – zu erwarten.[105]

Selbst die Übereinstimmung zwischen politischer Kultur und sicherheitspolitischem Verhalten ist jedoch nur eine notwendige, keine hinreichende Bedingung für den Einfluss politischer Kultur.[106] Insofern kann auch nicht von einer strengen Kausalität, sondern nur von einem plausiblen Zusammenhang zwischen beiden Variablen ausgegangen werden. Die Plausibilität kann jedoch erhöht werden, wenn die Untersuchung politischer Kultur als Prozessanalyse vollzogen wird. Eine Analyse des sicherheitspolitischen Diskurses kann ermitteln, inwieweit politische Kultur und Normen die politische Entscheidungsfindung konkret beeinflusst haben.[107] Auch aus diesem Grund erscheint ein diskursives Verständnis politischer Kultur als ein geeignetes Analysemodell. Im Rahmen einer Diskursanalyse kann so nachgezeichnet werden, welche Deutungsangebote und Normen sich als dominante Argumentationsmuster im Rahmen des Elitendiskurses etablieren und inwieweit sie für die politische Entscheidungsfindung handlungsleitend werden.

Trotz der notwendigen analytischen Trennung zwischen politischer Kultur und Handeln besteht ein enger Zusammenhang zwischen beiden. In der Praxis ist eine solche Trennung kaum möglich.[108] Daher soll hier in Anlehnung an

---

[104] Berger: Cultures, S. 20.
[105] Berger: Norms, S. 328-329.
[106] Duffield: Political Culture, S. 795-796.
[107] Duffield spricht in diesem Zusammenhang in Anlehnung an Alexander George von der ‚process-tracing procedure'. Siehe hierzu ausführlicher Duffield: World Power, S. 35.
[108] Berger: Cultures, S. 20.

Schwab-Trapp primär zwischen *„diskursiver"* und *„politischer Praxis"* unterschieden werden.[109] Die diskursive Praxis entspricht damit dem oben skizzierten engen Verständnis politischer Kultur. Sie bezieht sich auf die sprachliche und argumentative Dimension und kann als *„konfliktuelle Auseinandersetzungen, in denen Diskursteilnehmer um die kollektive Geltung ihrer Deutungsangebote ringen"* definiert werden.[110] Normen und Deutungsangebote, die im engeren Sinne politische Kultur ausmachen, werden dabei im Rahmen der diskursiven Praxis erzeugt, reproduziert und verändert. Dagegen bezieht sich der Begriff der *„politischen Praxis"* auf konkrete politische Handlungen und Entscheidungen – bezogen auf das untersuchte Fallbeispiel ist damit also die konkrete Entscheidung für oder gegen die Entsendung deutscher Soldaten im Rahmen militärischer Auslandseinsätzen gemeint.

Politische Kultur ist jedoch zusammengefasst mehr als nur der Elitendiskurs über Auslandseinsätze der Bundeswehr und die darin institutionalisierten Normen. Vielmehr bedingt ein vollständiges Verständnis politischer Kultur eine Verbindung zwischen diskursiver und politischer Praxis. Schwab-Trapp stellt dazu fest:

> „Die Deutungsangebote der diskursiven Praxis bedürfen einer politischen Praxis, die diese Deutungsangebote in Handlungen überführt und als verbindliche Deutungsangebote institutionalisiert. Umgekehrt bedarf eine Veränderung der politischen Praxis jedoch einer diskursiven Praxis, die Deutungen bereitstellt, die dieser Praxis angepasst sind, um sich als verbindliche Praxis zu institutionalisieren. [...] Entsprechend kann sich die politische Kultur einer Gesellschaft auch nur dort verändern, wo sich die diskursive und die politische Praxis dieser Kultur miteinander verbinden und füreinander eintreten."[111]

Nicht alleine der Elitendiskurs etabliert damit Normen und dominante Deutungsangebote, sondern die Institutionalisierung politischer Kultur vollzieht sich durch die Umsetzung dieser Normen in politisches Handeln. Daher muss politische Kultur, hier im engeren Sinne verstanden als diskursive Praxis, zwar analytisch getrennt von politischem Handeln erhoben und analysiert werden. Ein vollständiges Verständnis politischer Kultur und damit auch kultureller Wandlungsprozesse setzt aber voraus, politisches Handeln in die Analyse einzubeziehen und in Verbindung zur diskursiven Praxis zu setzen.

---

[109] Siehe hierzu Schwab-Trapp: Kriegsdiskurse, S. 42-48.
[110] Ebd., S. 43.
[111] Schwab-Trapp: Kriegdiskurse, S. 46.

2.3 Politische Kultur und die „Instrumentalisierung"[112] von Vergangenheit: Kollektives Gedächtnis und „Basiserzählung"

„Schließlich ist politische Kultur ein historisches Phänomen. Sie wird zum einen in politisch-kulturellen Debatten zwischen politischen Akteuren beständig Veränderungen unterworfen. Zum anderen ist die politische Kultur einer Gesellschaft historisch gewachsen und bezieht sich in ihren Deutungen der Gegenwart deshalb vielfach auf die Vergangenheit."[113]

Politische Kultur und historische Erfahrung sind auf das Engste miteinander verbunden. Ein angemessenes Verständnis politischer Kultur muss diese historische Dimension einbeziehen. Indem das hier entwickelte Modell politischer Kultur die Bedeutung von „Vergangenheit" einbezieht, orientiert es sich an „historisch-kulturellen Ansätzen" politischer Kultur, wie sie von Berger in Abgrenzung von „anthropologischen" Kulturansätzen definiert werden.[114] Zum einen besitzt die historische Dimension Bedeutung für die Ursprünge politischer Kultur. Die Evolution kultureller Normen des Elitendiskurses ist nur vor dem Hintergrund ‚historischer Codes' und Quellen verständlich. Daher muss sich ein angemessenes Analysekonzept auch mit der Politikgeschichte einer politischen Kultur befassen[115].

Es herrscht weitgehende Übereinstimmung, dass die politische Kultur Deutschlands zu einem entscheidenden Teil auf historischen Erfahrungen beruht. Dies gilt im besonderen Maße für das Politikfeld der Außen-, Sicherheits- und Verteidigungspolitik.[116] Hanns Maull stellt hierzu fest: *„Die außenpolitische Kultur der Bundesrepublik ist geprägt durch die deutsche Vergangenheit."*[117] Die skeptische bis ablehnende Grundhaltung gegenüber dem Einsatz militärischer Mittel und gegenüber dem Einsatz der Bundeswehr außerhalb des NATO-Gebietes bis 1990 ist eng verflochten mit den Erfahrungen des Zweiten Weltkriegs, der nationalsozialistischen Vergangenheit, der Entwicklung der deutschen Nachkriegsdemokratie sowie der bundesdeutschen Sicherheitspolitik seit 1945.[118] Diese historischen Erfahrungen als Grundlage und fester Bestandteil politischer Kultur sind dabei in gewissem Maße an Generationen gebunden. Mit einem Generationenwechsel kann daher auch ein Wandel des historischen Bewusstseins einhergehen.[119]

---

[112] „Instrumentalisierung" wird weitgehend wertfrei verstanden. Es ist gemeint, wie politische Akteure Vergangenheit im Rahmen ihrer Diskursbeiträge zur Legitimation ihrer Deutungsangebote verwenden und argumentativ einsetzen.

[113] Schwab-Trapp: Kriegsdiskurse, S. 27.

[114] Siehe Berger: Cultures of Antimilitarism, S. 10-11.

[115] Greiffenhagen: Politische Kultur, in: Bundeszentrale, S. 189.

[116] Berger: Past, S. 39.

[117] Maull: Außenpolitische Kultur, S. 649.

[118] Vgl. hierzu Berger: Past, S. 39; ders.: Cultures, S. 3-4 u. 6; ders.: Norms, S. 318; Duffield: World Power, S. 61.

[119] Greiffenhagen: Politische Kultur, in: Bundeszentrale, S. 189-190. Hierzu auch Markovits und Reich: Das deutsche Dilemma, S. 40. Konkreter bezogen auf die deutsche

Der Einfluss historischer Erfahrungen auf politische Kultur umfasst jedoch noch eine zweite Dimension. Geschichte ist nicht nur von Bedeutung für die Evolution einer politischen Kultur, sondern beeinflusst auch die Gegenwart und Zukunft derselben. Historische Erfahrungen werden oftmals zu Argumenten in aktuellen Auseinandersetzungen und spielen damit ein wichtige Rolle für Stabilität und Wandel der politischen Kultur. Geeigneter Ausgangspunkt einer Konzeptualisierung dieser auf die Gegenwart und Zukunft politischer Kultur ausgerichteten Dimension von Vergangenheit ist das von Maurice Halbwachs entwickelte und von Markovits und Reich konkreter auf die deutsche Außenpolitik bezogene Konzept des *„kollektiven Gedächtnisses“*.[120] Kollektives Gedächtnis definiert sich in diesem Sinne als Verknüpfung von Geschichte und Ideologie. Es fungiert damit als *„Brücke zwischen Geschichte (als Faktum) und Ideologie (als Mythos)“*.[121] In Abgrenzung von dieser Definition beruht „Geschichte“ auf „objektiven“ Tatsachen und zielt auf die möglichst tatsachengerechte Überlieferung von Geschehnissen ab. Sie ist auf Erkenntnis und Wissen sowie die Vergangenheit ausgerichtet. Dahingegen ist das kollektive Gedächtnis als *„beständige Neuinterpretation der Vergangenheit“*[122] primär ein Phänomen der Gegenwart. Es steht damit *„eindeutig im Dienst des Hier und Jetzt“*[123]. Es bezieht sich vor allem auf die emotionale Seite der Vergangenheit, ist zeit- und generationengebunden und umfasst nur einzelne Aspekte der tatsächlichen „Geschichte“. Es beinhaltet damit weniger konkrete Ereignisse als vielmehr deren Interpretation und Inszenierung als Argumente für die Gegenwart. Des Weiteren gibt es kollektives Gedächtnis nur im Plural, d.h. verschiedene Gruppen besitzen unterschiedliche kollektive Gedächtnisse. In diesem Sinne handelt es sich beim kollektiven Gedächtnis insofern um die „Instrumentalisierung“ von Vergangenheit und Geschichte, als dass kollektive Erinnerungen für verschiedene Zwecke argumentativ mobilisiert werden. Konkreter auf ein diskursives Verständnis politischer Kultur übertragen heißt das: Vergangenheit wird von politischen Akteuren argumentativ instrumentalisiert, um innerhalb des Diskurses bestimmte Deutungsangebote und Normen zu etablieren.

Das Konzept des kollektiven Gedächtnisses erscheint auch deshalb für den hier entwickelten Ansatz politischer Kultur von Bedeutung, weil es die herausragende Rolle politischer Eliten betont. Das kollektive Gedächtnis ist primär ein Erzeugnis politischer Eliten: *„Grob gesagt, sind die herrschenden*

Außenpolitik wird beispielsweise von einem *„doppelten Generationenwechsel“* gesprochen. Siehe hierzu ausführlicher Weidenfeld, Werner: Abschied von Adenauer, in: *Die Welt*, 1. Juni 2002.

[120] Halbwachs, Maurice: Das kollektive Gedächtnis, Stuttgart 1967. Zur Weiterentwicklung des Konzeptes in die Form, in der es hier verwendet wird siehe Markovits und Reich: Das deutsche Dilemma, S. 37-45.

[121] Markovits und Reich: Das deutsche Dilemma, S. 35.

[122] Ebd., S. 38.

[123] Markovits und Reich: Das deutsche Dilemma, S. 39.

*Erinnerungen einer gegebenen Gesellschaft zu einer gegebenen Zeit die
Erinnerungen ihrer herrschenden Klasse.*"[124] Eliten wählen bestimmte
Elemente der historischen Erfahrung aus und verbinden diese. Im Rahmen des
Elitendiskurses werden somit Interpretationen der Vergangenheit bereitgestellt,
die handlungsleitende Normen und Deutungsangebote beinhalten.
Unterschiedliche kollektive Gedächtnisse – also unterschiedliche
Interpretationen von Vergangenheit – treten dabei in Konkurrenz zueinander,
aus denen durchaus unterschiedliche Verpflichtungen zum politischen Handeln
erwachsen können.[125] Im Rahmen des Diskurses bildet sich jedoch eine
dominante Bedeutung der Vergangenheit aus. Diese soll im weiteren Verlauf in
Anlehnung an Thomas Herz als *„Basiserzählung"* bezeichnet werden:

> „Die Basiserzählung ist diejenige Konstruktion der Geschichte einer Gesellschaft und
> Kultur, die die beherrschende legitimatorische Konstruktion der Vergangenheit enthält
> und deshalb in den Konflikten um die Konstruktion der Vergangenheit unausweichlich
> Bezugspunkt ist. Aus diesem Grund zeigt der Wandel der Basiserzählung immer
> grundlegende Veränderungen der politischen Kultur an."[126]

Der für das hier untersuchte Fallbeispiel wichtigste Bezugspunkt des kollektiven
Gedächtnisses ist die Erfahrung des Nationalsozialismus.[127] Sie steht damit auch
im Zentrum der „Basiserzählung". Dem kollektiven Gedächtnis entspringen
dabei, konkreter auf die deutsche Sicherheitspolitik bezogen, unterschiedliche
Verpflichtungen. Diese lassen sich in drei Grundnormen zusammenfassen: „Nie
wieder Krieg", „Nie wieder Auschwitz" und „Nie wieder allein". Eine
Untersuchung des Elitendiskurses kann nachzeichnen, welche
Deutungsangebote der deutschen Vergangenheit in der öffentlichen
Auseinandersetzung eine Rolle spielen, welche sich durchsetzen und welche
handlungsleitenden Normen für politisches Handeln daraus erwachsen. Ein
Wandel der Basiserzählung, d.h. der dominanten Interpretation der
nationalsozialistischen Vergangenheit, deutet damit weitergehend auch auf einen
Wandel der politischen Kultur insgesamt hin.

---

[124] Ebd., S. 39.
[125] Ebd., S. 34.
[126] Siehe Herz: Basiserzählung, S. 93.
[127] Vgl. Schwab-Trapp: Kriegsdiskurse, S. 14. Allgemein bestimmt der Nationalsozialismus
das Geschichtsbewusstsein der Deutschen maßgeblich. Insgesamt halten 18Prozent die
NS-Zeit und 22 Prozent den Zweiten Weltkrieg für die prägendsten Abschnitte der
deutschen Geschichte. Jedoch kann ein Ost-West-Gefälle diagnostiziert werden, da die
Ostdeutschen die Wiedervereinigung stärker gewichten als die nationalsozialistische
Vergangenheit. Siehe hierzu Bürklin, Wilhelm und Christian Jung: Deutschland im
Wandel. Ergebnisse einer repräsentative Meinungsumfrage, S. 676-677, in: Korte, Karl-
Rudolf und Werner Weidenfeld (Hrsg.): Deutschland-TrendBuch. Fakten und
Orientierungen, Bonn 2001, S. 675-711.

2.4 Wirkungsmechanismen politischer Kultur

Der hier entwickelte Ansatz geht von einem kausalen bzw. zumindest plausiblen Zusammenhang zwischen politischer Kultur und politischem Handeln aus. Insofern muss ein entsprechender Analyserahmen auch aufzeigen, auf welchem Weg politische Kultur politisches Handeln beeinflusst und welche direkten oder indirekten Wirkungen politische Kultur entfaltet.

Es lassen sich grundsätzlich sechs Wirkungsmechanismen politischer Kultur identifizieren.[128] Erstens verleiht Kultur politischen Objekten Bedeutung und Handlungen Sinn. Politische Kultur beinhaltet damit die Funktion der Bedeutungszuweisung. Objektive Umstände werden immer mit der Hilfe kultureller Werte und Normen wahrgenommen und können nur so eine inhaltliche Bedeutung erlangen.

Zweitens beeinflusst politische Kultur die Perzeption der Akteure. Dies beinhaltet sowohl eine innenpolitische Dimension – wie politische Akteure die innenpolitische Umwelt wahrnehmen – als auch eine internationale Dimension – wie der Kontext internationaler Zusammenhänge wahrgenommen wird.[129] Verbunden damit ist hier als dritte eine selektive Funktion politischer Kultur. Politische Kultur beeinflusst, welche Aspekte wahrgenommen werden und welche unbeachtet bleiben. Sie definiert somit maßgeblich den politischen Kontext, in welchem sich Akteure befinden.[130] Politische Kultur dient damit auch als Filter, durch welchen politische „Realität" wahrgenommen wird.[131]

Drittens beschränkt politische Kultur darüber hinaus zum einen die Perzeption politischer Handlungsoptionen. Kultur stellt damit *„ein Regelwerk für soziales Verhalten zur Verfügung, das wie ein Set von Handlungsoptionen wirkt".*[132] Kulturelle Normen lassen dabei bestimmte politische Handlungsweisen gar nicht erst als mögliche Handlungsoptionen erscheinen.

Viertens beeinflusst politische Kultur, welche dieser Optionen maßgeblich und handlungsleitend für politisches Verhalten wird, d.h. sie beeinflusst die Auswahl aus den wahrgenommenen Optionen.[133] Diese Auswahl wird nicht zuletzt auch davon bestimmt, welche Instrumente zur Umsetzung dieser Handlungsoptionen als akzeptabel, angemessen und legitim erachtet werden. Auch die Auswahl dieser politischen Instrumente wird maßgeblich von politischer Kultur beeinflusst.[134]

---

[128] Die Einteilung in sechs Kategorien orientiert sich an der von Jetschke und Liese im Rahmen ihrer Literaturdiskussion entwickelten Einteilung. Jetschke und Liese: Kultur im Aufwind, S. 159-160.

[129] Berger: Cultures, S. 16.

[130] Vgl. Duffield: World Power, S. 26; ders.: Political Culture, S. 771.

[131] Berger: Cultures, S. 10. Vgl. ebenfalls Maull: Außenpolitische Kultur, S. 649.

[132] Ulbert: Konstruktion, S. 55.

[133] Duffield: Political Culture, S. 772.

[134] Duffield: World Power, S. 26-27.

Fünftens bestimmt politische Kultur maßgeblich die Formulierung grundsätzlicher Politikziele und politischer Interessen. Interessen werden in diesem Sinne nicht als exogen vorgegeben, sondern als endogen ausgebildete Phänomene begriffen.[135] Kulturelle Normen beeinflussen somit maßgeblich außen- und sicherheitspolitische Wertorientierungen und damit auch, welche Ziele und Interessen ausschlaggebend für politisches Handeln werden.[136] Mit anderen Worten: „*Culture helps to define the basic goals of the collectivity.* "[137] Schließlich kann politische Kultur Einfluss auf die Identität politischer Akteure nehmen.[138] Diese Identität kann sich dabei zu Rollenkonzepten verdichten, die bestimmte handlungsleitende Normen in „institutionalisierter" Form beinhalten.[139]

Dabei kann zwischen indirekter und direkter Wirkung politischer Kultur unterschieden werden. Politisches Handeln wird indirekt durch kulturell geprägte Identitäten, Interessen und Perzeptionen beeinflusst, während die kulturelle Beschränkung von Handlungsoptionen und die Auswahl zwischen ihnen auf eine direktere Wirkung politischer Kultur schließen lassen.[140] Zusammenfassend ist jedoch festzuhalten, dass politische Kultur nicht streng deterministisch wirkt:

> „The overall effect of national security culture is to predispose societies in general and political elites in particular toward certain actions and policies over others. Some options will simply not be imagined. Of those, that are contemplated, some are more likely to be rejected as inappropriate or ineffective than others. Of course, political culture is not deterministic. It may not and often does not precisely determine state behavior. But it can significantly narrow the range of policies likely to be adopted in a given set of circumstances."[141]

---

[135] Politische Kulturansätze und sozialkonstruktivistische Ansätze thematisieren damit einen Begriff, der von anderen theoretischen Erklärungsansätzen als gegeben angesehen werden. Der strukturelle Neorealismus geht beispielsweise davon aus, dass „Sicherheit" das übergeordnete und damit exogen vorgegebene Interesse staatlicher Akteure ist. Vgl. hierzu ausführlicher die Kritik von Kier, Elizabeth: Imagining War, Princeton 1999; Katzenstein: Cultures; Ulbert: Konstruktion.

[136] Maull: Außenpolitische Kultur, S. 649.

[137] Duffield: Political Culture, S. 771.

[138] Der Aspekt der Identität wird vor allem von unterstrichen von Jepperson, Ronald L., Alexander Wendt und Peter J. Katzenstein: Norms, Identity and Culture in National Security, in: Katzenstein, Peter J. (Hrsg.): The Culture of National Security: Norms and Identity in World Politics, New York 1996, S. 33-75.

[139] Zur Institutionalisierung von Identität im Rahmen von Rollenkonzepten siehe ausführlicher Kirste und Maull: Zivilmacht. Bezogen auf die deutsche Außen- und Sicherheitspolitik ist vor allem der Zivilmachtansatz interessant. Siehe hierzu Kirste, Knut: Das außenpolitische Rollenkonzept der Bundesrepublik (Fallstudie, DFG-Projekt „Zivilmächte", Fassung vom 7. Januar 1998), Trier 1998.

[140] Jetschke und Liese: Kultur, S. 159-160.

[141] Duffield: World Power, S. 27.

Gerade in den Fällen jedoch, in denen von einer einheitlichen und relativ konsistenten politischen Kultur gesprochen werden kann, üben kulturelle Normen einen großen Einfluss auf politisches Verhalten aus.[142] Im Zuge der empirischen Analyse sollen jedoch nicht alle Wirkungsmechanismen politischer Kultur explizit aufgegriffen werden. Sie dienen vielmehr als theoretischer Hintergrund zum Einfluss politischer Kultur auf politisches Verhalten.

2.5 Politische Kultur und öffentliche Meinung

Wird zwar politische Kultur hier primär als von politischen Eliten diskursiv hergestelltes Phänomen verstanden, so kann die öffentliche Meinung als Ausdruck gesamtgesellschaftlicher Einstellungen jedoch nicht gänzlich außer Acht gelassen werden. Vielmehr spielt sie auch im Zusammenhang mit einem solch diskursiven Verständnis politischer Kultur eine wichtige Rolle.

Öffentliche Meinung wird hier verstanden als *„Aggregation von Einzelmeinungen durch Meinungsumfragen".*[143] Sie ist damit von der „veröffentlichten Meinung" unterschieden.[144] Dies ermöglicht eine empirische und quantitative Erfassung öffentlicher Meinung in Form von Meinungsumfragen. Entgegen Untersuchungsansätzen, die politische Kultur in erster Linie mit Hilfe von Umfragedaten erheben, wird jedoch politische Kultur hier nicht als weitgehend synonym mit öffentlicher Meinung verstanden. Politische Kultur und die damit verbundenen dominanten Deutungsangebote und Normen werden vielmehr im Rahmen des Elitendiskurses „konstruiert". Die öffentliche Meinung hingegen fungiert als Resonanzboden dieser politischen Elitenkultur. Dabei geht der hier entwickelte Ansatz davon aus, dass die öffentliche Meinung tendenziell dem Elitendiskurs folgt und von diesem inhaltlich beeinflusst wird. Für diese Hypothese sprechen verschiedene Argumente. Zum einen ist auf die herausgehobene Rolle politischer Eliten gerade im Politikfeld Außen-, Sicherheits- und Verteidigungspolitik zu verweisen. Mit diesem Punkt hat sich bereits Kapitel 2.1 eingehender befasst. Des Weiteren ist Außen- und Sicherheitspolitik in der öffentlichen Meinung der

---

[142] Ebd., S. 29.

[143] Holst, Christian: Einstellungen der Bevölkerung und der Eliten: Vom alten zum neuen außenpolitischen Konsens?, S. 227, in: Eberwein, Wolf-Dieter und Karl Kaiser (Hrsg.): Deutschlands neue Außenpolitik. Band 4: Institutionen und Ressourcen, München 1998, S. 227-238.

[144] Die veröffentlichte Meinung spielt zwar eine wichtige Rolle für politische Kultur und als „Mittler" zwischen politischen Eliten und öffentlicher Meinung. Sie findet jedoch im Rahmen dieser Arbeit keine besondere Beachtung. Vielmehr konzentriert sich der entwickelte Ansatz auf die Konstruktion von Deutungsangeboten und Normen im Elitendiskurs und deren Rezeption durch die „öffentliche Meinung" der Bevölkerung.

Bundesrepublik eher am Ende der Bedeutungsskala anzusiedeln.[145] Daher ist nicht zu erwarten, dass wichtige Impulse in Form von Deutungsangeboten von der „öffentlichen Meinung" angestoßen werden, sondern vielmehr Eliten gerade hier ihre Initiierungsfunktion wahrnehmen und als Vorreiter fungieren. Schließlich zeigt die bisherige außenpolitische Praxis der Bundesrepublik, dass in zahlreichen Fällen außenpolitische Entscheidungen ohne große Rücksicht auf die öffentliche Meinung getroffen wurden.[146] Die maßgeblichen politischen Akteure sind also in ihrer Entscheidung weniger an die öffentliche Meinung rückgebunden, als dies in anderen Politikfeldern der Fall ist. Diese Argumente sprechen daher für die Hypothese, die öffentliche Meinung folge in erster Linie dem Elitendiskurs. Dies soll im Rahmen der Analyse des Fallbeispiels weitergehend Beachtung finden.

Dennoch hat die öffentliche Meinung eine wichtige Bedeutung im Rahmen des hier entwickelten Analyserahmens. Politische Kultur bzw. die von den Eliten diskursiv hergestellten dominanten Deutungsangebote und Normen werden nicht nur durch entsprechendes politisches Handeln institutionalisiert. Vielmehr hat auch die Akzeptanz dieser Normen in der öffentlichen Meinung eine institutionalisierende Bedeutung.[147] Öffentliche Meinung kann insofern als Resonanzboden der Elitenkultur gelten und im Rahmen der Analyse als Kontrollinstanz dienen. Diese Verbindung politischer Kultur als Elitendiskurs mit politischem Handeln und öffentlicher Meinung bietet damit einen geeigneten Analyserahmen zur Untersuchung des Fallbeispiels. Das Modell orientiert sich mit dem Bezug auf diese drei Elemente in gewisser Weise auch an dem von Baumann und Hellmann entwickelten „interaktionistischen" Analysemodell.[148]

2.6   Politische Kultur und internationale Normen

Einen letzten Aspekt, den ein angemessener Ansatz zur Untersuchung politischer Kultur einbeziehen sollte, stellen internationale Normen und Deutungsangebote dar. Der hier entwickelte diskursive Kulturbegriff geht davon aus, dass sicherheitspolitische Deutungsangebote und Normen und damit die politische Kultur primär innenpolitisch, also im Rahmen des Elitendiskurses,

---

[145] Holst: Einstellungen, S. 228. Diese Einschätzung stützt sich in besonderem Maße auf eine Untersuchung für die Jahre 1954 bis Anfang der 1990er Jahre. Siehe hierzu ausführlicher: Rattinger, Hans, Joachim Behnke und Christian Holst: Außenpolitik und öffentliche Meinung in der Bundesrepublik. Ein Datenhandbuch zu Umfragen seit 1954, Frankfurt a.M. 1995.

[146] Duffield: World Power, S. 238.

[147] Aus diesem Grund wird in den nachfolgenden empirischen Kapiteln der im jeweils zweiten Abschnitt dargestellte Elitendiskurs im nachfolgenden dritten Abschnitt sowohl in Verbindung mit politischem Handeln und öffentlicher Meinung gebracht.

[148] Baumann, Rainer und Gunther Hellmann: Germany and the Use of Force: 'Total War', the 'Culture of Restraint' and the Quest for Normality, S. 64-65, in: *German Politics* 1/2001, S. 61-82.

erzeugt, reproduziert und verändert werden. Für die Durchsetzung bestimmter Normen ist aber ein weiterer Faktor von Bedeutung, der im weiteren Verlauf Beachtung finden sollte – die Anschlussfähigkeit dieser innenpolitisch konstruierten Deutungsangebote an internationale Normen. Dieses Argument schließt an eine Überlegung Ulberts an, Normen könnten sich in der innenpolitischen Auseinandersetzung besser durchsetzen, wenn sie Anschlussfähigkeit an übergeordnete gesellschaftliche und politische Diskurse besitzen.[149] Dieses Argument soll hier auf die übergeordnete Ebene der internationalen Beziehungen übertragen werden. Im Rahmen des Elitendiskurses entwickelte Deutungsangebote und Normen können sich im Rahmen der politischen Auseinandersetzung besser als dominante Deutungsangebote legitimieren, wenn sie einen Anknüpfungspunkt in internationalen Normen finden. Konkret auf das hier untersuchte Fallbeispiel bezogen ist vor allem auf die Norm der *„humanitären Intervention"* zu verweisen.[150] Die Entwicklung dieser Norm im „internationalen Diskurs" entfaltet eine wichtige Bedeutung für den sicherheitspolitischen Diskurs in Deutschland. Gerade die Frage einer deutschen Beteiligung an der militärischen Intervention im Kosovo findet hier einen international legitimierten Anknüpfungspunkt. Dabei kann eine Analyse des Elitendiskurses, wie sie im Rahmen dieser Arbeit vorgesehen ist, diese internationalen Normen nicht unabhängig erheben. Eine solche Herangehensweise würde die Grenzen dieses methodischen Ansatzes übersteigen. Es kann jedoch analysiert werden, inwiefern internationale Normen – ähnlich wie externe Erwartungen anderer Akteure und strukturelle Einflüsse[151] – im innenpolitischen Diskurs aufgegriffen und benutzt werden, um bestimmte Deutungsangebote zu legitimieren.

2.7 Zwischenfazit

Das hier entwickelte Analysemodell wird im weiteren Verlauf als Grundlage der Untersuchung des Fallbeispiels dienen. Das Modell basiert dabei grundsätzlich auf dem elitendiskursiven Kulturbegriff Schwab-Trapps. Politische Kultur wird so als ein primär in politischen Diskursen erzeugtes und damit soziales und konfliktuelles Phänomen verstanden. Die Hauptakteure und Träger politischer Kultur - außenpolitische Eliten, die politische Diskursgemeinschaften wie Parteien und übergeordnete politische Milieus repräsentieren - kämpfen in diesem Diskurs um die Akzeptanz und Legitimität politischer Deutungsangebote

---

[149] Ulbert: Konstruktion, S. 35-38.

[150] Zur Norm der „humanitären Intervention" siehe beispielsweise Finnemore: Constructing Norms of Humanitarian Intervention, in: Katzenstein, Peter (Hrsg.): The Culture of National Security. Norms and Identity in World Politics, New York 1996, S. 153-185.

[151] Hierzu Kirste und Maull: Zivilmacht. Der Zivilmachtansatz geht davon aus, dass sich strukturelle Einflüsse und die Erwartung anderer politischer Akteure in der Position der Eliten widerspiegeln und damit indirekt Eingang in den politischen Entscheidungsprozess findet.

und Normen. Sowohl für die Herausbildung der politischen Kultur als auch für ihre Entwicklung und ihren Wandel spielen dabei historische Bezüge in Form von „kollektivem Gedächtnis" und daraus abgeleiteter „Basiserzählung" eine herausragende Rolle. Politische Kultur beeinflusst politisches Handeln und Verhalten direkt und indirekt, obgleich politische Kultur, hier verstanden als diskursive Praxis, in einem komplexen Wechselverhältnis zur politischen Praxis steht. Politische Kultur korrespondiert ebenfalls mit öffentlicher Meinung, welche als Resonanzboden von Elitenkultur verstanden wird. Dabei geht der hier vertretene Ansatz prinzipiell von einer relativen Beeinflussung der öffentlichen Meinung durch den Elitendiskurs aus. Politische Kultur geht insofern über die rein intersubjektive Erzeugung und Akzeptanz kultureller Normen hinaus, als dass sie sowohl im sicherheitspolitischen Prozess als auch im politischen Handeln und in der öffentlichen Meinung in vielfältiger Weise institutionalisiert wird. Diese primär in der innenpolitischen Auseinandersetzung entwickelte „sicherheitspolitische Kultur" steht dabei jedoch auch in einem Wechselverhältnis mit strukturellen Einflüssen und internationalen Normen. Diese werden von dem entwickelten Diskursmodell jedoch nur insoweit erfasst, als sie im innenpolitischen Diskurs thematisiert oder instrumentalisiert werden.

3. Der Diskurs über militärische Auslandseinsätze der Bundeswehr

3.1 Der „antimilitaristische Konsens" bis 1990

„Einen Einsatz deutscher Streitkräfte außerhalb des NATO-Vertragsgebietes lässt das Grundgesetz der BRD nicht zu. Diese Einschätzung ist bislang offizielle Grundlage bundesrepublikanischer Außenpolitik."[152]

3.1.1 Historische Quellen und Entwicklung des Konsenses

„Die politische Kultur Deutschlands zeichnete sich seit 1945 und bis Ende der 80er Jahre durch einen normativen Konsens gegenüber Krieg und militärischer Gewalt aus. Dieser Konsens delegitimierte deutsche Militäreinsätze. [...] Der politischen Praxis militärischer Selbstbeschränkung korrespondierte eine diskursive Praxis, die in der Erinnerung an die Vergangenheit das Gebot der militärischen Selbstbeschränkung begründet und die politische Praxis legitimiert."[153]

Die Herausbildung eines „antimilitaristischen Konsenses" nach 1945, zu dessen grundlegenden Maximen die „Kultur der Zurückhaltung" und eine Politik der militärischen Selbstbeschränkung wurden, war vor allem das Ergebnis der historischen Erfahrungen.[154] Vor allem der Schock, den die vollständige Niederlage Deutschlands 1945 hervorgerufen hatte, leitete einen umfassenden Wandel der politischen Kultur ein.[155] Diese Veränderungen beinhalteten dabei zu einem entscheidenden Teil auch die grundsätzliche Revision sicherheits- und militärpolitischer Vorstellungen. Die vormals stark militaristisch geprägte deutsche politische Kultur wurde weitgehend diskreditiert und in einen neuen antimilitaristischen Konsens überführt. Dabei spielten sowohl ausländische als auch die neuen demokratischen Eliten der Bundesrepublik eine herausragende Rolle. Von Seiten der amerikanischen Besatzungsbehörden wurde „Entmilitarisierung", hier über die tatsächliche Abrüstung und Entwaffnung hinaus auch als psychologisches Konzept verstanden, neben „Demokratisierung" und „Entnazifizierung" eines der drei grundlegenden Elemente alliierter Nachkriegspolitik. Gleichzeitig fühlten sich auch die neuen demokratischen Eliten Deutschlands einer antimilitaristischen Haltung verpflichtet. Dies dokumentiert der schon sprichwörtliche Ausspruch von Franz Josef Strauß aus dem Jahr 1949, jedem Deutschen, der *„noch einmal das Gewehr in die Hand nehme, solle die Hand abfallen".[156]*

---

[152] Thomas und Nikutta: Bundeswehr, S. 4.

[153] Schwab-Trapp: Kriegsdiskurse, S. 364.

[154] Maull: Außenpolitische Kultur, S. 649. Zu den historischen Ursprüngen der deutschen politischen Kultur siehe hauptsächlich Berger: Norms, S. 329-338. Ergänzend verwendete Quellen werden im weiteren Verlauf ausdrücklich zitiert.

[155] Zum „systemischen Schock" als Auslöser kulturellen Wandels siehe Berger: Cultures, S. 15.

[156] Die fortgesetzte Bedeutung dieser historischen Prägung dokumentiert der Redebeitrag von Detlef Kleinert (B90/Grüne) im April 1993 vor dem Deutschen Bundestag. Im Rahmen

Verstärkt wurde der antimilitaristische Konsens durch die Erfahrungen der
frühen deutschen Sicherheitspolitik der 50er Jahre.[157] Mit der
Wiederbewaffnung der Bundesrepublik ging keine grundsätzliche
Militarisierung der politischen Kultur oder der deutschen Außen- und
Sicherheitspolitik einher. Vielmehr wurde die Bundeswehr als bewusstes
Gegenkonzept zu Reichswehr und Wehrmacht verstanden. Die strikt zivile
Kontrolle der Streitkräfte, die Einbindung in das westliche
Verteidigungsbündnis, das Prinzip der „inneren Führung" und das Motiv des
„Staatsbürgers in Uniform", der vollständige Verzicht auf
Massenvernichtungswaffen und die Einführung eines „Wehrbeauftragten" sind
Beispiele hierfür. Die Bundeswehr sollte eng an die demokratische Gesellschaft
angebunden werden. Gleichzeitig besaß zivile Diplomatie den absoluten
Vorrang vor militärischem Vorgehen, die Lösung politischer Probleme mit
militärischen Mitteln wurde als undenkbar betrachtet.
Dementsprechend wurde die Bundeswehr als reines Verteidigungsinstrument
etabliert. Die Streitkräfte sollten allein der Landes- und Bündnisverteidigung
dienen, darüber hinausgehende Einsatzmöglichkeiten wurden von Beginn an
ausgeschlossen. Der Gedanke an einen Einsatz deutscher Streitkräfte war
aufgrund der historischen Erfahrungen aufs Engste mit deutschem
Großmachtstreben verbunden und ein über die Landes- und
Bündnisverteidigung hinausgehender Einsatz deutscher Soldaten war daher für
die meisten Deutschen unvorstellbar.[158] Somit wuchs aus dieser historischen
Erfahrung auch die Einsicht, dass die Verhinderung eines Kriegs stets Vorrang
haben müsse: *„Der Hauptzweck der Bundeswehr war es, einen Krieg durch*
Abschreckung zu verhindern, und nicht in erster Linie, in einem Krieg zu
kämpfen."[159] Die Norm „Nie wieder Krieg" rückte damit in den Vordergrund der
politischen Kultur. Die Politik der militärischen Zurückhaltung wurde so eng
mit der neuen Identität der Deutschen verknüpft und nicht zuletzt dadurch ein
bestimmendes Element der politischen Kultur.[160] Staack stellt somit
zusammenfassend fest:

„Anstelle des Militarismus, der vor 1945 Deutschlands Politik so maßgeblich geprägt
hatte, entwickelte sich eine ‚Kultur der Zurückhaltung', die einen Einsatz deutscher

---

der Debatte über den AWACS-Einsatz der Bundeswehr bezieht er sich fast wörtlich auf
das Zitat Strauß': *„Die Wurzel war doch 1945. 1945 bis 1950 [...] ist doch niemand in*
diesem Land auf die Idee gekommen, dass es jemals wieder möglich sein würde, dass ein
Deutscher eine Waffe [...] wieder in die Hand nimmt." Siehe Detlef Kleinert,
Plenarprotokoll 12/151, 21. April 1993.

[157] Siehe Duffield: World Power, S. 61.

[158] Vgl. Berger: Past, S. 39.

[159] Kaiser, Karl und Klaus Becher: Deutschland und der Irak-Konflikt. Internationale
Sicherheitsverantwortung Deutschlands und Europas nach der deutschen Vereinigung
(Arbeitspapier zur Internationalen Politik 68), Bonn 1992, S. 9.

[160] Berger: Norms, S. 329 u. 337.

Soldaten mit Ausnahme der Landes- und Bündnisverteidigung strikt ablehnte und stattdessen ziviler Diplomatie den Vorrang gab."[161]

Die sicherheitspolitischen Auseinandersetzungen der nachfolgenden Jahrzehnte führten so auch nicht zu einer Revision dieses antimilitaristischen Konsenses, sondern vielmehr zu einer Bekräftigung desselben. Alle Versuche, der Sicherheitspolitik allgemein eine neue Richtung zu geben, stießen auf großen innenpolitischen Widerstand.[162] Auch die Aufgabenbeschränkung der Bundeswehr auf die Landes- und Bündnisverteidigung blieb fester Bestandteil des antimilitaristischen Konsenses. Dementsprechend beteiligte sich die Bundeswehr bis 1990 nur unterhalb der Einsatzschwelle im Rahmen humanitärer Hilfsleistungen, in Form von Sachleistungen und mit Transportaufgaben an internationalen Einsätzen. Seit den 1960er Jahren war die Bundeswehr insgesamt im Rahmen von 125 Aktionen in 50 Ländern beteiligt.[163] Seit dem Beitritt Deutschlands zu den Vereinten Nationen umfasste dieses Engagement auch die Unterstützung von UN-Blauhelmeinsätzen.[164] Es blieb jedoch auf humanitäre und nichtmilitärische Aufgaben beschränkt.

Neben dieser Skepsis gegenüber dem Einsatz militärischer Mittel und der damit verbundenen Ablehnung von Einsätzen der Bundeswehr außerhalb des NATO-Bündnisgebietes beinhaltete der antimilitaristische Konsens der Nachkriegszeit weitere grundsätzliche Normen, die für die deutsche Sicherheitspolitik handlungsleitend wurden. Hier ist vor allem die multilaterale Ausrichtung der deutschen Außen- und Sicherheitspolitik zu nennen. Internationale Kooperation wurde so vielfach über ein reines Mittel hinaus zum Selbstzweck deutscher Sicherheitspolitik. Diese Norm drückte sich vor allem in der Ablehnung sicherheitspolitischer Sonderwege aus. Eng verbunden mit dieser Norm des Multilateralismus waren die Stärkung internationaler Institutionen und Organisationen sowie die regionale Integration. Dazu gehört in besonderer Weise die positive deutsche Haltung zu einer weitergehenden europäischen Integration. Wie die Norm des Multilateralismus wurde die Integration in die westlichen Institutionen zu einer allgemein akzeptierten Handlungsnorm. Zusammen mit der Norm der militärischen Zurückhaltung lassen sich somit drei grundsätzliche Normen deutscher Außen- und Sicherheitspolitik identifizieren,

---

[161] Staack: Handelsstaat Deutschland, S. 477.
[162] Siehe hierzu ausführlicher Berger: Norms, S. 338-343.
[163] Siehe Markovits, Andrei S. und Simon Reich: The German Predicament. Memory and Power in the New Europe, Ithaca/London 1997, S. 139.
[164] Flugzeuge der deutschen Luftwaffe transportierten beispielsweise 1973 Truppenkontingente Ghanas und Senegals im Rahmen von UNEF II nach Kairo. Die Bundesrepublik unterstütze im Jahr 1978 die UNIFIL-Mission im Libanon logistisch, indem ein norwegisches Truppenkontingent und Material für nepalesische Soldaten nach Tel Aviv geflogen wurden. Die Bundeswehr stellte Nepal die Ausrüstung für diesen Einsatz zur Verfügung.

welche nach 1945 und bis 1990 handlungsleitend blieben: Multilateralismus, Integration und Einbindung sowie Antimilitarismus.[165]

3.1.2 Die Institutionalisierung des Konsenses

Die mit dem antimilitaristischen Konsens verbundenen Normen fanden nicht nur Eingang in die sicherheitspolitische Identität, sondern wurden darüber hinaus sowohl informell als auch formell institutionalisiert.[166] Berger spricht in diesem Zusammenhang von einer rechtlichen, bürokratisch-organisatorischen und ideologischen Institutionalisierung des antimilitaristischen Konsenses.[167] Von besonderer Bedeutung für das hier untersuchte Fallbeispiel militärischer Auslandseinsätze der Bundeswehr ist die rechtliche Festschreibung des antimilitaristischen Konsenses.

Die politisch weitgehend akzeptierte Beschränkung der Einsatzmöglichkeiten wurde durch eine verfassungsrechtliche Festlegung institutionalisiert. Ein 1982 von der Bundesregierung in Auftrag gegebenes Rechtsgutachten zu den grundgesetzlichen Einsatzmöglichkeiten der Bundeswehr kam zu drei Ergebnissen: Erstens, das Grundgesetz lasse über den Bündnisfall hinaus einen Auslandseinsatz der Bundeswehr für all diejenigen Fälle zu, in denen ein bewaffneter Angriff auf die Bundesrepublik Deutschland vorläge, gegen den ihr das naturgegebene Recht zur individuellen Selbstverteidigung nach Artikel 51 der UN-Charta zustehe. Zweitens, das Grundgesetz decke die Selbstverteidigung und Beistandspflichten im Rahmen von NATO und WEU, und drittens, die Verfassung verbiete den Einsatz allein zur Wahrung wirtschaftlicher Interessen.[168] Die verfassungsrechtliche Argumentation stützte sich dabei auf Art. 87a, Abs. 2, GG: *„Außer zur Verteidigung dürfen die Streitkräfte nur eingesetzt werden, soweit dieses Grundgesetz es ausdrücklich zulässt."*[169] Auf

---

[165] Vgl. hierzu Duffield: World Power, S. 63-67; Berger: Norms, S. 337; Webber, Douglas: Introduction: German European and Foreign Policy Before and After Unification, S. 2-5, in: *German Politics* 1/2001, S. 1-18; Maull: Außenpolitische Kultur, S. 650; Harnisch, Sebastian und Hanns W. Maull: Introduction, S. 1-2, in: Harnisch, Sebastian und Hanns W. Maull (Hrsg.): Germany as a Civilian Power. The Foreign Policy of the Berlin Republic, Manchester 2001, S. 1-9; Baumann und Hellmann: Germany, S. 68.

[166] Berger: Norms, S. 318. Berger spricht in diesem Zusammenhang auch von einem Stufenmodell, welches erstens die Entstehung politischer Kultur und zweitens deren Institutionalisierung beinhaltet. Siehe hierzu Berger: Past, S. 42-52.

[167] Berger: Norms, S. 336.

[168] Philippi: Bundeswehr-Auslandseinsätze, S. 60-61.

[169] Gegen eine restriktive Auslegung des Grundgesetzes steht lediglich Art. 24 Abs. 2 GG: „Der Bund kann sich zur Wahrung des Friedens einem System kollektiver Sicherheit einordnen; er wird hierbei in die Beschränkung seiner Hoheitsrechte einwilligen, die eine friedliche und dauerhafte Ordnung in Europa und zwischen den Völkern der Welt herbeiführen und sichern." Zur verfassungsrechtlichen Diskussion und Auslegung beider Artikel des Grundgesetzes siehe ausführlicher Philippi: Bundeswehr-Auslandseinsätze, S. 34-58.

der Basis dieses Gutachtens traf der Bundessicherheitsrat am 1. September 1982 den Beschluss, ein militärischer Einsatz der Bundeswehr außerhalb des NATO-Bündnisgebietes sei verfassungswidrig. Diese Entscheidung wurde nach dem Regierungswechsel im gleichen Jahr von der neuen Regierung übernommen und durch einen weiteren Beschlusses des Bundessicherheitsrates vom 3. November 1982 unterstrichen. Demnach galt, dass *„militärische Einsätze der Bundeswehr außerhalb des NATO-Gebiets grundsätzlich nicht in Frage kommen, es sei denn, es läge ein Konflikt zugrunde, der sich gleichzeitig als völkerrechtswidriger Angriff auf die BRD darstellt".*[170] Bundeskanzler Kohl bekräftigte diese verfassungsrechtliche Argumentation 1984, indem er betonte: *„Es ist die erklärte Politik der Bundesrepublik Deutschland, auch meiner Bundesregierung, dass wir außerhalb des NATO-Bereichs keine deutschen Soldaten einsetzen."*[171] Bis zum Urteil des BVerfG im Jahr 1994 wurde diese Norm damit über den politischen Diskurs hinaus verfassungsrechtlich institutionalisiert und damit einer schnellen und grundsätzlichen Revision entzogen. Diese verfassungsrechtliche Festlegung war jedoch nicht unumstritten, sondern entsprach eher selbstangelegten *„verfassungsrechtlichen Fesseln".*[172] Zugleich zeigt die verfassungsrechtliche Institutionalisierung des antimilitaristischen Konsenses jedoch, welche grundsätzliche Legitimation eine solche Politik der militärischen Selbstbeschränkung besaß. Dies unterstreicht auch Schweigler, der darauf verweist, dass nicht allein die verfassungsrechtliche Interpretation einen Einsatz der Bundeswehr außerhalb des Bündnisgebietes unmöglich machte: *„Das Problem liegt jedoch noch tiefer: Gerade weil man in der Bundesrepublik die Beschränkungen des Umfangs und der Einsatzmöglichkeiten der Bundeswehr so weitgehend akzeptiert hat, wäre eine darüber hinausgehende Verwendung allein aus politischen Gründen schwierig."*[173]
Die breite Akzeptanz des antimilitaristischen Konsenses drückte sich nicht zuletzt auch in der öffentlichen Meinung aus. So sprachen sich im November 1987 87 Prozent der Bevölkerung gegen eine Entsendung von Minensuchbooten in den Persischen Golf aus. Diese Frage war im Verlauf des ersten Golfkriegs durch eine US-amerikanische Anfrage, sich mit Schiffen der Bundesmarine an der Sicherung des Seeverkehrs im persischen Golf zu beteiligen, entstanden. Nur 7 Prozent der Deutschen befürworteten einen solchen Einsatz.[174] Auch die Bundesregierung sprach sich mit dem Hinweis auf die verfassungsrechtliche Situation gegen einen solchen Einsatz aus. So erklärte Regierungssprecher Ost

---

[170] Zitiert in Schmidt: „Out-of-area", S. 12. Siehe auch Siedschlag: Aktive Beteiligung, S. 35.
[171] Zitiert in Inacker, Michael J.: Unter Ausschluss der Öffentlichkeit: Die Deutschen in der Golfallianz, Bonn 1992, S. 28.
[172] So Philippi: Bundeswehr-Auslandseinsätze, S. 67. Zu der rechtlichen Kontroverse siehe ausführlicher ebd., S. 34-58.
[173] Schweigler, Gebhard: Grundlagen der außenpolitischen Orientierung der Bundesrepublik Deutschland. Rahmenbedingungen, Motive, Einstellungen, Baden-Baden 1985, S. 30-31.
[174] Umfrage vom 3./4. November 1987, in: *Der Stern*, zitiert in Thomas und Nikutta: Bundeswehr, S. 98.

am 29. Mai 1987, dass *„unsere Verfassungslage einen Einsatz deutscher Streitkräfte außerhalb des NATO-Gebiets nicht zulässt.* [...] *Eine Entsendung der Bundesmarine in den Golf ist nicht möglich.* "[175] Dennoch begann bereits in diesem Zusammenhang eine grundsätzliche Diskussion über die militärischen Einsatzmöglichkeiten der Bundeswehr. Diese wurde vor allem in Teilen der CDU/CSU geführt, dann aber auch von der SPD aufgegriffen. Der Arbeitskreis „Außen- und Sicherheitspolitik" der Sozialdemokraten schlug vor, den Einsatz der Bundeswehr im Rahmen von „friedenserhaltenden Einsätzen" der Vereinten Nationen zu erlauben. Dies wurde auf dem Münsteraner SPD-Parteitag Anfang September 1988 jedoch mit dem Beschluss abgelehnt, jeder militärische Einsatz der Bundeswehr außerhalb des Bündnisgebiets widerspreche dem Grundgesetz.[176] Tauchte die Frage militärischer Auslandseinsätze damit zwar bereits 1987 auf der politischen Tagesordnung auf, so blieb der antimilitaristische Konsens jedoch weiterhin erhalten. Ein Aufbrechen dieses Konsenses vollzog sich erst im Zuge der Debatte über den zweiten Golfkriegs 1990/91.

3.2 Das Aufbrechen des antimilitaristischen Konsenses – Der Golfkrieg 1990/91

3.2.1 Thematische Einführung

Am 17. Januar 1991 begannen die Kampfhandlungen zwischen irakischen Truppen und der von den USA angeführten internationalen Koalition, die nach nur wenigen Wochen, am 28. Februar 1991, mit der Ankündigung einer Feuerpause durch den US-Präsidenten Bush und der irakischen Anerkennung der UN-Sicherheitsratsresolution 668 am 3. März 1991 endeten. Den Kämpfen vorausgegangen war die Invasion Kuwaits durch irakische Truppen am 2. August 1990. Die Vereinten Nationalen reagierten darauf in Form mehrer Resolutionen, in denen die Aggression des Irak verurteilt und der sofortige Abzug der irakischen Truppen gefordert wurde. Darüber hinaus verhängte die UNO ein Wirtschaftsembargo sowie eine See- und Luftblockade gegen den Irak. Schließlich ermächtigte der Sicherheitsrat die internationale Staatengemeinschaft, alle zur Durchsetzung der UN-Resolutionen notwendigen Mittel zu ergreifen. Auf der Basis dieses völkerrechtlich eindeutigen Mandats zwang eine insgesamt 28 Staaten umfassende internationale Koalition unter Führung der USA den Irak schließlich zum Rückzug aus Kuwait.[177] Die politischen Akteure in der Bundesrepublik waren vor allem zu Beginn des Konfliktes primär mit der deutschen Wiedervereinigung beschäftigt. Hinzu kamen die ersten gesamtdeutschen Bundestagswahlen im Dezember 1990.

---

[175] Zitiert in Schmidt: „Out-of-area", S. 12.
[176] Schmidt: „Out-of-area", S. 12-13.
[177] Schwab-Trapp: Kriegsdiskurse, S. 87.

Daher spielte der Irakkonflikt 1990 zunächst eine untergeordnete Rolle.[178] Trotz des vor allem von den USA ausgeübten Drucks, beteiligte sich Deutschland nicht aktiv mit militärischen Mitteln am Golfkrieg. Die Bundesregierung unterstützte die Maßnahmen gegen den Irak politisch und beteiligte sich in Form von finanzieller, humanitärer und logistischer Unterstützung. Der Gesamtwert der deutschen Leistungen umfasste etwa 18 Milliarden DM.

Dennoch spielte Deutschland zumindest indirekt auch militärisch eine nicht unbedeutende Rolle. Im August 1990 entsandte die Bundesregierung einen 5 Minensuchboote und 2 Versorgungsschiffe umfassenden Minenabwehrverband ins östliche Mittelmeer. Während der Eskalation des Konfliktes ab Anfang 1991 erhöhte die Bundesrepublik ihre Beteiligung an den NATO-Seestreitkräften im Mittelmeer auf insgesamt rund 2300 Soldaten und stationierte Aufklärungsflugzeuge vom Typ „Breguet Atlantic" auf Sardinien. Kurz vor Beginn der Kampfhandlungen im Januar 1991 wurde nach einem entsprechenden Beschluss des NATO-Rats und des Bundeskabinetts das deutsche Luftkontingent der „NATO Allied Mobile Force" mit 18 Alpha-Jets und 280 Soldaten inklusive Fuchs-Spürpanzern in die Türkei verlegt. Deutsche Soldaten waren auch an AWACS-Aufklärungsflügen über der Türkei beteiligt. Der Verband in der Türkei wurde während des Golfkriegs mit zusätzlichen Luftabwehrwaffen verstärkt. Hinzu kam die Unterstützung der Alliierten mit militärischem Material.

Auch nach Ende der Kampfhandlungen führte Deutschland sein begrenztes militärisches Engagement fort und die Bundesregierung beschloss am 6. März 1991 die Verlegung des Minenabwehrverbandes „Südflanke" in den Persischen Golf. Hinzu kam eine Beteiligung der Bundeswehr an humanitären Transportflügen für kurdische Flüchtlinge im Nordirak sowie Transportaufgaben im Rahmen der ab August 1991 im Irak durchgeführten UNSCOM-Mission der Vereinten Nationen.

Obwohl sich Deutschland nicht aktiv am Golfkrieg beteiligte und die Norm, die Bundeswehr nicht außerhalb des NATO-Bündnisgebietes einzusetzen damit zunächst politisch handlungsleitend blieb, markiert die Debatte über den Golfkrieg ein Aufbrechen des bis dahin geltenden antimilitaristischen Konsenses. Der Diskurs leitet zugleich einen schrittweisen Wandel der politischen Kultur ein. Können zwar erste Anzeichen für Veränderungen bereits im Rahmen der innenpolitischen Diskussion 1987/88 beobachtet werden[179], so stellt doch erst der Golfkrieg ein diskursives Ereignis und einen wichtigen

---

[178] Berger: Cultures, S. 171. Zur deutschen Rolle und Politik während des Golfkriegs siehe ausführlicher Kaiser und Becher: Deutschland; Kaiser, Karl und Klaus Becher: Germany and Iraq Conflict, in: Gnesotto, Nicole und John Roper (Hrsg.): Western Europe and the Gulf, Paris 1992, S. 39-70; Inacker: Unter Ausschluss; Siedschlag: Aktive Beteiligung, S. 38-43; Staack: Handelsstaat, S. 468-476. Siehe ergänzend auch eine ausführliche Chronologie bei Siedschlag: Aktive Beteiligung, S. 235-242.

[179] Siehe Thomas und Nikutta: Bundeswehr, S. 4.

Wendepunkt dar. Der Diskurs zwischen den Befürwortern und Gegnern des Golfkrieges und einer möglichen deutschen Beteiligung weist über die konkrete Frage des Golfkrieges hinaus. Neben in engerem Sinne auf diese konkrete Auseinandersetzung bezogenen Argumenten enthält der Diskurs bereits wichtige Deutungsangebote, die auch in den nachfolgenden Debatten der 90er Jahre zentrale inhaltliche Bezugspunkte darstellen. Hier sind vor allem das Deutungsangebot der Bündnissolidarität, die Bedeutung der deutschen Wiedervereinigung sowie die deutsche Vergangenheit als argumentativer Bezugspunkt zu nennen. Darüber hinaus wird die Rolle der Friedensbewegung im Diskurs über den Golfkrieg thematisiert – eine Frage, die vor allem während des Kosovokonflikts wieder in den Mittelpunkt rückt. Schließlich zeigen sich während des Golfkrieges erste Verschiebungen innerhalb der „linken" Diskursgemeinschaften.

Der Diskurs über den Golfkrieg stellt damit die Weichen für die Diskussion der folgenden Jahre, ohne dass der Wandel der politischen Kultur bereits gänzlich vollzogen wird. Die für einen Wandel sprechenden Deutungsangebote sind noch nicht ausreichend institutionalisiert, sondern werden erst in den Diskurs eingeführt. Eine Veränderung der politischen Praxis wird von den politischen Eliten abgelehnt und der antimilitaristische Konsens ist in der Bevölkerung noch tief verwurzelt. Dieser Konsens manifestiert sich nicht zuletzt auch in den zahlreichen Demonstrationen gegen den Golfkrieg.[180]

3.2.2 Dominante Deutungsangebote und Normen

Eine der auf die Sicherheitspolitik der Bundesrepublik bezogenen grundlegenden Normen der politischen Kultur bis 1990 ist die des Antimilitarismus. Sie findet ihren stärksten Ausdruck in dem Deutungsangebot „Nie wieder Krieg". Diese grundsätzliche Skepsis gegenüber dem Einsatz militärischer Mittel ist dabei, wie bereits oben ausführlicher dargestellt, eng mit der historischen Erfahrung des Nationalsozialismus und der deutschen Nachkriegsgeschichte verbunden und somit tief im kollektiven Gedächtnis verwurzelt. Die Norm „Nie wieder Krieg" speist sich aus den negativen Erfahrungen der Vergangenheit und steht damit im Zentrum der deutschen Basiserzählung.

Diese Bedeutung der Basiserzählung im Sinne des antimilitaristischen Konsenses kommt auf der Seite der Gegner des Golfkrieges deutlich zum Ausdruck. Sie manifestiert sich sowohl in der prinzipiellen Ablehnung des Kriegs gegen den Irak als auch in der Ablehnung einer wie auch immer gearteten deutschen Beteiligung mit militärischen Mitteln. Im Rahmen der Debatte im Bundestag stellt der Beitrag von Heidemarie Wieczorek-Zeul (SPD) dieses Deutungsangebot als Argument gegen den Golfkrieg in den Vordergrund. Sie verbindet ihre Ablehnung des Krieges explizit mit der deutschen

---

[180] Schwab-Trapp: Kriegsdiskurs, S. 110-111.

Vergangenheit und legitimiert die Norm mit dem Rückgriff auf das dominante Verständnis der Basiserzählung. Krieg sei in diesem Sinne als politisches Mittel abzulehnen und der Antimilitarismus die dominante Lehre aus der Geschichte. Zugleich verweist sie in ihrem Beitrag auf die ablehnende Haltung der Bevölkerung, die ebenfalls eine Reaktion auf die Erfahrungen der Vergangenheit sei:

> „Krieg darf kein Mittel der Politik sein. [...] Wir Deutschen wissen, was zwei Weltkriege an menschlichem Leid und schrecklichen Opfern bedeutet haben. In unserem Volk gibt es deshalb ein tiefes Verantwortungsgefühl für friedliche, nicht-militärische Lösungen. In unserem Volk gibt es deshalb eine tief verankerte Skepsis und Vorsicht bei allem militärischen Säbelrasseln und der Verharmlosung von Kriegsgefahr. Die Menschen wollten [...] der Bundesregierung hier deutlich machen, dass sie nicht willens sind, eine Politik hinzunehmen, die Deutschland in einen Krieg schlittern lässt. [...] Die Menschen wollen nicht, dass 46 Jahre nach dem Zweiten Weltkrieg deutsche Soldaten wieder in einen Krieg ziehen. [...] Der Sieg in einem Krieg ist unter den Bedingungen der Massenvernichtungswaffen nicht möglich [...], aber der Sieg einer Idee über die Gewalt ist möglich. Das haben uns die vergangenen Jahre gezeigt, und das macht uns trotz allem Hoffnung für die Zukunft."[181]

Diese prinzipielle Ablehnung militärischer Mittel und damit des Krieges durch den Rückgriff auf die Vergangenheit zeigt sich auch an anderen Stellen des Diskurses. Auch der Vorsitzende der PDS, Gregor Gysi, verneint eine politische oder gar moralische Rechtfertigung für den Krieg gegen den Irak: *„In einer Welt, die so miteinander verbunden ist wie unsere, gibt es keine gerechten, sondern nur noch verbrecherische Kriege."*[182] Auch Gysis Argumentation geht davon aus, dass eine Unterstützung oder gar eine Beteiligung Deutschlands am Golfkrieg geradezu einen Paradigmenwechsel der deutschen Sicherheitspolitik darstelle. Auch hier kommt die Bedeutung der Basiserzählung darin zum Ausdruck, dass Deutschland 45 Jahre nach den Erfahrungen des Zweiten Weltkrieges und nur drei Monate nach der Wiedervereinigung keinesfalls vom antimilitaristischen Konsens abweichen dürfe.[183] Auch Willy Brandt (SPD) verweist darauf, dass die Stimme Deutschlands als *„Stimme des Friedens"* zu hören sein müsse.[184] Für Bündnis90/DieGrünen[185] lehnt Vera Wollenberger eine *„politische oder moralische Rechtfertigung"* für den Golfkrieg ab und bezeichnet ihn stattdessen als *„Verbrechen gegen die Menschlichkeit".*[186] Die dominante Lehre aus der Vergangenheit ist damit die Norm „Nie wieder Krieg",

---

[181] Wieczorek-Zeul, Plenarprotokoll 12/2, 14. Januar 1991. Mehr zum Aspekt der öffentlichen Meinung im nachfolgenden Abschnitt des Kapitels.

[182] Gregor Gysi, Plenarprotokoll 12/3, 17. Januar 1991.

[183] Gregor Gysi, Plenarprotokoll 12/3, 17. Januar 1991. Gysis Argument geht jedoch weiter bis zu einer grundsätzlichen Ablehnung militärischer Mittel. Vgl. Gregor Gysi, Plenarprotokoll 12/2, 14. Januar 1991.

[184] Willy Brandt, Plenarprotokoll 12/2, 14. Januar 1991.

[185] Im weiteren Verlauf wird kurzgefasst von den „Grünen" gesprochen.

[186] Vera Wollenberger, Plenarprotokoll 12/3, 17. Januar 1991.

wie sie sich als dominantes Verständnis der „Basiserzählung" bis 1990 institutionalisiert hatte.

Neben der Berufung auf den historisch gewachsenen Antimilitarismus wenden sich die Gegner des Golfkriegs mit weiteren Argumenten gegen den Krieg und eine deutsche Unterstützung. So werden die politischen und moralischen Motive des Einsatzes bestritten. Die Gegner des Kriegs erheben den Vorwurf, es gehe vielmehr primär um *„Machtpolitik und um imperiale Politik"* sowie um *„politische und vor allem um ökonomische Einflusssphären"* – ein Vorwurf der sich in dem weit verbreiteten Slogan „Kein Blut für Öl" widerspiegelt.[187] Ein weiteres Gegenargument ist, nicht alle nichtmilitärischen Mittel seien ausgeschöpft worden, um den Irak zum Einlenken zu bewegen. Verwiesen wird hier vor allem auf die Wirkungslosigkeit der Embargomaßnahmen gegen den Irak. All diese Mittel müssten jedoch ausgeschöpft sein, bevor militärische Maßnahmen überhaupt erwogen werden könnten.[188] Daneben wird auf das Eskalationspotential einer kriegerischen Auseinandersetzung verwiesen. Der Golfkrieg könne zu einem *„Flächenbrand"*[189] führen und das gegenwärtige Problem werde im Zuge eines militärischen Vorgehens nur durch *„ein größeres, noch schlimmeres Übel mit unübersehbaren Risiken"*[190] ersetzt. So drohe möglicherweise sogar die Gefahr eines *„Dritten Weltkrieges"*.[191] Schließlich warnen die Gegner auch vor den ökologischen Folgen des Golfkrieges und den zu erwartenden globalen Auswirkungen.[192]

Dahingegen beziehen sich die Befürworter des Golfkrieges auf den Völkerrechtsbruch durch Saddam Hussein sowie die eindeutige völkerrechtliche Legitimation des militärischen Vorgehens durch die Resolutionen des UN-Sicherheitsrates. Bundeskanzler Kohl verweist darauf, der Krieg habe bereits im August 1990 mit der Annexion Kuwaits begonnen und die Reaktion sei daher angemessen und sowohl moralisch als auch rechtlich begründet:

> „Jedem muss klar sein: Der Friede wurde am 2. August gebrochen, als der Irak ein kleines wehrloses Nachbarland überfiel. Die Staatengemeinschaft durfte und konnte diesen Bruch des Friedens und des Völkerrechts nicht tatenlos hinnehmen. [...] Der Einsatz militärischer Mittel gegen den Irak geschieht in voller Übereinstimmung mit Beschlüssen der Vereinten Nationen. Diese Beschlüsse – man kann es nicht oft genug

---

[187] Gregor Gysi, Plenarprotokoll 12/3, 17. Januar 1991 und ders.: Plenarprotokoll 12/2, 14. Januar 1991.

[188] So übereinstimmen Willy Brandt, Plenarprotokoll 12/2, 14. Januar 1991 und Vera Wollenberger, Plenarprotokoll 12/3, 17. Januar 1991. Siehe hierzu auch Heidemarie Wieczorek-Zeul, Plenarprotokoll 12/2, 14. Januar 1991. Siehe ergänzend Berger: Cultures, S. 172.

[189] Willy Brandt, Plenarprotokoll 12/2, 14. Januar 1991.

[190] Hans-Jochen Vogel, Plenarprotokoll 12/2, 14. Januar 1991.

[191] Vera Wollenberger, Plenarprotokoll 12/2, 14. Januar 1991. Hierzu auch Philippi: Bundeswehr-Auslandseinsätze, S. 51.

[192] Vera Wollenberger, Plenarprotokoll 12/2, 14. Januar 1991.

betonen – sind der legitime und verbindliche Wille der gesamten Völkergemeinschaft"[193]

In diesem Zusammenhang wird von den Befürwortern auch mehrfach darauf hingewiesen, dass es vor allem um internationales Recht und damit auch um die Wahrung der Menschenrechte gehe. Die von den Gegnern vorgebrachte Verkürzung des Golfkrieges auf das Motiv der ökonomischen Interessen der Alliierten sei daher unzulässig.[194] Wichtiger jedoch sind diejenigen Deutungsangebote der Befürworter, die über den Golfkrieg hinausweisen und erste Anzeichen für einen nachfolgenden Wandel der politischen Kultur liefern. Dabei handelt es sich zunächst um Argumente, welche sich auf die deutsche Vergangenheit bzw. das kollektive Gedächtnis und die deutsche „Basiserzählung" beziehen. In diesem Zusammenhang wird der bis 1990 in der Basiserzählung institutionalisierte antimilitaristische Konsens aufgegriffen und die Vergangenheit als Argument für den Krieg am Golf gewendet. Dabei zeichnet sich bereits ab, dass auch eine deutsche Beteiligung an solchen militärischen Einsätzen möglicherweise mit diesem Rückgriff auf die Erfahrungen der Vergangenheit legitimiert werden könnte. Diese Deutungsangebote stehen damit in einem offensichtlichen Kontrast zu dem von den Gegnern vorgebrachten antimilitaristischen Verständnis der Basiserzählung.

So verweist beispielsweise Bundeskanzler Kohl in diesem Zusammenhang auf eine über den antimilitaristischen Konsens („Nie wieder Krieg") hinausgehende zweite „Lehre aus der Geschichte". Die deutsche Vergangenheit lege so ebenfalls den Schluss nahe, Aggressoren müsse deutlich entgegengetreten werden. Ohne die nationalsozialistische Vergangenheit explizit zu erwähnen, bezieht er sich mit diesem Beitrag auf die internationale „Beschwichtigungspolitik" gegenüber dem NS-Regime. Kohl greift darüber hinaus die dem antimilitaristischen Konsens entsprechende Bedeutung der Basiserzählung auf und kontrastiert sie mit dem von ihm vorgebrachten Deutungsangebot:

„Wenn die Völkergemeinschaft es zulässt, dass die staatliche Existenz eines ihrer Mitglieder gewaltsam ausgelöscht wird, dann hätte dies unabsehbare Folgen auch in anderen Teilen der Welt. Ich denke, gerade wir, die Deutschen, sollten für diesen Zusammenhang besonders sensibel sein. Daher galt es und gilt es, den Anfängen zu wehren und dem irakischen Vorgehen entschieden Widerstand zu leisten. [...] Die Bundesregierung hat die Entschließungen des Sicherheitsrats in jeder Phase der Golfkrise mitgetragen. Wir haben dies in der Überzeugung getan, dass das Recht dem Unrecht niemals weichen darf, dass, wie auch unsere eigene Geschichte lehrt, Aggressoren beizeiten entgegengetreten werden muss [...]. Die Bundesregierung [...] hat sich bei ihren Bemühungen vor allem von zwei Beweggründen leiten lassen: Gerade wir Deutschen wissen nur zu genau, was Krieg bedeutet. Deshalb setzen wie uns leidenschaftliche dafür ein, wenn irgend möglich eine militärische Auseinandersetzung zu vermeiden. Zugleich wissen wir aber auch um die fatalen Folgen einer

[193] Helmut Kohl, Plenarprotokoll 12/3, 17. Januar 1991.
[194] Siehe beispielsweise Otto Graf Lambsdorff, Plenarprotokoll 12/2, 14. Januar 1991.

Beschwichtigungspolitik, die sich mit dem Rechtsbruch abfindet und damit zu weiteren Aggressionen ermutigt."[195]

Das von Kohl verwendete Deutungsangebot ist dabei innerhalb des Diskurses keineswegs isoliert. Auch Otto Graf Lambsdorf (FDP) bezieht sich explizit auf die historische Erfahrung als Argument für ein militärisches Vorgehen gegen den Irak. Gerade Deutschland wisse, welche Folgen das *„Gewährenlassen eines Diktators"* haben könne.[196]

Die Bedeutung der Vergangenheit und ihre „Instrumentalisierung" als Argument für den Golfkrieg ist dabei nicht auf den Diskurs der sicherheitspolitischen Eliten im Bundestag beschränkt. Vielmehr findet dieses Deutungsangebot einen Anknüpfungspunkt im gesellschaftlichen Diskurs kultureller und intellektueller Eliten.[197] Prominentestes Beispiel hierfür ist wohl der am 4. Februar 1991 im Spiegel erschienene Beitrag von Hans Magnus Enzensberger mit dem Titel „Hitlers Widergänger". Machen Kohl und Lambsdorff den Vergleich zwischen dem Irakkrieg und dem Zweiten Weltkrieg sowie zwischen Saddam Hussein und Hitler noch nicht explizit, so stellt Enzensberger einen solchen Vergleich ausdrücklich her. Durch diesen Bezug erscheint ein notfalls militärisches Vorgehen gegen Saddam Hussein ebenso als moralische Verpflichtung wie der Kampf der Alliierten gegen das NS-Regime:

> „Von seinen Erfahrungen her dürfte kein Volk so qualifiziert sein wie das deutsche, das zu verstehen, was heute in der arabischen Welt geschieht. Jedes zweite Interview, das zwischen Rabat und Bagdad gemacht wird, müsste ihm wie ein Echo seiner eigenen Stimme in den Ohren dröhnen. ‚Wir wollen weitermarschieren, bis alles in Scherben fällt.' [...] Endkampf, Endsieg: Wer erinnert sich nicht an den frenetischen Jubel, mit dem diese Parolen aufgenommen worden sind und mit dem Tausende die berühmte Frage beantwortet habe: ‚Wollt ihr den totalen Krieg?' [...] Ebenso inbrünstig äußern heute Millionen von Arabern den Wunsch, für Saddam zu sterben."[198]

Von besonderer Bedeutung ist der Beitrag Enzensbergers vor allem auch deshalb, weil sich mit ihm ein prominenter Vertreter der „linken" Diskursgemeinschaft aus dem antimilitaristischen Konsens verabschiedet. Sein Beitrag markiert damit das beginnende Auseinanderbrechen der bis dahin soliden linken Diskursgemeinschaft.[199]

Die Wendung der deutschen Vergangenheit als Argument für ein militärisches Eingreifen steht damit im Widerspruch zum bis dahin geltenden antimilitaristischen Konsens, welcher sich vor allem in der Norm „Nie wieder

---

[195] Helmut Kohl, Plenarprotokoll 12/2, 14. Januar 1991.

[196] Otto Graf Lambsdorff, Plenarprotokoll 12/3, 17. Januar 1991. Dieses Argument wird in der Bundestagsdebatte vom 14. Januar 1991 nur von Willy Brandt explizit aufgegriffen und zurückgewiesen. Siehe Willy Brandt, Plenarprotokoll 12/2, 14. Januar 1991.

[197] Siehe hierzu ausführlicher Schwab-Trapp: Kriegsdiskurse, S. 92-95.

[198] Enzensberger, Hans Magnus: Hitlers Widergänger, in: *Der Spiegel*, 4. Februar 1991.

[199] Schwab-Trapp weist zudem darauf hin, dass durch eine solche veränderte Konnotation der NS-Vergangenheit auch die „konservative" politische Diskursgemeinschaft die nationalsozialistische Vergangenheit als Argumentationsrepertoires begreift. Hierzu Schwab-Trapp: Kriegsdiskurse, S. 93 u. 107.

Krieg" ausdrückte. Das Dilemma dieser beiden widerstreitenden, dem kollektiven Gedächtnis entspringenden Handlungsaufforderungen bringt Otto Graf Lambsdorf im Bundestag prägnant auf den Punkt. Zugleich betont er, dass beide nicht ohne weiteres in Einklang zu bringen sind:

> „Wir wollen alles tun, was in unseren [...] Kräften steht, um doch noch eine friedliche Lösung zu erreichen. Aber [...] wenn es dann alles nichts hilft, wenn der Aggressor seine Beute nicht freigibt, lassen wir sie ihm dann, nehmen wir den Rechtsbruch hin und vergessen gerade wir Deutschen alle unsere Erfahrungen, wohin das Gewährenlassen eines Diktators endgültig führt oder führen kann? Es sind schwierige, schlimme Fragen. Runde, glatte, befriedigende Antworten gibt es nicht, aber intellektuelle Ausflüchte gibt es auch nicht."[200]

Im Zuge des breiten gesellschaftlichen Diskurses hatte sich mit Jürgen Habermas ein weiterer prominenter Vertreter der intellektuellen Elite zu Wort gemeldet. Auch sein Beitrag zeigt das Dilemma der zwei Lehren aus der Vergangenheit auf, welches noch durch die Bedrohung Israels durch den Irak verstärkt werde:

> „Fast instinktiv drückt sich der Bruch mit der faschistischen Vergangenheit in zwei Reflexen aus: nie wieder Auschwitz und Verletzung der gleichen staatsbürgerlichen Rechte; nie wieder Nationalismus und Krieg. Der Golfkrieg bringt diese beiden Affekte in Widerstreit."[201]

Im Diskurs über den Golfkrieg wird damit ein Wandel der Basiserzählung eingeleitet, indem die deutsche Vergangenheit als Argument für militärische Intervention in den Diskurs eingeführt wird.[202] Gerade in der Vorausschau auf den Kosovokrieg, aber auch auf die Diskussionen in der ersten Hälfte der 90er Jahre, zeigt sich die Bedeutung dieses Argumentationswandels im Zuge des Golfkrieges. Die beginnende Veränderung der Basiserzählung weist zudem auf den einsetzenden Wandel der sicherheitspolitischen Kultur hin.
Ein weiteres Argument, welches im Golfkrieg eng mit der Frage militärischer Intervention verknüpft wird, ist das der im Zuge der Wiedervereinigung gestiegenen Verantwortung. Kernbestandteil dieses Deutungsangebotes ist, dass die Sonderrolle, die Deutschland während des Ost-West-Konfliktes eingenommen hatte, seit der Vereinigung der Vergangenheit angehöre. Die neue Verantwortung dokumentiere sich auch in der Notwendigkeit, in zunehmendem Maße auch zur Übernahme militärischer Aufgaben bereit zu sein.[203] Damit stellt auch die Wiedervereinigung ein diskursives Ereignis dar, welches in der Diskussion über militärische Auslandseinsätze der Bundeswehr immer wieder argumentativ von den Befürwortern aufgegriffen wird.

---

[200] Otto Graf Lambsdorff, Plenarprotokoll 12/2, 14. Januar 1991.
[201] Habermas, Jürgen: Wider die Logik des Krieges, in: *Die Zeit*, 15. Februar 1991.
[202] Hierzu auch Berger: Cultures, S. 173.
[203] Siehe hierzu ausführlicher Schwab-Trapp: Kriegsdiskurse, S. 89-92. Ergänzend auch Kamp, Karl-Heinz: Die Debatte um den Einsatz deutscher Streitkräfte außerhalb des Bündnisgebietes, Sankt Augustin 1991, S. 11.

Eng verbunden mit diesem auf die Vereinigung bezogenen Argument der gestiegenen Verantwortung ist das Deutungsangebot der Bündnissolidarität und der damit verbundenen Ablehnung einer sicherheitspolitischen Sonderrolle Deutschlands. Wenngleich dieser Aspekt im Verlauf des Golfkrieges noch eine untergeordnete und auch anders akzentuierte Rolle spielt, so wird doch bereits hier ein für die weitere Entwicklung des Diskurses entscheidendes Deutungsangebot eingeführt. Eine direkte und weitergehende militärische Beteiligung Deutschlands wird nicht zuletzt aufgrund der verfassungsrechtlichen Interpretation von nahezu allen politischen Akteuren ausgeschlossen. Das Argument der Bündnissolidarität bezieht sich im Diskurs über den Golfkrieg daher primär auf den militärischen Beitrag Deutschlands im Rahmen der westlichen Allianz – genauer: auf die Entsendung von Flugzeugen in die Türkei. Die von der SPD als *„politisch untaugliche"*[204] Entscheidung der Bundesregierung bezeichnete Entsendung der Alpha-Jets, ist in der Argumentation der Befürworter der absolut notwendige Beitrag Deutschlands zur Solidarität im Bündnis. So stellt der Fraktionsvorsitzende der CDU/CSU-Fraktion, Alfred Dregger, fest:

„Beteiligt sind wir nur an den Sicherheitsvorkehrungen der westlichen Allianz zugunsten unseres Verbündeten, der Türkei. [...] wir Deutschen haben dazu auch allen Grund. Denn schließlich haben wir vierzig Jahre land die Solidarität unserer Allianzpartner im Ost-West-Konflikt erfahren."[205]

Auch Bundeskanzler Kohl äußert sich zu dieser Frage. Er bezeichnet den militärischen Einsatz der Verbündeten als die *„Verteidigung von Recht und Freiheit"* und stellt fest: *„Sie haben Anspruch auf unsere Solidarität."*[206] Diese müsse daher zumindest durch die Entsendung der Alpha-Jets in die Türkei dokumentiert werden.

Die durchaus über den Golfkrieg hinausweisende Bedeutung dieses Deutungsangebotes und auch die enge Verknüpfung von Bündnissolidarität mit der Wiedervereinigung drückt sich nicht zuletzt in der Reaktion der Gegner eines militärischen Vorgehens aus. Ganz im Sinne des antimilitaristischen Konsenses wird die Verknüpfung dieser Deutungsangebote mit dem Einsatz militärischer Mittel abgelehnt. Deutschland könne auch als wiedervereinigtes Land seiner Verantwortung mit nichtmilitärischen Mitteln gerecht werden. Ausdrücklich in diesem Sinne äußert sich erneut Heidemarie Wieczorek-Zeul (SPD):

„Im übrigen würde es dem vereinten Deutschland ein Vierteljahr nach seinem Entstehen wahrlich besser anstehen, wenn seine Regierung, statt militärische Kräfte zu

---

[204] Willy Brandt, Plenarprotokoll 12/2, 14. Januar 1991.

[205] Alfred Dregger, Plenarprotokoll 12/3, 17. Januar 1991.

[206] Helmut Kohl, Plenarprotokoll 12/3, 17. Januar 1991. Siehe hierzu auch eine ausführlichere Stellungnahme im gleich Sinne von Verteidigungsminister Stoltenberg, Plenarprotokoll 12/2, 14. Januar 1991.

mobilisieren, alle Kräfte politischer Diplomatie und friedlicher Konfliktlösung mobilisierte, die noch lange nicht ausgeschöpft sind.ʻʻ[207]

Sowohl die Veränderung der Basiserzählung als auch die Deutungsangebote, welche sich auf die mit der Wiedervereinigung einhergehende gestiegene Verantwortung und die Frage der Bündnissolidarität beziehen, gewinnen im weiteren Verlauf des Diskurses an Bedeutung. Sie werden zu den dominanten Deutungsangeboten, um eine Beteiligung Deutschlands an Einsätzen außerhalb des Bündnisgebietes zu legitimieren und damit zu den zentralen Bezugspunkten der politischen Auseinandersetzung. Der Golfkrieg stellt insofern den Ausgangspunkt und damit ein wichtiges diskursives Ereignis dar, welches über diesen konkreten Einzelfall hinaus auf den nachfolgenden Diskurs vorausweist.

3.2.3 Politische Praxis und öffentliche Meinung

Der Elitendiskurs weist somit bereits erste Deutungsangebote auf, welche sich zumindest als Legitimation für den Golfkrieg, weitergehend jedoch auch als Begründung für eine deutsche Beteiligung an militärischen Einsätzen eignen. Jedoch folgt die politische Praxis noch weitgehend dem antimilitaristischen Konsens. Primär verantwortlich für diese politische Praxis ist die Institutionalisierung der politischen Kultur in Form der restriktiven Verfassungsinterpretation. Bundesverteidigungsminister Stoltenberg äußert sich in diesem Sinne im Zuge der Debatte:

> „Aber wahr ist – ich will das hier unterstreichen – Deutschland beteiligt sich nicht an der militärischen Stationierung im Golf. Die besondere verfassungsrechtliche Situation und Interpretation ist der entscheidende Grund dafür.ʻʻ[208]

Der SPD-Fraktionsvorsitzende Hans-Jochen Vogel verweist in der Debatte am 17. Januar 1991 ebenfalls darauf, dass es in der Frage der verfassungsrechtlichen Interpretation weiterhin einen breiten Konsens gibt. Ein Einsatz deutscher Soldaten außerhalb des Bündnisgebietes bleibe daher ausgeschlossen:

> „Zweifel an der Verfassungslage werden und dürfen wir nicht auf sich beruhen lassen. Wir sind im Sommer unter den Fraktionen zu einer Verständigung darüber gelangt, dass nach dem Grundgesetz ein Einsatz deutscher Soldaten außerhalb des NATO-Gebietes nicht in Betracht kommt. [...] Diese Klarheit ist geeignet, Sorgen auszuräumen, die in unserem Volk und vor allem in der jüngeren Generation umgehen."

Eine erste Veränderung diesbezüglich deutet sich jedoch auch bereits während des Golfkrieges an. In der Debatte schlägt Willy Brandt (SPD) eine Verfassungsänderung vor, um die Beteiligung der Bundeswehr an

---

[207] Heidemarie Wieczorek-Zeul, Plenarprotokoll 12/2, 14. Januar 1991. Auch Außenminister Genscher widersprach der Argumentation, gestiegene Verantwortung drücke sich in größerem militärischem Engagement aus und plädierte für die zivile Wahrnehmung dieser neuen Verantwortung. Siehe dazu Staack: Handelsstaat, S. 485.

[208] Gerhard Stoltenberg, Plenarprotokoll 12/2, 14. Januar 1991.

friedenserhaltenden Blauhelmeinsätzen zu ermöglichen.[209] Damit zeichnet sich zumindest zwischen den beiden großen Parteien die Bereitschaft ab, einer militärischen Beteiligung Deutschlands an Auslandseinsätzen in eng begrenztem Rahmen zuzustimmen. Die konkrete politische Praxis zu Beginn des Jahres 1991 sieht jedoch anders aus. Nicht einmal die Entsendung von Flugzeugen der Luftwaffe in die Türkei findet, wie bereits oben kurz dargestellt, ein breite parlamentarische Unterstützung. Sowohl die Grünen als auch die PDS fordern einen Rückzug der Alpha-Jets aus der Türkei und den Ausschluss eines Einsatzes deutscher Soldaten im Zuge des Golfkrieges in jedweder Form.[210] Auch die SPD lehnt die Entsendung deutscher Soldaten in die Türkei als politische Fehlentscheidung ab, spricht sich gegen militärische Gewaltmaßnahmen gegen den Irak aus und warnt vor einer Eskalation des Krieges.[211] Auch die Regierungsmehrheit spricht nur von der völkerrechtlichen Legitimität des Krieges und der Solidarität mit den Verbündeten, eine aktive deutsche Beteiligung über das Bündnisgebiet hinaus wird jedoch nicht ins Auge gefasst.[212] Die politische Praxis orientiert sich damit weitgehend am antimilitaristischen Konsens in der Sicherheitspolitik.

Die fortgesetzte Bedeutung und Akzeptanz dieses Konsenses zeigt sich auch bei der Analyse der öffentlichen Meinung. Ein erstes, wenn auch nicht repräsentatives Anzeichen ist der Grad der öffentlichen Ablehnung des Golfkrieges in Form von Demonstrationen und politischen Aufrufen verschiedener Gruppen. Schwab-Trapp spricht in diesem Zusammenhang von einer *„kollektiven Erregung"* großen Ausmaßes.[213] Ein Beispiel ist die von 30 Organisationen unterstützte Friedensdemonstration in Bonn am 26. Januar 1991, an der über 200.000 Menschen teilnehmen. Die Proteste gegen den Golfkrieg erstrecken sich sogar bis ins Plenum des Bundestages hinein. Im Rahmen der Debatte am 14. Januar 1991 kommt es so zu Demonstrationen auf der Zuschauertribüne.[214]

Gerade diese Demonstrationen weisen auf die breite Akzeptanz der Friedensbewegung hin.[215] Ihre Präsenz ist dabei ein deutliches Anzeichen für die fortgesetzte Bedeutung des antimilitaristischen Konsenses. Gerade im

---

[209] Siehe Willy Brandt, Plenarprotokoll 12/2, 14. Januar 1991. Zu den Positionen der Parteien bezüglich einer Grundgesetzänderung siehe ausführlicher Kaiser und Becher: Deutschland, S. 87-90.

[210] Siehe Drucksachen 12/28, 12/29 und 12/36.

[211] Siehe Drucksachen 12/32 und 12/35.

[212] Siehe Drucksachen 12/33 und 12/37.

[213] Schwab-Trapp: Kriegsdiskurse, S. 108.

[214] Darüber hinaus äußern sich auch in der Öffentlichkeit zahlreiche Gruppen, Verbände und Initiativen in Form von Anzeigen zu Wort. Hier finden sich jedoch auch zahlreiche Befürworter des Golfkrieges. Siehe ausführlicher Schwab-Trapp: Kriegsdiskurse, S. 95-98.

[215] Zur Friedensbewegung im Golfkrieg siehe ausführlicher Böhme, Jörn: Der Golfkrieg, Israel und die deutsche Friedensbewegung. Dokumentation einer Kontroverse, Frankfurt a.M. 1991.

Vergleich mit dem Kosovokrieg wird dies deutlich.[216] Ein Aufbrechen des antimilitaristischen Konsenses zeichnet sich jedoch auch hier bereits ab. So setzen im Verlauf des Golfkrieges diskursive Delegitimationsprozesse der Friedensbewegung ein. Dabei werden der Friedensbewegung eine moralische Überheblichkeit und „moralischer Rigorismus", eine irrationale und realitätsferne Emotionalität, „Herdentrieb" und ähnliche Attribute zugewiesen. Hierbei spielt auch das kollektive Gedächtnis eine wichtige Rolle. Es lässt sich auch im Zuge dieses Prozesses ein Wandel der Basiserzählung von der Norm „Nie wieder Krieg" zu „Nie wieder Auschwitz" erkennen. Diese Delegitimierung der Friedensbewegung drückt sich beispielsweise in zwei Beiträgen von Joachim Fest und Barbara Zehnpfennig in der FAZ aus.[217] Fest äußert sich zum kollektiven Gedächtnis der Friedensbewegten und hält ihnen vor, die falschen Lehren aus der Vergangenheit zu ziehen:

> „Was die Mehrzahl der Demonstranten und eher noch ihre Stichwortgeber aus Politik und Lehrerschaft kennzeichnet, ist strenggenommen aber nicht so sehr die Unfähigkeit, Unterscheidungen zu treffen, als vielmehr der Unwille dazu. Nie gab es einen Protest, der so ohne Argument war. [...] Das Hochgefühl endlich begriffener und bewältigter Vergangenheit, das viele Demonstranten erfüllt, steigert noch das Bewusstsein moralischer Überlegenheit: als sei man aus den Untiefen der Geschichte mit einem geschärften Gewissen hervorgegangen. [...] es liegt auf der Hand, dass die radikale Gesinnungsethik, die sie zu ihrer Sache gemacht haben, auch eine Ausflucht vor den oft quälenden Alternativen des politischen Handelns ist."

Zehnpfennig schließt daran in ganz ähnlicher Weise an:

> „Die Angst vieler Friedensbewegter durch Hinnahme eines Krieges an Menschen schuldig werden zu können, lässt die Schuld übersehen, welche in der Hinnahme diktatorischer Gewalt liegt. [...] Gerade wir Deutschen aber sollten wissen, was es heißt, wenn man den Tyrannen das Feld überlässt. Ein Friede um jeden Preis ist ein schlechter Friede; er kostet mehr als das Leben."

Diese Delegitimationsprozesse weisen damit auf ein Aufbrechen des antimilitaristischen Konsenses hin.

Die öffentliche Meinung orientiert sich demgegenüber während des Golfkrieges jedoch relativ eindeutig an den bis 1990 ausgebildeten dominanten Deutungsangeboten. In einer Umfrage vom 28./29. August 1990 sprechen sich 53 Prozent der Befragten gegen eine Änderung des Grundgesetzes aus, um einen Einsatz deutscher Soldaten am Golfkrieg zu ermöglichen. Nur 32 Prozent plädieren für eine solche Verfassungsänderung.[218] Im Januar 1991, kurz vor Beginn der Kampfhandlungen, sprechen sich dementsprechend auch 75 Prozent der Deutschen gegen eine deutsche Beteiligung an einem möglichen Krieg aus,

---

[216] Siehe hierzu auch Schwab-Trapp: Kriegsdiskurse, S. 98.
[217] Zitiert in Schwab-Trapp: Kriegsdiskurse, S. 100-1001.
[218] IFD-Umfrage 4198, Allensbach, 28./29. August 1990, zitiert in: Thomas und Nikutta: Bundeswehr, S. 98. Dieser Werte korrespondiert mit der Haltung, sich aus internationalen Konflikten herauszuhalten. Dazu tendieren 75 Prozent der Bevölkerung. Siehe ebd., S. 99.

nur 20 Prozent befürworteten einen Einsatz deutscher Soldaten.[219] Dagegen ist die prinzipielle Zustimmung für ein militärisches Vorgehen gegen den Irak durchaus vorhanden. Eine klare Mehrheit von 71 Prozent hält den Krieg für gerechtfertigt und richtig.[220] Auch die Bereitschaft, sich mit nichtmilitärischen Mitteln am Golfkrieg zu beteiligen, ist durchaus ausgeprägt. Eine Mehrheit der Deutschen befürwortet sowohl eine Beteiligung an den Kosten als auch sonstige Hilfsleistungen für die Alliierten.[221] Im Februar 1991 zeigen sich weitgehend ähnliche Ergebnisse. Nur 24,5 Prozent der Deutschen sprechen sich zu diesem Zeitpunkt für eine Verfassungsänderung aus, um deutsche Soldaten an Einsätzen wie dem Golfkrieg in Zukunft beteiligen zu können. Dagegen wird eine Grundgesetzänderung weiterhin von einer klaren Mehrheit von 72,1 Prozent abgelehnt. Die Daten zeigen dabei ein eindeutiges Gefälle zwischen Ost und West. Während sich im Westen immerhin 28,2 Prozent für eine Verfassungsänderung aussprechen, sind es im Osten nur 10,2 Prozent. Selbst im Falle eines Angriffes des Irak auf die Türkei spricht sich nur eine Minderheit von 47 Prozent für die deutsche Beteiligung an der Bündnisverteidigung aus. Das Gefälle zwischen Ost und West bleibt auch hier deutlich. Während eine knappe Mehrheit (51,4 Prozent) der Westdeutschen einen Einsatz unter diesen Voraussetzungen bejaht, sprechen sich 70,7 Prozent der Ostdeutschen prinzipiell gegen den Einsatz deutscher Soldaten aus.[222]

Zusammenfassend kann der Golfkrieg als für die Debatte über militärische Auslandseinsätze der Bundeswehr wichtiges diskursives Ereignis bezeichnet werden. Er markiert das Aufbrechen des bis dahin akzeptierten antimilitaristischen Konsenses und fungiert als „Katalysator" für den Wandel der sicherheitspolitischen Kultur.[223] Neben konkret auf den Golfkrieg bezogenen Argumenten entwickeln die Befürworter des Golfkrieges Deutungsangebote, die im weiteren Verlauf des Diskurses als Begründung für eine deutsche Beteiligung an militärischen Interventionen genutzt werden können. Hier sind zum einen die Argumente der im Zuge der Wiedervereinigung gestiegenen Verantwortung und der Bündnissolidarität zu nennen. Zum anderen zeichnet sich insofern eine Reformulierung der Basiserzählung ab, als dass die deutsche Vergangenheit als Deutungsangebote für militärische Intervention Eingang in den Diskurs findet. Neben der antimilitaristisch geprägten Norm „Nie wieder Krieg" wird zunehmend auch die Norm „Nie wieder Auschwitz" etabliert. Gleichzeitig beginnt, die vereinfachend so genannte, „linke"

---

[219] Infas/Monitor-Umfrage vom 15. Januar 1991, zitiert in: Thomas und Nikutta: Bundeswehr und Grundgesetz, S. 99.

[220] Berger: Cultures, S. 172.

[221] Emnid/Der Spiegel-Umfrage, Januar 1991, zitiert in: Thomas und Nikutta: Bundeswehr, S. 100.

[222] Politbarometer, Februar 1991, Datensatz der Forschungsgruppe Wahlen, Mannheim.

[223] Vgl. hierzu Kaiser und Becher: Deutschland, S. 71; Kamp: Debatte, S. 10; Baumann und Hellmann: Germany, S. 71.

Diskursgemeinschaft aufzubrechen, indem sich prominente Vertreter – z.b. Hans Magnus Enzensberger – für den Golfkrieg aussprechen. Darüber hinaus wird die Friedensbewegung im Zuge des Golfkrieges zunehmend Delegitimationsprozessen ausgesetzt und damit eine bedeutende Diskursgemeinschaft, die sich prinzipiell gegen militärische Interventionen und einer deutschen Beteiligung daran ausspricht, maßgeblich geschwächt. Hat der Golfkrieg damit zwar den Beginn eines Wandels der politischen Kultur eingeleitet, so kann von einer umfassenden Veränderung noch nicht die Rede sein.[224] Vielmehr beziehen sich die Veränderungen primär auf die diskursive Praxis. Sowohl die politische Praxis als auch die öffentliche Meinung stehen ihr noch weitgehend entgegen. Das politische Handeln während des Golfkriegs ist weiterhin stark von einer „Kultur der Zurückhaltung" und einer antimilitaristisch verstandenen „Politik des guten Beispiels"[225] beeinflusst. Die Verfassungspraxis wird noch nicht grundsätzlich in Frage gestellt[226], eine aktive militärische Beteiligung Deutschlands am Golfkrieg steht nicht auf der politischen Tagesordnung.[227] Auch in der Bevölkerung ist die antimilitaristische politische Kultur noch tief verwurzelt. Dies zeigt sich sowohl in den Umfragedaten als auch in den zahlreichen Friedensdemonstrationen und der „kollektiven Erregung", die allgemein durch den Golfkrieg hervorgerufen wird. Der Golfkrieg markiert gleichwohl das Aufbrechen des antimilitaristischen Konsenses, eine Entwicklung, die sich im weiteren Verlauf der frühen 90er Jahre fortsetzt.

3.3 Schrittweiser Wandel und konfliktueller Diskurs – Vom Golfkrieg bis zum Urteil des Bundesverfassungsgerichts 1994

3.3.1 Thematische Einführung[228]

Nachdem mit dem Golfkrieg eine grundsätzliche Diskussion über die Frage militärischer Auslandseinsätze der Bundeswehr angestoßen worden war, welche sich im Verlauf des Jahres 1991 auch auf die Frage einer deutschen Bundeswehrbeteiligung an der UNAMIC Mission in Kambodscha ausdehnte,[229] rückte im weiteren Verlauf zunächst der sich zuspitzende Jugoslawienkonflikt auf die politische Agenda. Aufgrund der sich verschärfenden Lage beschloss der

---

[224] Hierzu Schwab-Trapp: Kriegsdiskurse, S. 110-111.

[225] Siehe hierzu Staack: Handelsstaat, S. 464-465.

[226] Hyde-Price, Adrian: Germany and the Kosovo War: Still a Civilian Power?, S. 20, in: *German Politics* 1/2001, S. 19-34.

[227] Berger weist zu Recht darauf hin, dass hierfür gerade der Einfluss der antimilitaristisch geprägten politischen Kultur, weniger strukturelle oder „rationale" Überlegungen verantwortlich ist. Siehe hierzu Berger: Cultures, S. 2-3. u. S. 175.

[228] Ergänzend zur Darstellung des Ereignisablaufs siehe auch die ausführliche Chronologie bei Siedschlag: Aktive Beteiligung, S. 235-242.

[229] Siehe hierzu ausführlicher Schmidt: „Out-of-area", S. 15-16; Duffield: World Power, S. 194-195; Siedschlag: Aktive Beteiligung, S. 43-44.

UN-Sicherheitsrat am 30. Mai 1992 die Verhängung wirtschaftlicher und politischer Sanktionen gegen Serbien und Montenegro. Die Europäische Gemeinschaft folgte dieser Resolution in Form eines Handelsembargos am 1. Juni 1992. Nachdem der UN-Sicherheitsrat in der Folge weitere Resolutionen erlassen hatte, die der Durchsetzung des Embargos dienen sollten, entschieden die Außenminister der NATO und der WEU am 10. Juli 1992, zur Durchsetzung der Sanktionen Luftraum- und Seeüberwachungseinheiten in die Adria zu entsenden. Der von der WEU und NATO in enger Abstimmung durchgeführte Einsatz umfasste Kriegsschiffe und Hubschrauber unter dem Kommando der WEU sowie den Einsatz des ständigen Einsatzverbandes der NATO im Mittelmeer. Das Bundeskabinett beschloss am 15. Juli 1992, dass sich die Bundesrepublik aktiv mit drei Seeraumüberwachungsflugzeugen sowie mit dem Zerstörer „Bayern" an der „Standing Naval Force Mediterranean" beteiligen sollte.[230] Dabei war der Einsatz, der am 18. Juli 1992 für die Einheiten der Bundeswehr begann, auf Überwachungsaufgaben und Informationsgewinnung beschränkt, eine aktive Durchsetzung des Embargos war nicht vorgesehen. Das Einsatzgebiet waren italienische und internationale Gewässer in der Adria.[231] Die SPD sah in dieser Entscheidung einen verfassungsrechtlichen Verstoß und reichte vor dem Bundesverfassungsgericht Klage ein. Dies war nicht zuletzt auch eine Reaktion auf die von der Bundesregierung in den vorangegangenen Monaten verfolgte ‚Salamitaktik'. Mit der deutschen Beteiligung an zahlreichen Einsätzen – Minenräumung im Persischen Golf, UNSCOM im Irak, UNAMIC und UNTAC in Kambodscha -, so wurde der Regierung vorgeworfen, versuchte sie Fakten zu schaffen und die bisherige Verfassungspraxis schrittweise zu verändern.[232] Der Rücktritt von Außenminister Genscher, der sich wiederholt gegen eine größere militärische Rolle der Bundesrepublik ausgesprochen hatte, kann in dieser Hinsicht auch als ein gewisses Symbol für diesen Prozess verstanden werden.[233]
Einen weiteren Meilenstein der Debatte stellte die Beteiligung von Bundeswehrsoldaten an der Überwachung des Flugverbots über Bosnien-Herzegowina dar. Der UN-Sicherheitsrat hatte dieses am 9. Oktober 1992 verhängt. Nachdem die CDU/CSU ihre prinzipielle Bereitschaft erklärt hatte, deutsche Soldaten als Teil der multinationalen Besatzungen in den zu diesem Zwecke einzusetzenden AWACS-Aufklärungsflugzeugen zu belassen, entzündete sich nicht nur ein Streit zwischen Bundesregierung und Opposition, sondern auch innerhalb der Koalition. Die FDP hielt einen solchen Einsatz für

---

[230] Mit Zustimmung weiter Teile der Opposition hatte die Bundesregierung bereits die deutsche Beteiligung an der internationalen Luftbrücke nach Sarajewo ab 4. Juni 1992 beschlossen.

[231] Siehe ausführlicher Duffield: World Power, S. 195-196; Schmidt: „Out-of-area", S. 16.

[232] Philippi: Civilian Power, S. 53; Asmus: Germany's Contribution, S. 24; Siedschlag: Aktive Beteiligung, S. 44-46; Hyde-Price: Germany, S. 20; Baumann und Hellmann: Germany, S. 71-72; Staack: Handelsstaat, S. 503-508.

[233] So Staack: Handelsstaat, S. 496-497.

verfassungswidrig und drohte zwischenzeitlich mit dem Bruch der Koalition. Die Auseinandersetzung spitzte sich weiter zu, nachdem der UN-Sicherheitsrat am 31. März 1993 die Mitgliedsstaaten ermächtigt hatte, einzeln oder kollektiv die Einhaltung des Flugverbots auch durch Zwangsmaßnahmen sicher zu stellen. Das Bundeskabinett stimmte daraufhin am 2. April einer deutschen Beteiligung an der NATO-Operation „Deny Flight" mit den Stimmen der CDU/CSU-Minister zu.[234] Die FDP-Minister blieben, einer gemeinsamen Vereinbarung entsprechend, der Kabinettssitzung fern. Im Anschluss reichten sowohl die FDP-als auch die SPD-Fraktion Organklage gegen den Kabinettsbeschluss vor dem BVerfG ein.[235] Damit kam es zu der wohl einmaligen Situation, dass eine an der Regierung beteiligte Partei diese vor dem BVerfG verklagte - eine Entscheidung, die auch von Mitgliedern der FDP als durchaus *„sehr ungewöhnlicher Weg"* beschrieben wurde.[236] Der Antrag auf eine einstweilige Verfügung wurde jedoch am 8. April vom BVerfG zurückgewiesen.[237]

Noch bevor sich am 21. April 1993 der Bundestag mit der Frage des AWACS-Einsatzes befasste, entschied das Bundeskabinett am gleichen Tag zugunsten eines weiteren umstrittenen Einsatzes der Bundeswehr. Der Anfrage von UN-Generalsekretär Boutros-Ghali entsprechend, sagte die Bundesregierung ein Nachschub- und Transportbataillon für die Mission UNOSOM II in Somalia zu.[238] Dieser rund 1500 Soldaten umfassende Verband sollte vor allem logistische Unterstützung für andere Blauhelmtruppen sowie humanitäre Hilfe leisten. Erneut entschied sich die SPD-Fraktion aus verfassungsrechtlichen Zweifeln für eine Organklage vor dem BVG. Der damit verbundene Antrag auf eine einstweilige Anordnung wurde vom BVerfG am 23. Juni 1993 ebenfalls zurückgewiesen. Allerdings erzielte die Opposition einen Teilerfolg, da das BVerfG den Verbleib der deutschen Soldaten von der konstitutiven Zustimmung des Bundestags abhängig machte. Mit den Stimmen der Koalition beschloss der Bundestag daraufhin am 2. Juli 1993 die deutsche Beteiligung an UNOSOM II.[239]

---

[234] Die Operation dauerte vom 12. April 1993 bis zum 20. Dezember 1995.
[235] Siehe ausführlicher Duffield: World Power, S. 196-198; Philippi: Civilian Power, S. 53; Schmidt: "Out-of-area", S. 17-18, Siedschlag: Aktive Beteiligung, S. 44-46.
[236] So Hermann Otto Solms, Plenarprotokoll 12/151, 21. April 1993.
[237] Die Begründung des BVerfG lautete, die Einsatzfähigkeit der AWACS-Aufklärer sei bei einem Rückzug der Bundeswehrsoldaten unzulässig beeinträchtigt, da die Partner die berechtigte Erwartung einer deutschen Beteiligung hatten. Ein Rückzug der deutschen Besatzungsmitglieder sei daher ein nicht gutzumachender Vertrauensverlust. Außerdem trage die Bundesregierung das rechtliche Risiko, sollte sich bei der späteren Entscheidung in der Hauptsache eine Verfassungswidrigkeit ergeben. Zu den rechtlichen Aspekten der AWACS-Diskussion und der Entscheidung des BVerfG vom 8. April 1993 siehe ausführlicher Philippi: Bundeswehr-Auslandseinsätze, S. 48-50.
[238] Die Bundesregierung hatte bereits im Dezember 1992 die prinzipielle Bereitschaft Deutschlands erklärt, sich an der militärischen Intervention in Somalia zu beteiligen.
[239] Außerdem entschied das BVerfG, der Bundestag müsse regelmäßig über den Einsatz informiert werden. Zu UNOSOM II siehe ausführlicher Schmidt: „Out-of-area", S. 17-18;

Somit ist in der auf den Golfkrieg folgenden Phase bis zum Grundsatzurteil des BVerfG am 12. Juli 1994 eine schrittweise Veränderung der politischen Praxis zu verzeichnen. Die Bundeswehr wird nicht mehr strikt als reines Instrument zur Landes- und Bündnisverteidigung betrachtet, sondern zunehmend auch im Rahmen internationaler Einsätze verwendet. Dabei ist diese Neuausrichtung jedoch keineswegs von einem grundsätzlichen Konsens der außenpolitischen Eliten getragen, sondern die politischen Entscheidungen werden vor dem Hintergrund sowohl rechtlicher als auch politischer Auseinandersetzungen getroffen. Auch die öffentliche Meinung spiegelt zu einem großen Teil die weiterhin vorherrschende Skepsis gegenüber einer Ausweitung der politischen Praxis wider.

Dahingegen setzt sich der bereits während des Golfkriegs eingeleitete Wandel der diskursiven Praxis fort. Dabei wird der Diskurs jedoch konfliktuell geführt, das heißt ein Konsens ist im Rahmen der politischen Debatte keineswegs vorhanden. Neben auf die konkreten Fallbeispiele (Embargoüberwachung, AWACS und UNOSOM II) zugeschnittenen Argumente und Deutungsangebote, werden die bereits während der Debatte über den Golfkrieg 1991 entwickelten Deutungsmuster innerhalb des Diskurses aufgegriffen, weiterentwickelt und differenziert. Dabei stehen erneut die von den Befürwortern militärischer Interventionen verwendeten Aspekte der Bündnissolidarität, der gestiegenen Verantwortung sowie die Basiserzählung im Mittelpunkt. Alle drei Deutungsangebote gewinnen im Zuge des Diskurses an Bedeutung. Dabei findet zunehmend auch eine Verknüpfung dieser Deutungsangebote mit dem Diskurs über die europäische Integration statt. Fragen der europäischen Integration und der Fortentwicklung der europäischen Sicherheitsarchitektur werden damit zunehmend als Argumente für eine deutsche Beteiligung an militärischen Auslandseinsätzen verwendet. Auch die bereits 1991 festzustellenden Delegitimationsprozesse der Friedensbewegung werden weitergeführt, die Gegner militärischer Interventionen damit geschwächt. Ebenfalls setzt sich der aufkommende Dissens innerhalb der linken Diskursgemeinschaft fort, was für einen fortgesetzten schrittweisen Wandel der sicherheitspolitischen Kultur spricht.

3.3.2 Dominante Deutungsangebote und Normen

Neben den bereits im Golfkrieg entwickelten grundsätzlichen Deutungsangeboten spielen im Rahmen des Elitendiskurses zwischen 1992 und 1994 weitere Argumentsmuster eine wichtige Rolle. Diese sind jedoch in vielfältiger Weise mit den oben genannten Deutungsangeboten verbunden, greifen diese auf und weisen damit über den konkreten Einzelfall hinaus.

Philippi: Bundeswehr-Auslandseinsätze, S. 50-52; Siedschlag: Aktive Beteiligung, S. 46-49; Duffield: World Power, S. 198-200; Philippi: Civilian Power, S. 54.

Von den Befürwortern der Bundeswehreinsätze wird beispielsweise darauf hingewiesen, dass die traditionellen Instrumente der Außenpolitik angesichts der strukturellen Veränderungen nicht mehr ausreichten. Der Einsatz deutscher Soldaten im Rahmen der diskutierten Einsätze sei demnach kein Paradigmenwechsel, welcher die normativen Fundamente der deutschen Sicherheitspolitik verändere, sondern lediglich eine Anpassung an die veränderten Rahmenbedingungen. Ganz in diesem Sinne äußert sich beispielsweise Außenminister Kinkel im Rahmen der Debatte über die Überwachung des Embargos gegen Rest-Jugoslawien:

> „Die Grauen verbreitende Entwicklung im früheren Jugoslawien hat uns leider vor Augen geführt [...], dass die traditionellen Instrumente unserer Friedens- und Sicherheitspolitik nicht ausreichen. Die Konflikte sind leider schneller gewachsen, als die Bekämpfungsinstrumente entwickelt werden konnten. Wir müssen demnach allem mehr politischen Nachdruck verleihen, denn es bewahrheitet sich eben leider, dass die Verantwortlichen für Gewalt und Aggression nur dann reagieren, wenn ihnen demonstriert wird, dass ihr verbrecherisches Handeln zu einer Reaktion der internationalen Gemeinschaft führt."[240]

Zugleich sei diese Anpassung eine der bisherigen sicherheitspolitischen Rolle Deutschlands angemessene Veränderung. Das verstärkte militärische Engagement wird in diesem Zusammenhang als eine unter vielen Maßnahmen bezeichnet, es wird immer wieder auf die politischen, wirtschaftlichen und diplomatischen Anstrengungen zur Bewältigung des Konflikts hingewiesen.[241] Dazu gehört auch der Hinweis, der Einsatz der Bundeswehr und die Maßnahmen der NATO und der WEU seien keine *„leeren Gesten der Ohmacht"*[242], sondern in eine umfassende Gesamtstrategie der UN eingebettet.

Ein weiteres wichtiges Argument der Befürworter ist die enge Begrenzung der Bundeswehrbeteiligung an den diskutierten Einsätzen. Der Beitrag von Außenminister Kinkel im Zuge der Debatte über den Adriaeinsatz bringt dies deutlich zum Ausdruck:

> „Sowohl die WEU als auch die NATO beschränken sich ausdrücklich auf die Überwachung der Embargobeschlüsse der Vereinten Nationen. [...] Weitergehende Maßnahmen, insbesondere zur zwangsweisen Durchsetzung des UN-Embargos, sind ausgeschlossen. [...] Die beschlossenen und seit einigen Tagen mit Erfolg durchgeführten Maßnahmen der WEU und der NATO bewegen sich eindeutig unterhalb des Einsatzes von Blauhelmsoldaten. Das Sammeln von Informationen auf hoher See beinhaltet keinerlei Ausübung hoheitlicher Funktionen oder Befugnisse..."[243]

Auf diese inhaltliche Begrenzung des Einsatzes wird auch im Hinblick auf die Beteiligung an UNOSOM II verwiesen. Dabei handele es sich, so Otto Hermann

---

[240] Klaus Kinkel, Plenarprotokoll 12/101, 22. Juli 1992.
[241] Kinkel verweist hier beispielsweise auf das Finanzvolumen der humanitären Hilfe sowie die unternommenen politischen Anstrengungen. Siehe Klaus Kinkel, Plenarprotokoll 12/101, 22. Juli 1992 und ders., Plenarprotokoll 12/151, 21. April 1993.
[242] Klaus Kinkel, Plenarprotokoll 12/101, 22. Juli 1992.
[243] Klaus Kinkel, Plenarprotokoll 12/101, 22. Juli 1992.

Solms (FDP), um einen *„ausschließlich humanitären Einsatz in befriedeten Gebieten"* und damit *„eindeutig nicht um Kampfeinsätze"*.[244] Nicht zuletzt aus dieser Begrenzung der Einsätze wird von den Befürwortern auch das Argument abgeleitet, die deutsche Beteiligung sei verfassungskonform.[245] Das Argument der Verfassungsmäßigkeit wird dabei im weiteren Verlauf des Diskurses auch durch die positiven Entscheidungen des BVerfG zu AWACS- und Somalia-Einsätzen unterstützt. Jedoch bereits im Zuge der Debatte über den Adriaeinsatz stellt Außenminister Kinkel fest:

> „...die Bestimmungen des Grundgesetzes stehen der von mir dargelegten Entscheidung der Bundesregierung nicht entgegen. Entscheidend für uns ist, dass sich die fraglichen Einheiten an den beschlossenen Maßnahmen unter Ausschluss von Waffengewalt beteiligen. [...] Deshalb liegt hier auch kein Einsatz im Sinne des Art. 87a Abs.2 des Grundgesetzes vor."[246]

Im Rahmen dieser Debatte im Juli 1992 verweist der Vorsitzende der CDU/CSU-Fraktion, Wolfgang Schäuble darauf, dass das Grundgesetz nach Ansicht der Unionspartien die deutsche Beteiligung an jeglicher Art von friedenserhaltenden und friedensschaffenden Einsätzen grundsätzlich erlaube. Eine Verfassungsänderung sei zwar *„wünschenswert"*, werde aber nicht als verfassungsrechtlich notwendig betrachtet. Daher gebe es aus seiner Sicht auch keinerlei Zweifel an der Verfassungsmäßigkeit der Einsätze.[247] Damit hatte sich die Union bereits ein Jahr nach dem Golfkrieg von der, damals auch noch von Bundeskanzler Kohl vertretenen Interpretation des Grundgesetzes verabschiedet, die den Einsatz der Bundeswehr außer zu Verteidigungszwecken als verfassungswidrig erachtete. Die im Zuge des antimilitaristischen Konsenses institutionalisierte Verfassungsinterpretation wird damit offen von Teilen der sicherheitspolitischen Eliten angezweifelt.

Dagegen ist die verfassungsrechtliche Situation eines der Hauptargumente der Gegner einer Ausweitung militärischer Auslandseinsätze der Bundeswehr. So wird im Rahmen der Debatten immer wieder auf den alten Konsens verwiesen, ein Einsatz der Bundeswehr außerhalb des Bündnisgebietes sei vom Grundgesetz nicht gedeckt. Diese verfassungsrechtliche Interpretation entlang des antimilitaristischen Konsenses manifestiert sich durch die drei Verfassungsklagen der SPD auch in der politischen Praxis. Darüber hinaus wird von den Gegnern der Einsätze eine grundsätzliche Beteiligung des Bundestages am politischen Entscheidungsprozess gefordert. Diese Position wird durch die

---

[244] Hermann Otto Solms, Plenarprotokoll 12/151, 21. April 1993. So auch beispielsweise Ulrich Irmer, Plenarprotokoll 12/169, 2. Juli 1993 und Klaus Kinkel, Plenarprotokoll 12/169, 2. Juli 1993.

[245] Auch auf die völkerrechtliche Legitimation wird wiederholt hingewiesen. Diese ist jedoch im Gegensatz zur Verfassungsmäßigkeit der Bundeswehreinsätze nicht umstritten.

[246] Klaus Kinkel, Plenarprotokoll 12/101, 22. Juli 1992. Kinkel verweist in diesem Zusammenhang auch die völkerrechtliche Legitimation des Einsatzes.

[247] Wolfgang Schäuble, Plenarprotokoll 12/101, 22. Juli 1992.

Somalia-Entscheidung des BVerfG nachhaltig unterstützt.[248] Hinzu kommt bei einigen die prinzipielle Ablehnung militärischer Mittel außer zu Verteidigungszwecken.

Neben diesen grundsätzlichen Bedenken gegen den militärischen Einsatz deutscher Soldaten außerhalb des Bündnisgebietes werden von den Gegnern zwei weitere, konkreter auf die drei diskutierten Einsätze zugespitzte Argumente vorgebracht. Erstens, die Einsätze leisteten keinen Beitrag zur humanitären Hilfe für die Menschen. So stellt Karsten Voigt (SPD) zur Situation auf dem Balkan und der Reaktion der internationalen Gemeinschaft fest:

> „Wenn der Einsatz deutscher Fregatten in der Adria und der Kampfeinsatz deutscher Offiziere in AWACS-Flugzeugen [...] wenigstens zur Beendigung des Krieges im ehemaligen Jugoslawien oder zur Verringerung der Leiden in Bosnien-Herzegowina beigetragen hätte! Aber dies bleibt ein leeres Versprechen. Die Uminterpretation, der Bruch der Verfassung ist real; die Hoffnung der Menschen in Bosnien auf wirksame Hilfe bleibt Illusion."[249]

Zweitens findet ein Argument Eingang in den Diskurs, welches bereits im Golfkrieg von zahlreichen Gegner eines militärischen Vorgehens vorgebracht wurde: die Gefahr einer militärischen Eskalation. In der Diskussion über den Adriaeinsatz spielt dieses Deutungsangebot bereits eine Rolle, Günther Verheugen (SPD) führt es im Rahmen der AWACS-Debatte weiter aus und warnt die Bundesregierung vor den möglichen Folgen eines Bundeswehreinsatzes auf dem Balkan:

> „Hier wird die Schraube der Eskalation ein Stück weitergedreht – ein qualitativer Unterschied zu allem, was bisher in der Jugoslawien-Politik geschehen ist. Sie können überhaupt nicht vorhersehen [...], welche weiteren Kampfhandlungen sich daraus ergeben können und ob am Ende dann nicht tatsächlich ein großer internationalen Krieg steht. Wir warnen Sie!"[250]

Im Zentrum des Diskurses über die Adria-, AWACS- und Somalia-Einsätze der Bundeswehr stehen jedoch, wie sich schon während des Golfkrieges angedeutet hatte, das Deutungsangebote der Bündnissolidarität, die Bedeutung der deutschen Vergangenheit sowie die gestiegenen Verantwortung Deutschlands nach 1990.

Gestiegene Verantwortung

Das Deutungsangebot der gestiegenen Verantwortung erscheint im Zuge des Diskurses als eine der zentralen Kategorien zur Legitimation einer deutschen Beteiligung an militärischen Auslandseinsätzen. Dies ist vor allem darauf

---

[248] Zum Parteienstreit über die Bestimmungen des Grundgesetzes siehe ausführlicher Philippi: Bundeswehr-Auslandseinsätze, S. 82-178.

[249] Karsten Voigt, Plenarprotokoll 12/151, 21. April 1993. Herta Däubler-Gmelin (SPD) äußerte sich bereits ein Jahr zuvor mit der gleichen Kritik. Herta Däubler-Gmelin, Plenarprotokoll 12/101, 22. Juli 1992.

[250] Günther Verheugen, Plenarprotokoll 12/150, 26. März 1993. Vgl. die ähnlichlautende Kritik von Hans Ulrich Klose, Plenarprotokoll 12/101, 22. Juli 1992.

zurückzuführen, dass es über den konkreten Einzelfall hinaus auf eine allgemeine Ebene des Diskurses verweist. Es bezieht sich über die konkrete Diskussion hinaus auf die deutsche Sicherheitspolitik. Diese allgemeine Bedeutung verleiht dem Deutungsangebot als Argument für ein weitergehende militärisches Engagement zusätzliche Legitimität. Somit bezieht es sich zwar innerhalb des Diskurses konkret auf die Frage der Bundeswehreinsätze, deutet aber auf eine allgemeine und grundsätzliche Frage deutscher Sicherheitspolitik hin. Dies macht der Redebeitrag von Außenminister Kinkel deutlich:

> „Heute geht es über den konkreten Anlass dieser Debatte hinaus um eine Frage von grundsätzlicher außen- und sicherheitspolitischer Bedeutung, nämlich: Finden wir als vereintes und souveränes Deutschland nach dem Ende der bipolaren Welt des Ost-West-Konflikts zu einem neuen außen- und sicherheitspolitischen Konsens, der uns in einer veränderten Weltlage zu einem handlungsfähigen und verantwortungsbewussten Partner der Weltgesellschaft macht? Sind wir bereit, die Friedensaufgaben uneingeschränkt wahrzunehmen, die die Völkergemeinschaft von uns als führender Industrienation angesichts völlig neuer sicherheitspolitischer Herausforderungen erwartet?"[251]

Die Bereitschaft der Bundesrepublik, sich auch militärisch an internationalen Einsätzen zu beteiligen, wird damit als eine notwendige Anpassung an die veränderten Rahmenbedingungen dargestellt. Damit nehme Deutschland die Verantwortung wahr, die ihm nach der Wiedervereinigung zukomme. Mit der Herstellung der vollen Souveränität habe sich Deutschland zu einem wichtigen Akteur der Völkergemeinschaft entwickelt und die damit verbundene gestiegene Verantwortung müsse wahrgenommen werden, auch um die Gefahr einer deutschen Sonderrolle zu vermeiden.[252] Die Wiedervereinigung erscheint somit neben dem Golfkrieg als ein weiteres wichtiges diskursives Ereignis. Dieses Argumentationsmuster macht sich Außenminister Kinkel bereits während der Diskussion über den Adriaeinsatz 1992 zueigen. In der Debatte am 22. Juli stellt er daher fest:

> „Die internationale politische Verantwortung der Bundesrepublik Deutschland ist seit der Wiedervereinigung gewachsen. Dies gilt namentlich für die mit unserem Beitritt zur Satzung der Vereinten Nationen übernommene Verpflichtung, die in der UN-Charta angelegten Instrumente kollektiver Friedenssicherung nach Kräften zu unterstützen. [...] Deutschland konnte und kann sich seiner gewachsenen Verantwortung nicht entziehen."[253]

Als Bezugspunkt der neuen Verantwortung werden grundsätzlich zwei Objekte ausgemacht. So weist Michael Glos im Zuge der Debatte über den Somaliaeinsatz darauf hin, dass *„Deutschland in allererster Linie Verantwortung für Europa"* trage.[254] Hier klingt bereits eine Verbindung des

---

[251] Klaus Kinkel, Plenarprotokoll 12/151, 21. April 1993.
[252] So Hermann Otto Solms, Plenarprotokoll 12/101, 22. Juli 1992.
[253] Klaus Kinkel, Plenarprotokoll 12/101, 22. Juli 1992. Hierzu auch fast gleich lautend Wolfgang Bötsch, Plenarprotokoll 12/101, 22. Juli 1992 und Ulrich Irmer, Plenarprotokoll 12/169, 2. Juli 1993.
[254] Michael Glos, Plenarprotokoll 12/169, 2. Juli 1993.

Deutungsangebots der Bündnissolidarität mit dem Diskurs über die europäische Integration an. Die Frage der militärischen Auslandseinsätze wird in einen direkten Zusammenhang zur Zukunft Europas gesetzt. Hermann Otto Solms (FDP) macht allerdings auch darauf aufmerksam, diese gestiegene Verantwortung beinhalte auch eine globale Dimension und Deutschland müsse als vollwertiges Mitglied der Völkergemeinschaft nun auch Verantwortung für die ‚Weltinnenpolitik' übernehmen.[255] Damit rücken die Befürworter der Einsätze politische Fragen in den Vordergrund. Die verfassungsrechtliche Dimension wird eher an den Rand bedrängt. Dies wird am Beispiel eines Beitrages des CDU/CSU-Verteidigungsexperte Breuer im Rahmen der Debatte über den Adriaeinsatz deutlich:

> „Die deutsche Beteiligung an der Beobachtung der Einhaltung der Embargo-Maßnahmen [...] ist meines Erachtens ein Zeichen für die Bereitschaft, Verantwortung für Frieden und Freiheit in Europa und in der Welt übernehmen zu wollen. [...] In erster Linie geht es auch nicht um die verfassungsrechtliche Problematik. In Wirklichkeit geht es um die Frage, ob sich Deutschland seiner sicherheitspolitischen Verantwortung in der Welt stellt oder nicht."[256]

Die deutsche Beteiligung an militärischen Auslandseinsätzen ist in diesem Sinne die notwendige Wahrnehmung der gestiegenen internationalen Verantwortung. Die Betonung der politischen Dimension dieses Argumentes gegenüber den verfassungsrechtlichen Einwänden, wie sie bereits im Beitrag von Paul Breuer anklingt, wird durch die offene Kontrastierung mit der verfassungsrechtlichen Position der Gegner weiter verstärkt. Ein Beleg dafür ist der Redebeitrag von Karl Lamers (CDU/CSU). Er betont die politische Notwendigkeit, der im Zuge der Wiedervereinigung gestiegenen Verantwortung gerecht zu werden. Die von den Gegnern vorgebrachten verfassungsrechtlichen Einwände sollten, so Lamers, nur von der fehlenden Bereitschaft ablenken, diese wahrzunehmen. Er wendet damit das politische Deutungsangebot der gestiegenen Verantwortung gegen das verfassungsrechtliche Deutungsangebot der Gegner:

> „Vielmehr lässt diese Art einer unverständlichen pseudojuristischen Diskussion den Verdacht aufkommen, im Grunde gehe es darum, uns in unserer Ruhe nicht stören zu lassen und lieber andere die Schwerarbeit leisten zu lassen. Verantwortungsscheu wird diagnostiziert."[257]

In ähnlicher Weise wendet sich Werner Hoyer (FDP) mit dem Deutungsangebot der gestiegenen Verantwortung gegen den alten antimilitaristischen Konsens. Zielt Lamers' Beitrag auf die Delegitimierung der verfassungsrechtlichen Einwände der Gegner, so wendet sich Hoyer gegen die Norm des Antimilitarismus. Die Bedeutung der antimilitaristischen politischen Kultur wird durchaus anerkannt und als Hindernis für eine schnelle Anpassung der deutschen Sicherheitspolitik akzeptiert. So sei der *„tiefsitzende Pazifismus"* als

---

[255] Hermann Otto Solms, Plenarprotokoll 12/151, 21. April 1993.
[256] Paul Breuer, Plenarprotokoll 12/101, 22. Juli 1992.
[257] Karl Lamers, Plenarprotokoll 12/101, 22. Juli 1992.

Lehre aus der Geschichte durchaus ein positiver Aspekt der deutschen politischen Kultur. Gleichzeitig bestreitet Hoyer jedoch einen Zusammenhang dieser Norm zur aktuellen Diskussion. Es handele sich auf der Seite der Gegner der Bundeswehreinsätze weniger um eine internalisierte pazifistische Grundhaltung, als um verantwortungslosen *„Eskapismus"* und die Flucht vor der gestiegenen Verantwortung.[258] Mit der Bezugnahme auf das Deutungsangebot der gestiegenen Verantwortung werden damit sowohl die verfassungsrechtlichen Einwände als auch die Bezugnahme auf die Norm des Antimilitarismus in Frage gestellt und ein Argument für eine Beteiligung Deutschlands an militärischen Auslandseinsätzen etabliert.

In einer weiteren Variation des Deutungsangebotes wird gerade der Einsatz der Bundeswehr im Rahmen der diskutierten Einsätze als Wahrnehmung friedenspolitischer Verantwortung und damit als Kontinuität deutscher Sicherheitspolitik dargestellt. Die Norm, die Bundeswehr nicht außerhalb des Bündnisgebietes einzusetzen, sei bis 1990 der richtige und angemessene Beitrag Deutschlands zur Friedenssicherung gewesen. Unter den veränderten strukturellen Bedingungen und angesichts der gestiegenen Verantwortung des vereinigten Deutschlands sei jedoch gerade ein weitergehendes militärisches Engagement wirkliche Friedenspolitik und entspreche der Kontinuität deutscher Sicherheitspolitik. Es handele sich also um Kontinuität der Ziele und eine Anpassung der Instrumente. In diesem Sinne äußert sich Wolfgang Schäuble (CDU/CSU):

> „Deswegen ist der Friedens- und Verteidigungsauftrag der Bundeswehr ganz unverändert und wird auch durch die Regierung und die Koalition überhaupt nicht verändert. Vielmehr wird er lediglich in einer veränderten Weltlage auf diese veränderte Weltlage – und zwar in Kontinuität unserer Politik über fast vier Jahrzehnte – angewendet, um Frieden und Freiheit auch in Zukunft zu sicher."[259]

Von den Gegnern der Bundeswehreinsätze wird eine gestiegene Verantwortung im Zuge der Wiedervereinigung nicht grundsätzlich bestritten. Die Folgerung ist jedoch eine andere. Wahrnehmung dieser Verantwortung wird stattdessen, wie der Diskursbeitrag von Gregor Gysi (PDS) beispielhaft zeigt, primär als ziviler Auftrag verstanden. Die Gegner erscheinen damit als Träger der Norm des Antimilitarismus:

> „Wieso muss sich eine gewachsene politische Verantwortung eigentlich in erster Linie daran zeigen, dass man das eigene Militär weltweit salon- und hoffähig macht? Ich glaube, dass ist nicht Ausdruck einer gewachsenen politischen Verantwortung, sondern das Gegenteil davon, wenn man in einer solch komplizierten Situation und bei solchen Widersprüchen in der Welt ernsthaft versucht, diese Fragen militärisch zu lösen."[260]

---

[258] Werner Hoyer, Plenarprotokoll 12/101, 22. Juli 1992.
[259] Wolfgang Schäuble, Plenarprotokoll 12/151, 21. April 1993.
[260] Gregor Gysi, Plenarprotokoll 12/101, 22. Juli 1992. Vgl. Andrea Lederer, Plenarprotokoll 12/101, 22. Juli 1992; Lieselott Blunck, Plenarprotokoll 12/151, 21. April 1993.

Zudem wird von den Gegnern auf die historischen Erfahrungen verwiesen, aus welchen folge, „dass Friedenserhaltung und humanitäre Leistungen die deutsche Perspektive sind. Das ist unser Verständnis von deutscher Verantwortung."[261] Sie wenden sich damit gegen das von den Befürwortern vorgebrachte Argument, die Kontinuität deutscher Sicherheitspolitik bleibe trotz einer Veränderung der politischen Praxis prinzipiell gewahrt.

Zugleich bestreiten sie das von den Befürwortern vorgebrachte Argument, die Wahrnehmung der gestiegenen Verantwortung sei als Rückkehr zur „Normalität" zu verstehen. Diese Form von „Normalisierung" wird hier primär als *„Revitalisierung der Großmachtrolle Deutschlands"*[262] verstanden. Dahingegen verweisen die Gegner einer Ausweitung der politischen Praxis darauf, dass ihr Verständnis von „Normalität" ganz im Sinne des antimilitaristischen Konsenses als die fortgesetzte Beibehaltung der militärischen Zurückhaltung zu deuten sei. Die von der Regierung vertretene „Normalisierung" sei daher vielmehr ein fortschreitender Einstieg in eine neue Außen- und Sicherheitspolitik mit anderen Prioritäten. Der Einsatz der Bundeswehr sei primär ein politisches Signal, um sich vom *„Golf-Trauma"* zu befreien.[263] Von anderer Seite wird auch wiederholt und vehement der Vorwurf einer *„Militarisierung"* deutscher Außen- und Sicherheitspolitik durch die Regierung erhoben.[264]

Bündnissolidarität

Eng verbunden mit dem Deutungsangebot der gestiegenen Verantwortung ist das der Bündnissolidarität. Damit wird eine Grundnorm deutscher Außen- und Sicherheitspolitik, die des Multilateralismus, mit dem Diskurs über Auslandseinsätze der Bundeswehr verknüpft. Sie wird als maßgebliches Deutungsangebot in den Diskurs eingeführt und ihre grundsätzliche Bedeutung drückt sich beispielhaft in dem Diskursbeitrag von Michael Glos (CDU/CSU) zum Somaliaeinsatz der Bundeswehr aus:

> „Bündnisfähigkeit und Verlässlichkeit müssen die Grundlagen der Außenpolitik unseres wiedervereinigten Landes sein."[265]

Als anerkannte Grundnorm der sicherheitspolitischen Kultur genießt sie damit große Legitimität. Sie ist dabei eng verbunden mit der Handlungsaufforderung „Nie wieder Sonderwege". Indem dieses Deutungsangebot die Frage militärischer Auslandseinsätze mit einer intersubjektiv geteilten Norm der

---

[261] Heidemarie Wieczorek-Zeul, Plenarprotokoll 12/101, 22. Juli 1992.
[262] Uwe-Jens Heuer, Plenarprotokoll 12/151, 21. April 1993. Ganz so äußerten sich auch Herta Däubler-Gmelin und Norbert Gansel als Vertreter der SPD bereits in der Bundestagsdebatte am 22. Juli 1992.
[263] Hans-Ulrich Klose, Plenarprotokoll 12/169, 2. Juli 1993. Einen gleich lautenden Vorwurf erhob Klose bereits im Jahr zuvor anlässlich der Debatte über den Adriaeinsatz.
[264] So beispielsweise Andrea Lederer, Plenarprotokoll 12/151, 21. April 1993. Vgl. auch die Zurückweisung dieses Vorwurfes von Außenminister Kinkel in der gleichen Debatte.
[265] Michael Glos, Plenarprotokoll 12/169, 2. Juli 1993.

politischen Kultur verbindet, besitzt es ein großes Legitimationspotential innerhalb des Diskurses. In der Debatte über den Adriaeinsatz wird das Deutungsangebot der Bündnissolidarität von Außenminister Kinkel verwendet:

> „Wir stellen durch unsere Teilnahme nicht zuletzt auch unsere Bündnisfähigkeit unter Beweis, und es ist auch für unsere Soldaten wichtig, dass sie sich bei dieser Gelegenheit nicht aus dem Schiffsverband verabschieden müssen, mit dem sie seit Jahren im Mittelmeer zusammen üben."[266]

Verteidigungsminister Rühe kontrastiert das Deutungsangebot der Bündnissolidarität mit der „Kultur der Zurückhaltung" und der damit verbundenen Norm des Antimilitarismus. Beide Normen blieben zwar prinzipiell handlungsleitend, aber Bündnissolidarität müsse Vorrang eingeräumt werden. Das gemeinsame Handeln im Bündnis wiege schwerer als die Norm des Antimilitarismus und die Bundesrepublik könne *„keinen Fehler"* machen, wenn sie in enger Solidarität mit ihren Bündnispartnern agiere.[267] Deutschland müsse sich an dieser Norm orientieren, um internationale Isolation und sicherheitspolitische Alleingänge zu vermeiden. Eine solche Sonderrolle widerspreche den normativen Grundlagen deutscher Sicherheitspolitik. Daher müsse sich Deutschland auch an militärischen Auslandseinsätzen beteiligen, alles andere führe geradezu zwangsläufig in eine sicherheitspolitische Isolation. Exemplarisch bringt dies der Beitrag von Otto Herman Solms (FDP) zum Ausdruck:

> „Wir wollen eben keinen deutschen Sonderweg. [...] Wenn wir keinen deutschen Sonderweg wollen, dann müssen wir eben gemeinsam mit der Völkergemeinschaft und dem Bündnis handeln und können uns international nicht in eine Position der Isolation begeben."[268]

Die Befürworter einer Ausweitung der politischen Praxis berufen sich mit dem Deutungsangebot der Bündnissolidarität explizit auf das kollektive Gedächtnis. Ähnlich wie die historisch abgeleitete Norm des Antimilitarismus, wie sie von den Gegnern militärischer Auslandseinsätze angeführt wird, wird das Deutungsangebot der Bündnissolidarität ebenfalls als Lehre aus der deutschen Vergangenheit legitimiert. Außenminister Kinkel betont die historisch begründete Handlungsaufforderung, jedwede Sonderrolle Deutschlands in der Sicherheitspolitik zu vermeiden:

> „Wenn wir diese Partner nun bei den neu hinzugekommenen Aufgaben der Friedenssicherung und der Friedensschaffung im Stich lassen, dann werden wir letztlich

---

[266] Klaus Kinkel, Plenarprotokoll 12/101, 22. Juli 1992.
[267] Volker Rühe, Plenarprotokoll 12/101, 22. Juli 1992.
[268] Hermann Otto Solms, Plenarprotokoll 12/151, 21. April 1993. Die Dominanz dieses Deutungsangebotes zeigt sich auch an zahlreichen anderen Stellen des Diskurses. Es ist dabei auf alle diskutierten Einsätze bezogen. Siehe Wolfgang Schäuble, Plenarprotokoll 12/151, 21. April 1993; ders., Plenarprotokoll 12/101, 22. Juli 1992; Wolfgang Bötsch, Plenarprotokoll 12/101, 22. Juli 1992; Paul Breuer, Plenarprotokoll 12/101, 22. Juli 1992; ders., Plenarprotokoll 12/150, 26. März 1993.

bündnisunfähig. [...] Ja, wir wollen und müssen unsere Geschichte im Auge behalten, dürfen uns aber auch nicht hinter ihr verschanze. Ich finde, dass eine Lehre aus dieser Geschichte nur lauten kann: Nie wieder aus der Gemeinschaft westlicher Völker ausscheren, nie wieder Sonderwege, auch nicht den der moralischen Besserwisserei und der Gesinnungsethik!"[269]

Der Diskursbeitrag zeigt deutlich, wie die Norm des Multilateralismus im Rahmen des Diskurses in einen Gegensatz zur Norm des Antimilitarismus tritt. Die daraus abgeleiteten Handlungsaufforderungen „Nie wieder Krieg" und „Nie wieder Sonderwege" sind dabei beide fest in der sicherheitspolitischen Kultur und dem bis 1990 geltenden antimilitaristischen Konsens institutionalisiert. Im Zuge des Diskurses über die Adria, AWACS- und Somaliaeinsätze treten diese beiden Grundnormen jedoch in Konkurrenz zueinander. Sie werden dabei von sich gegenseitig verstärkenden zu sich widersprechenden Deutungsangeboten und Normen. Während mit der Bezugnahme auf das Deutungsangebot des Antimilitarismus die Ablehnung der Bundeswehreinsätze legitimiert wird, wendet sich das der Bündnissolidarität als Argument für den Einsatz der Bundeswehr. Die Beteiligung deutscher Soldaten an Auslandseinsätzen stellt hierbei einen offensichtlichen Bruch mit der bis 1990 praktizierten politischen Praxis dar. Dennoch kann das Deutungsangebot der Bündnissolidarität aufgrund der festen Verankerung in der sicherheitspolitischen Kultur Kontinuität für sich reklamieren. Bündnissolidarität erscheint damit sowohl als Konstante der sicherheitspolitischen Kultur als auch der deutschen Sicherheitspolitik. Der Einsatz der Bundeswehr außerhalb des Bündnisgebietes ist in diesem Sinne kein grundsätzlicher Wandel deutscher Sicherheitspolitik, sondern vielmehr eine Anpassung der Instrumente. Verteidigungsminister Rühe betont diese Kontinuität explizit in seinem Diskursbeitrag zum AWACS-Einsatz:

„Bei der AWACS-Entscheidung ging es über den Einzelfall hinaus in Wirklichkeit um die Kontinuität der deutschen Außen- und Sicherheitspolitik. [...] Auch in Zukunft bestimmt nicht eine politische Sonderrolle, sondern bestimmen Solidarität und Mitverantwortung die deutsche Staatsräson."[270]

Das Deutungsangebot der Bündnissolidarität wird schließlich in zunehmendem Maße mit dem Diskurs über die europäische Integration verknüpft. Auch hier erscheinen die Einsätze der Bundeswehr nicht als Abkehr vom sicherheitspolitischen Konsens, sondern vielmehr als die kontinuierliche „*Fortsetzung [der] gemeinsamen Außen- und Sicherheitspolitik*" im Rahmen der Europäischen Union.[271] Damit findet das eher abstrakte Deutungsangebot der Bündnissolidarität einen konkreten Anknüpfungspunkt. Der Beitrag von Karl Lamers (CDU/CSU) zeigt dies deutlich:

---

[269] Klaus Kinkel, Plenarprotokoll 12/151, 21. April 1993. Ähnlich bereits Karl Lamers, Plenarprotokoll 12/101, 22. Juli 1992.
[270] Volker Rühe, Plenarprotokoll 12/151, 21. April 1993. So bereits Karl Lamers, Plenarprotokoll 12/150, 26. März 1993.
[271] Wolfgang Schäuble, Plenarprotokoll 12/101, 22. Juli 1992.

„...wie soll es denn eine gemeinsame Außen-, Sicherheits- und Verteidigungspolitik dieser Union geben [...], wenn es grundsätzlich unterschiedliche Vorstellungen von dem gibt, was Verteidigung sein soll? Wenn wir eine Sonderposition einnehmen [...], dann kann es eine politische Union nicht geben. [...] Ich bitte Sie wirklich inständig, diese Folgen für unsere Europafähigkeit bei unserer Diskussion nicht zu vergessen."[272]

Diese Verknüpfung mit der Frage militärischer Auslandseinsätze der Bundeswehr kann großes Legitimationspotential entfalten, weil die Norm der Integration und der Westbindung ebenfalls fest in der sicherheitspolitischen Kultur etabliert ist. Sie kann damit als Deutungsangebot innerhalb des Diskurses auch deswegen ihre Bedeutung entfalten, weil sie von weitgehend allen politischen Eliten geteilt wird.[273] Dem Argument der „Europafähigkeit" können sich auch die Gegner militärischer Auslandseinsätze nur schwer widersetzen. [274]

Kollektives Gedächtnis und Basiserzählung

Neben Multilateralismus und Westintegration ist die antimilitaristische Norm „Nie wieder Krieg" fester Bestandteil des sicherheitspolitischen Konsenses bis 1990. Wie bereits oben näher erläutert, steht die weitgehende Ablehnung von Krieg und militärischer Gewalt damit im Zentrum der Basiserzählung. Diese antimilitaristische Norm beinhaltet dabei auch die Beschränkung der Einsatzmöglichkeiten deutscher Soldaten auf die Landes- und Bündnisverteidigung. Diese Begrenzung erscheint im Sinne der Basiserzählung als die zentrale Lehre aus der deutschen Vergangenheit. Dieses antimilitaristische Verständnis der Basiserzählung zeigt sich auch im Diskurs über die Jugoslawieneinsätze und die Beteiligung an UNOSOM II als wichtiges Deutungsangebot. Exemplarisch zeigt sich dies am Diskursbeitrag Gregor Gysis (PDS). Die zentrale Lehre aus der Vergangenheit drückt sich hier in der Norm „Nie wieder Krieg" aus:

„Ich finde es völlig ahistorisch und gefährlich – nachdem in diesem Jahrhundert zwei Weltkriege von deutschem Boden ausgegangen sind – , zum Ende dieses Jahrhunderts zu versuchen, militärisch wieder in Erscheinung zu treten, hoffähig zu werden und damit zu versuchen, das Geschehene vergessen zu machen. [...] Es wäre angemessener [...], wenn man sagte, die Bundesrepublik Deutschland werde sich mit Ausnahme der eigenen Verteidigung nicht an militärischen Aktionen beteiligen. Wir haben viele

---

[272] Karl Lamers, Plenarprotokoll 12/101, 22. Juli 1992.

[273] Das Gleiche gilt für die öffentliche Meinung. Eine große Mehrheit der Bevölkerung von gleich bleibend rund 78 Prozent spricht sich für die Stärkung der GASP aus. Das Gleiche gilt für die öffentliche Meinung. Eine große Mehrheit der Bevölkerung von gleich bleibend rund 78 Prozent spricht sich für die Stärkung der GASP aus Siehe Asmus: German Strategy, S. 49 und ders.: Germany's Geopolitical Maturation, S. 29.

[274] Die Gegner verweisen in ihren Diskursbeiträgen auf den zivilen Charakter der europäischen Integration. Hier drücken sich die Erwartungshaltung einer primär zivilen und politischen Dimension der europäischen Integration aus sowie die Skepsis gegenüber einer mutmaßlichen „*europäischen Militärgroßmacht*". So Andrea Lederer, Plenarprotokoll 12/101, 22. Juli 1992; Hierzu auch Heidemarie Wieczorek-Zeul, Plenarprotokoll 12/101, 22. Juli 1992.

andere Mittel und Methoden, um zu helfen, um friedensfördernd tätig zu sein. [...] Das ist kein Sichdrücken, sondern das ist genau das Gegenteil, nämlich politische Verantwortung wirklich wahrzunehmen, auch aus historischer Sicht politische Verantwortung wahrzunehmen und dabei Geschichte nicht zu negieren."[275]

Gregor Gysi bringt dieses Deutungsangebot im Rahmen der Somaliadebatte erneut zum Ausdruck. Er bezeichnet den Einsatz militärischer Mittel außer zur Verteidigung als *„inhuman"*, *„antiemanzipatorisch"* und *„antizivilisatorisch"*.[276] Auch andere Vertreter der umfasssenderen „linken" Diskursgemeinschaft reklamieren dieses historisch geprägte Deutungsangebot für sich. Sowohl Günther Verheugen für die SPD als auch Konrad Weiß für die Grünen verweisen darauf, Krieg und militärische Gewalt könne *„kein Mittel der Politik"* sein.[277]

Dieses antimilitaristische Verständnis der Basiserzählung hatte jedoch schon während des Golfkrieges erste Risse bekommen, wie das vorangegangene Kapitel gezeigt hat. Dieser Wandel der Basiserzählung setzt sich im Zuge des hier dargestellten Diskurses von 1992 bis 1994 fort. Ein wichtiger Auslöser hierfür sind die Erfahrungen des Völkermordes im ehemaligen Jugoslawien, die offensichtlichen und zahlreichen Verstöße gegen die Menschenrechte und der *„serbische Extremismus"*.[278] Bereits im Zuge des Diskurses über den Adriaeinsatz kommt das gewandelte Verständnis der Basiserzählung in einem Diskursbeitrag von Außenminister Kinkel deutlich zum Tragen. Zugleich belegt seine Rede, dass der Nationalsozialismus den wichtigsten Bezugspunkt des kollektiven Gedächtnisses darstellt:

> „Die Erfahrung unserer jüngeren Geschichte, nämlich die Periode der nationalsozialistischen Diktatur mit dem menschenverachtenden und zerstörerischen Regime [...], begründet geradezu eine besondere Verpflichtung für die deutsche Außenpolitik, sich aktiv im internationalen Rahmen für Frieden und Menschenrechte einzusetzen."[279]

Das kollektive Gedächtnis legitimiert damit eine Norm, die eine aktive Aufforderung zur Intervention enthält. Sie steht damit, so weiterführend die Deutungsangebote von Wolfgang Schäuble (CDU/CSU) und Hermann Otto Solms (FDP), im Gegensatz zu der passiven Norm des Antimilitarismus. Aufgrund der eigenen historischen Erfahrungen könne Deutschland jedoch nicht unbeteiligt bleiben, da man sich sonst der Beihilfe zu Vertreibung und anderen Menschenrechtsverletzungen schuldig mache.[280] Zugleich wird ein

---

[275] Gregor Gysi, Plenarprotokoll 12/101, 22. Juli 1992.
[276] Ders., Plenarprotokoll 12/169, 2. Juli 1993.
[277] Günther Verheugen, Plenarprotokoll 12/151, 21. April 1993 und Konrad Weiß, Plenarprotokoll 12/169, 2. Juli 1993. Vgl. auch den Beträge von Werner Hoyer, Plenarprotokoll 12/101, 22. Juli 1992.
[278] Klaus Kinkel, Plenarprotokoll 12/101, 22. Juli 1992.
[279] Klaus Kinkel, Plenarprotokoll 12/101, 22. Juli 1992.
[280] Hierzu Wolfgang Schäuble und Hermann Otto Solms, Plenarprotokoll 12/101, 22. Juli 1992.

Abseitsstehen im Sinne der antimilitaristischen Norm „Nie wieder Krieg", wie schon die Position der Friedensbewegung im Golfkrieg, als moralischer Rigorismus und gesinnungsethische Überheblichkeit kritisiert und diskreditiert.[281] Dem kollektiven Gedächtnis entspringen somit zwei divergierende Handlungsaufforderungen, wobei die Befürworter als zentrale Lehre aus der Vergangenheit die aktive Norm „Nie wieder Auschwitz" betonen. Verstärkt wird dieser Wandlungsprozess der Basiserzählung durch die zunehmende Übernahme dieses Deutungsangebotes durch Mitglieder der „linken" Diskursgemeinschaft. Damit setzt sich ebenfalls eine Entwicklung fort, die sich bereits im Zuge des Golfkrieges abgezeichnet hatte. In der Bundestagsdebatte über die Beteiligung deutscher Soldaten an AWACS-Aufklärungsflügen ist hier vor allem auf den Beitrag von Vera Wollenberger (B90/Grüne) zu verweisen. Im Gegensatz zu den Vertretern der Regierungsfraktionen, die eher allgemein auf die deutsche Vergangenheit Bezug nehmen, stellt Wollenberger einen expliziten Vergleich zwischen der Situation in Bosnien und den Verbrechen des nationalsozialistischen Deutschlands her. Darüber hinaus weist sie auf die passive Haltung der Friedensbewegung und deren unschlüssige Hinnahme des Völkermordes hin:

> „Warum hat die Welt der Vernichtung des Warschauer Ghettos zugesehen, warum wurden den jungen Kämpfern Waffen verweigert, und warum wurden nicht wenigstens die Nachschubwege für die Menschentransporte nach Auschwitz zerstört, was noch im Sommer 1944 wenigstens 200 000 ungarischen Juden vor der Vergasung gerettet hätte? Diese Fragen sind bis heute unbeantwortet geblieben. Im letzten Jahr sind mindestens 200.000 Bosnier gestorben. Sie wurden umgebracht in Konzentrationslagern, nach Vergewaltigungen, starben – wir kennen ähnliche Bilder aus der Geschichte – in geschlossenen Eisenbahnwaggons, bei Massakern, bei standrechtlichen Erschießungen und bei den ständigen Bombardements der Dörfer und eingeschlossenen Städte. [...] Wie in Europa, so bleibt in Deutschland das Protestpotential weitgehend stumm. Die Intellektuellen, auch diejenigen, die noch im Golfkrieg laut und vernehmlich waren, große Teile der Friedensbewegung, der Kirchen und der Gewerkschaften bleiben stumm. Die verdienstvolle Ostermarschbewegung ging gegen weltweite Bundeswehreinsätze auf die Straße, konnte sich aber nicht zu einem einheitlichen scharfen Protest gegen den Vernichtungskrieg in Bosnien-Herzegowina und eine Verurteilung des Völkermordes an den bosnischen Muslimen durchringen."[282]

Mit Gerd Poppe äußert sich ein weiteres Mitglied der Grünen ganz ähnlich.[283] Der mit diesen Deutungsangeboten verbundene Wandel der Basiserzählung ist offensichtlich. Neben der Norm „Nie wieder Krieg" rückt hier der Aspekt „Nie wieder Auschwitz", als Synonym für Völkermord und schwerste Menschenrechtsverletzungen, deutlich in den Vordergrund. Der antimilitaristischen Lehre aus der Vergangenheit steht somit die *„moralische*

---

[281] Siehe beispielsweise Karl Lamers, Plenarprotokoll 12/101, 22. Juli 1992.
[282] Vera Wollenberger, Plenarprotokoll 12/151, 21. April 1993.
[283] Gerd Poppe, Plenarprotokoll 12/151, 21. April 1993.

Pflicht zur militärischen Intervention" entgegen.[284] So stellt auch Ulrich Irmer (FDP) in ganz ähnlicher Weise fest,

„dass es Situationen gibt, in denen nach Ausschöpfung aller politischen, aller wirtschaftlichen und aller diplomatischen Mittel leider kein anderer Weg gegeben ist, als als [sic] Ultima ratio in einer hoffnungslosen Situation einem Aggressor in den Arm zu fallen. Dafür hat es doch in der Vergangenheit Beispiels gegeben. Was war denn mit Hitler? Was war denn mit Saddam Hussein? Was machen Sie denn – ohne dass ich jetzt für einen Militäreinsatz in Jugoslawien plädiere – mit einem blutrünstigen Aggressor vom Schlage eines Milosevic? [...] Es wird immer gesagt, die deutsche Vergangenheit verböte uns derartige Einsätze. [...] Ich glaube, dies ist eine ganz falsche Auslegung unserer Geschichte. Eher ist das Gegenteil richtig. Gerade unsere Vergangenheit sollte uns dazu verpflichten, uns vor derartigen Einsätzen nicht zu drücken."[285]

Dennoch wird aus diesem in Teilen gewandelten Verständnis der Basiserzählung keine explizite Aufforderung zur militärischen Intervention in Jugoslawien mit deutscher Beteiligung abgeleitet. Dafür ist ebenfalls das kollektive Gedächtnis maßgeblich verantwortlich. Aufgrund der historischen Erfahrungen der nationalsozialistischen Vergangenheit wird die Entsendung deutscher Soldaten nach Jugoslawien abgelehnt.[286] Hierüber besteht ein weit reichender Konsens der sicherheitspolitischen Eliten. So unterstreicht Verteidigungsminister Rühe, für ihn komme *„eine militärische Option in Jugoslawien [...] nicht in Frage."*[287] Im Rahmen des Elitendiskurses wird die grundsätzliche Einschätzung geteilt, die Gräueltaten der Wehrmacht und der SS in Jugoslawien während des Zweiten Weltkrieges verbiete den Einsatz deutscher Soldaten.[288] Deutsche Soldaten seien daher weniger „Teil der Lösung" als vielmehr ein „Teil des Problems".

Im Zuges des Diskurses etablieren sich damit drei grundlegende Deutungsangebote, die bereits im Zuges der Debatte über den Golfkrieg entwickelt wurden und als Argumente für militärische Einsätze der Bundeswehr im Ausland verwendet werden: Bündnissolidarität sowie die Verbindung dieses Deutungsangebotes mit dem Diskurs über die europäische Integration, die im Zuge der Wiedervereinigung gestiegene Verantwortung Deutschlands und die aus der Vergangenheit erwachsende moralische Verpflichtung zum Eingreifen. Der Beitrag von Werner Hoyer (FDP) hebt diese drei Deutungsangebote

---

[284] Peter Glotz, Plenarprotokoll 12/151, 21. April 1993. Glotz selber lehnt diese Interpretation der Vergangenheit und den Vergleich mit den Erfahrungen der deutschen Geschichte explizit ab. Siehe hierzu ausführlicher auch den Beitrag von Freimut Duve und Glotz' Reaktion in derselben Debatte.

[285] Ulrich Irmer, Plenarprotokoll 12/101, 22. Juli 1992.

[286] Auf diese dialektische Argumentation weist Heidemarie Wieczorek-Zeul explizit hin. Heidemarie Wieczorek-Zeul, Plenarprotokoll 12/101, 22. Juli 1992.

[287] Volker Rühe, Plenarprotokoll 12/101, 22. Juli 1992. Rühe wiederholt diese Position erneut im Rahmen der Debatte über den AWACS-Einsatz am 21. April 1993. Auch Hermann Otto Solms (FDP) unterstreicht diese Position im April 1993.

[288] Vgl. Hans-Ulrich Klose und Norbert Gansel, Plenarprotokoll 12/101, 22. Juli 1992.

deutlich hervor. Zugleich zeigt sein Beitrag, dass mit dem Wandel der Basiserzählung noch keine explizite politische Handlungsaufforderung zur militärischen Intervention verbunden ist:

> „Deutsche Sonderwege in der Sicherheitspolitik – und das gilt dann auch für den engeren Bereich der Verteidigungspolitik – darf es nicht mehr geben. Deutschland muss bündnisfähig, muss integrationsfähig und letztlich überhaupt handlungsfähig sein, fähig und bereit, gemeinsam mit anderen Verantwortung zu übernehmen, nicht hingegen ständig anderen Verantwortung zuzuschieben und aus einer moralisierenden Position überlegener Besserwisserei heraus außen vor zu bleiben.“[289]

3.3.3 Politische Praxis und öffentliche Meinung

Ebenso wie im Rahmen des Elitendiskurses eine Spaltung in Gegner und Befürworter militärischer Auslandseinsätze der Bundeswehr zu verzeichnen ist, die sich grundsätzlich an den Konfliktlinien Regierungsmehrheit und Opposition orientiert, so zeigt sich auch die politische Praxis gespalten. Besonders deutlich wird dies bei der Entscheidung des Bundestags über die Beteiligung der Bundeswehr an UNOSOM II. Während die Koalitionsfraktionen bis auf eine Stimme geschlossen für den Einsatz der Bundeswehr stimmen, ist die „linke" Diskursgemeinschaft aus SPD, Grünen und PDS ebenfalls weitestgehend einig in ihrer Ablehnung einer deutschen Beteiligung.[290] Auch der Adriaeinsatz und die AWACS-Beteiligung werden von den Regierungsfraktionen politisch unterstützt[291], während die Opposition sie weitgehend geschlossen ablehnt. Neben der politischen Auseinandersetzung muss hier vor allem auch auf den verfassungsrechtlichen Dissens verwiesen werden. Vor allem die SPD dokumentiert ihre abweichende Haltung in dieser Hinsicht durch Verfassungsbeschwerden gegen alle drei Einsätze der Bundeswehr.[292] Eine offensichtliche Veränderung der politischen Praxis auf Seiten der Opposition zeigt sich nur in der Bereitschaft der SPD, im Zuge einer Grundgesetzänderung die deutsche Beteiligung im Rahmen von UN-Blauhelmmissionen zu ermöglichen.[293] Somit stimmen der Elitendiskurs und die politische Praxis in ihrer Spaltung weitgehend überein.

Zugleich zeigt sich jedoch die gestiegene Bedeutung der Deutungsangebote, die für militärische Auslandseinsätze der Bundeswehr sprechen. Dies drückt sich nicht zuletzt auch in der bereits während des Golfkrieges eingeleiteten Delegitimierung der Friedensbewegung aus. Diese erscheint, anders als noch

---

[289] Werner Hoyer, Plenarprotokoll 12/101, 22. Juli 1992.

[290] Für die Beteiligung der Bundeswehr an UNOSOM II stimmen 336 Abgeordnete, dagegen 184, 14 (alle SPD) enthalten sich.

[291] Die FDP wendet sich aus rechtlichen, nicht politischen Gründen gegen den AWACS-Einsatz deutscher Soldaten.

[292] Siehe hierzu auch die von der SPD eingebrachten Entschließungsanträge, Drucksachen 12/3072 und 12/4710.

[293] Siehe Drucksache 12/4768.

während des Golfkrieges, weitgehend „*zerrissen und handlungsunfähig*".[294] So wird im Zuge der Diskussionen nicht nur danach gefragt, wo denn die Friedensbewegung angesichts der Verbrechen in Jugoslawien sei[295], sondern gar von der „*Erbärmlichkeit der [...] sogenannten Ostermarschierer*" gesprochen, deren Verhalten als „*schäbig*" disqualifiziert wird.[296] Diese Delegitimationsprozesse sind dabei aufs Engste mit dem Wandel der Basiserzählung verbunden. Dies zeigt sich beispielhaft am Diskursbeitrag von Stefan Schwarz (CDU/CSU) vom 21. April 1993, der die folgende Frage an die Gegner militärischer Bundeswehreinsätze richtet:

> „Glauben Sie nicht, dass es im Extrem auch so etwas geben kann wie einen genozidalen Pazifismus? Das man vor lauter Frieden-mit-sich-selbst-Wollen zuschaut, wie Schlimmes geschieht?"[297]

Während in der Rückschau auf den Golfkrieg, die außenpolitischen Eliten die Frage einer deutschen Beteiligung an militärischen Auslandseinsätzen als eine der entscheidenden deutscher Sicherheitspolitik identifizieren, rangiert das Thema in der öffentlichen Meinung eher am Ende der Bedeutungsskala. Zwischen 1992 und 1994 nennen nur zwischen 19 Prozent und 22 Prozent der Bevölkerung dieses Thema als eine für die Regierung wichtige Frage.[298] Die sowohl in der diskursiven als auch politischen Praxis zu beobachtende Spaltung zeigt sich ebenfalls in der öffentlichen Meinung. So stimmt zwar eine große Mehrheit von 78 Prozent im Jahr 1992 und 74 Prozent im Jahr 1993 der Ansicht zu, die NATO müsse in Zukunft auch verstärkt Krisenbewältigungsaufgaben wahrnehmen, aber nur eine Minderheit spricht sich für eine deutsche Beteiligung an der Umsetzung dieser Missionen aus.[299] Eine Spaltung zeigt sich auch bei der konkreten Frage nach den Einsatzmöglichkeiten der Bundeswehr. So spricht sich entweder eine knappe Mehrheit für oder gegen die Beteiligung an UN-Blauhelmmissionen aus, die Beteiligung der Bundeswehr an Kampfeinsätzen wird jedoch von einer breiten Mehrheit abgelehnt.[300] Sowohl der Adriaeinsatz, als auch die AWACS- und Somalia-Beteiligung Deutschlands werden dahingegen von einer Mehrheit der Bevölkerung unterstützt.[301] Die öffentliche Meinung zeigt sich damit ebenso wie der Elitendiskurs und die politische Praxis gespalten. Die Unterstützung der konkreten Einsätze legt

---

[294] Konrad Weiß, Plenarprotokoll 12/101, 22. Juli 1992.
[295] Ulrich Irmer, Plenarprotokoll 12/101, 22. Juli 1992. Ganz ähnlich äußerte sich auch, wie bereits oben zitiert, Vera Wollenberger.
[296] Wolfgang Schäuble, Plenarprotokoll 12/151, 21. April 1993.
[297] Stefan Schwarz, Plenarprotokoll 12/151, 21. April 1993.
[298] Vgl. Asmus: Germany's Geopolitical Maturation, S. 7.
[299] Siehe Asmus: German Strategy, S. 35 und ders.: Germany's Geopolitical Maturation, S. 20.
[300] Vgl. hierzu die durchaus unterschiedlichen Zahlen von Asmus: German Strategy, S. 63 und ders.: Germany's Geopolitical Maturation, S. 42 sowie Philippi: Bundeswehr-Auslandseinsätze, S. 168.
[301] Siehe Umfragedaten in Philippi: Bundeswehr-Auslandseinsätze, S. 170.

jedoch den Schluss nahe, dass die öffentliche Meinung dem Elitendiskurs weitgehend nachfolgt.

3.4   Ein Urteil als Wendepunkt? – Die Entscheidung des Bundesverfassungsgerichts und seine diskursive Rezeption

Die verfassungsrechtliche Auseinandersetzung über die Einsatzmöglichkeiten der Bundeswehr hatte im Rahmen der im vorhergehenden Kapitel behandelten Debatten bereits eine prominente und entscheidende Rolle gespielt. Während die SPD, die Grünen, die PDS und in weiten Teilen auch die FDP an der Ansicht festhielten, der militärische Einsatz der Bundeswehr über Verteidigungszwecke hinaus sei grundgesetzwidrig, hatte sich die Position der CDU/CSU schrittweise gewandelt. Nachdem sie die Verfassungsinterpretation der übrigen Parteien, ganz im Sinne des antimilitaristischen Konsenses, lange Zeit geteilt hatte, ging sie in Folge des Golfkrieges zunächst dazu über, eine Grundgesetzänderung als politisch wünschenswert, aber nicht rechtlich notwendig zu betrachten. Schließlich vertrat die Partei die Ansicht, das Grundgesetz erlaube jede Form von Bundeswehreinsätzen, sowohl im Rahmen der Vereinten Nationen als auch in der Form einer Beteiligung an Einsätzen der WEU und der NATO.[302] Erst das Grundsatzurteil des BVerfG vom 12. Juli 1994, welches die endgültige Entscheidung über die drei von der SPD und im Falle des AWACS-Einsatzes auch von der FDP angestrengten Verfassungsklagen der SPD darstellte, konnte die verfassungsrechtliche Lage klären und damit zumindest einen rechtlichen Konsens wiederherstellen, der sich nach Ende des Golfkrieges aufgelöst hatte.[303] Auf der Basis von Art. 24 Abs. 2 GG kam das BVerfG zu der Einschätzung, der Bund könne nicht nur in ein System kollektiver Sicherheit eintreten, sondern ein solcher Beitritt biete vielmehr auch *„die verfassungsrechtliche Grundlage für die Übernahme der mit der Zugehörigkeit zu einem solchen System typischerweise verbundenen Aufgaben und damit auch für eine Verwendung der Bundeswehr zu Einsätzen, die im Rahmen und nach den Regeln dieses Systems stattfinden."*[304] Art. 87a GG mit dem Verfassungsauftrag der Verteidigung stehe Art. 24 dabei nicht entgegen. Als System *„gegenseitiger kollektiver Sicherheit"* verstand das BVerfG neben den Vereinten Nationen auch Verteidigungsbündnisse, wenn diese *„strikt auf die Friedenswahrung*

---

[302] Zu den zwei grundsätzlich unterschiedlichen Rechtspositionen siehe ausführlicher Kamp: Debatte, S. 12-15.

[303] Zum BVerfG-Urteil siehe ausführlicher beispielsweise Wiegandt, Manfred H.: Germany's International Integration: The Rulings of the German Federal Constitutional Court on the Maastricht Treaty and the Out-of-Area Deployment of German Troops, in: *American University Journal of International Law and Policy* 10/1995, S. 889-916; Philippi: Bundeswehr-Auslandseinsätze, S. 52-58; Staack: Handelsstaat, S. 509-510; Duffield: World Power, S. 209-210; Schmidt: „Out-of-area", S. 18-19.

[304] Leitsatz 1 zum Urteil, zitiert in Siedschlag: Aktive Beteiligung, S. 260

verpflichtet sind".[305] Das Gericht traf damit keine grundsätzliche Unterscheidung zwischen kollektiver Sicherheit und kollektiver Verteidigung und verstand auch NATO und WEU als Systeme „gegenseitiger kollektiver Sicherheit".[306] Ebenso unterschied der Zweite Senat nicht zwischen verschiedenen Einsatzformen wie friedensschaffenden und friedenserhaltenden Einsätzen, da die Grenzen in der Realität fließend geworden seien. Das BVerfG folgte mit seiner Entscheidung weitgehend der Verfassungsinterpretation der Union. Das Gericht stellte jedoch die Entscheidung über einen bewaffneten Einsatz der Bundeswehr unter Parlamentsvorbehalt und bezeichnete die Bundeswehr ausdrücklich als „Parlamentsheer". Es unterstrich damit eine Position, die sowohl von der Opposition als auch der FDP nachdrücklich vertreten worden war. Das BVerfG erklärte die konstitutive Zustimmung des Bundestags damit zur grundsätzlichen Voraussetzung für einen bewaffneten Einsatz der Bundeswehr. Diese Zustimmung könne nur für den Fall, dass „Gefahr im Verzug" sei, nachträglich eingeholt werden.

In der Folge rückte die politische Dimension der Kontroverse wieder in den Mittelpunkt der diskursiven Auseinandersetzung. Dazu gab bereits die Debatte am 22. Juli 1994 Anlass, die nicht nur die allgemeinen Konsequenzen aus dem Urteil thematisierte. Vielmehr musste der Bundestag dem BVG-Urteil entsprechend den zuvor von der Bundesregierung beschlossenen Einsätzen der Bundeswehr mit konstitutiver Mehrheit zustimmen.[307]

Der Diskurs im Bundestag spiegelt die bereits in den vorhergehenden Debatten entwickelten Deutungsangebote wider. Ein herausragendes Deutungsangebot bleibt die Bündnissolidarität sowie die Verknüpfung mit dem Diskurs über die europäische Integration. Die Befürworter militärischer Auslandseinsätze verweisen weitergehend darauf, dass die Bundesrepublik nun ihre gestiegene Verantwortung vollständig wahrnehmen könne. Das gewandelte Verständnis der Basiserzählung zielt ebenfalls stärker auf die aktive Handlungsaufforderung ab, Aggression und Menschenrechtsverletzungen, wenn notwendig, auch mit militärischen Mitteln entgegenzutreten. Ein Beitrag von Außenminister Kinkel in der Oktoberausgabe von „NATO Review" bringt diesen Grundtenor der Debatte auf der Seite der Befürworter deutlich zum Ausdruck:

> „Following reunification and the restoration of our full sovereignty, Germany is now fully capable of playing its role in international affairs and of meeting its Alliance obligations. [...] Germany pursues a value-oriented foreign policy whose core is human rights. No one can stand on the sidelines when peace is disturbed by violators of the

---

[305] Leitsatz 5b zum BVG-Urteil, zitiert in Siedschlag: Aktive Beteiligung, S. 261.

[306] Ein Aspekt, der durchaus häufig als problematisch kritisiert wurde. Siehe beispielsweise Philippi: Bundeswehr-Auslandseinsätze, S. 52-58.

[307] Das BVerfG erklärte in seiner Entscheidung: „Die Bundesregierung hat aufgrund ihrer Beschlüsse vom 15. Juli 1992, 2. April 1993 und 21. April 1993 bewaffnete Streitkräfte eingesetzt und dadurch gegen das [...] Gebot verstoßen, zuvor die konstitutive Zustimmung des deutschen Bundestages einzuholen.", zitiert in Siedschlag: Aktive Beteiligung, S. 263.

law, when human dignity and the individual's right to life are ignored. This is part of Germany's experience: he who fails to resist totalitarian claims and aggression in time will have to pay for it more dearly later. Precisely because Germany brought war upon the world 55 years ago, it seeks to serve peace all the more consistently."[308]

Zugleich geht es auch auf Seiten der Befürworter darum, die Grenzen und Bedingungen militärischer Auslandseinsätze der Bundeswehr zu bestimmen. Vertreter der SPD, deren prinzipieller Widerstand durch das Urteil des BVerfG ausgeräumt wurde, verweisen wiederholt darauf, nichtmilitärische Maßnahmen sowie Konfliktprävention mit politischen, wirtschaftlichen und humanitären Mitteln müssten weiterhin Vorrang haben. Der Einsatz militärischer Mittel könne höchstens als Ultima ratio in Frage kommen. Diesbezüglich äußert sich der SPD-Parteivorsitzende Rudolf Scharping im Rahmen der Bundestagsdebatte am 22. Juli 1994:

> „Die vorsorgende Sicherung des Friedens ist immer wichtiger als seine Erzwingung! [...] Im Kern bleibt es bei der festen Grundorientierung: Deutschland kann und darf unter Berücksichtigung und in kluger Würdigung seiner eigenen Interessen nicht den ersten und übrigens auch nicht den zweiten Akzent auf die militärische Erzwingung von Frieden setzen. Deutschland muss immer ein Land bleiben, dass aus seiner Geschichte, aus der Erfahrung seit dem Zweiten Weltkrieg [...] seine Kräfte darauf konzentriert, die friedlichen Möglichkeiten des eigenen Landes und der Welt zu entfalten und darauf seine Prioritäten zu setzen."[309]

Die breite Zustimmung der SPD-Fraktion zu den bereits laufenden Einsätzen der Bundeswehr am 22. Juli 1994 ist daher auch keine qualitative Veränderung der bisherigen Position der Partei.[310] Nachdem die Adria- und AWACS-Beteiligung weder zur Eskalation beigetragen hatten, noch als Kampfeinsatz bezeichnet werden konnten, entsprach die Zustimmung weiter Teile der Fraktion in der anschließenden Abstimmung durchaus der bisherigen diskursiven Praxis.

Auch die Vertreter der Regierungskoalition beziehen sich explizit auf die „Kultur der Zurückhaltung", die den Kern der *„vertrauensbildenden Außenpolitik"* Deutschlands ausmache.[311] Michael Glos (CDU/CSU) verweist darauf, dass die Politik der Zurückhaltung in militärischer Hinsicht prinzipiell fortgeführt werden müsse. Deutschland müsse jeden Einzelfall prüfen und werde sich auch künftig in vielen Fällen einer militärischen Beteiligung enthalten. Es dürfe jedoch keine generelle Verweigerungshaltung geben, gerade wenn es sich um einen Friedenseinsatz handele.[312] Außenminister Kinkel verweist ebenfalls auf die politische „Kultur der Zurückhaltung", die weiter handlungsleitend für die deutsche Sicherheitspolitik bleibe. Zugleich weist er den Vorwurf der

---

[308] Kinkel, Klaus: Peacekeeping Missions. Germany can now play its part, in: *NATO Review* (Web Edition) 5/1994, S. 3-7.

[309] Rudolf Scharping, Plenarprotokoll 12/240, 22. Juli 1994.

[310] Lediglich 32 der SPD-Abgeordneten stimmen mit Nein, 14 enthalten sich der Stimme. Siehe Plenarprotokoll 12/240, 22. Juli 1994.

[311] Günther Friedrich Nolting, Plenarprotokoll 12/240, 22. Juli 1994.

[312] Michael Glos, Plenarprotokoll 12/240, 22. Juli 1994.

Militarisierung und „Normalisierung" zurück und unterstreicht, dass es keinen Automatismus beim Einsatz der Bundeswehr gebe:

> „Auch nach dem Urteil bleibt es bei der bewährten Kultur der Zurückhaltung. Wir werden uns nicht nach vorne drängeln. Außen- und sicherheitspolitische Normalität, das heißt, nicht den Weltpolizisten spielen, das heißt nicht, deutsche Soldaten überall dorthin senden, wo es brennt. Einen Automatismus für eine deutsche Beteiligung wird es nicht geben."[313]

Erneut wird damit der Schwerpunkt auf die Betonung sicherheitspolitischer Kontinuität gelegt, wie es bereits im Zuge der vorangegangenen Debatten zu beobachten war.

Diese Fortsetzung der militärischen Zurückhaltung dokumentiert sich auch in verschiedenen Prinzipien, die von den Entscheidungsträgern als Voraussetzung für eine zukünftige militärische Beteiligung der Bundeswehr an internationalen Interventionen aufgezeigt werden. Diese bereits weitgehend in der Debatte vom 22. Juli 1994 entwickelten Prinzipien fasst Außenminister Kinkel in einem Textbeitrag zusammen.[314] Voraussetzungen für eine deutsche Beteiligung seien, erstens, ein klares völkerrechtliches Mandat, und zweitens, die multilaterale Einbindung Deutschlands. Militärische Alleingänge der Bundesrepublik müssten ausgeschlossen bleiben. Drittens müsse es eine umfassende politische Lösung geben, die Mission müsse Erfolg versprechend sein und die notwendigen Mittel müssten zur Verfügung stehen. Je größer die Risiken seien, desto größer müsse, viertens, die Zurückhaltung sein. Des Weiteren müsse der Bundestag einem Einsatz prinzipiell zustimmen und der Einsatz müsse von einem möglichst breiten Konsens getragen sein. Außerdem schließt Kinkel den direkten Einsatz deutscher Soldaten in Jugoslawien aus, da dieser aufgrund der historischen Belastungen eher zur Eskalation als zur Konfliktlösung beitrage.

Bereits die nachfolgenden Diskussionen über den Einsatz deutscher Tornados in Jugoslawien sowie der völkerrechtlich umstrittene Kampfeinsatz der Bundeswehr im Kosovo zeigen jedoch, dass ein weitergehender Wandel der politischen Kultur stattgefunden hat, der eine durchaus von diesen Prinzipien abweichende politische Praxis legitimiert.

---

[313] Klaus Kinkel, Plenarprotokoll 12/240, 22. Juli 1994. Siehe auch Duffield: World Power, S. 210; Staack: Handelsstaat, S. 511; Asmus: Germany's Contribution, S. 41.

[314] Kinkel: Peacekeeping Missions. Vgl. hierzu auch die Redebeiträge im Rahmen der Bundestagsdebatte am 22. Juli 1994 (Plenarprotokoll 12/240) von Hermann Otto Solms, Werner Hoyer, Karl Lamers und auch Karsten Voigt.

3.5   Ein neuer sicherheitspolitischer Konsens? – Vom Bundesverfassungsgerichtsurteil zum Kosovokrieg

3.5.1 Thematische Einführung[315]

Seit Ende 1994 wurde aufgrund der sich verschlechternden politischen und militärischen Situation über einen möglichen Rückzug der seit Februar 1992 in Bosnien stationierten „United Nations Protection Force" (UNPROFOR) diskutiert. Als Reaktion darauf entschloss sich der Sicherheitsrat am 16. Juni 1995 dazu, ein Mandat für einen schnellen Einsatzverband zum Schutz der UNPROFOR-Truppen zu erteilen. Dieser sollte die Bewegungsfreiheit der UN-Schutztruppe in Bosnien gewährleisten und einen möglichen Rückzug der Soldaten absichern. Nach einem Beschluss des Bundeskabinetts vom 26. Juni 1995 sollte sich die Bundesrepublik an der Unterstützung der schnellen Eingreiftruppe beteiligen. Der am 30. Juni 1995 dem Bundestag zur Entscheidung vorgelegte Antrag der Bundesregierung[316] sah die Bereitstellung von Lufttransportkapazitäten zur Versorgung der UN-Truppen außerhalb Bosniens vor. Darüber hinaus sollten Sanitätskräfte nach Kroatien sowie Personal für die Hauptquartiere der Operation nach Kroatien und Italien entsandt werden. Bei einem möglichen Rückzug der UNPROFOR sollten auch Seestreitkräfte zum Einsatz kommen können. Eine kontroverse innenpolitische Diskussion entzündete sich jedoch vor allem an dem Vorhaben der Bundesregierung, 14 deutsche ECR- und Aufklärungstornados für diese Operation bereitzustellen. Die Flugzeuge sollten in Italien stationiert sein, Aufklärungsflüge über Bosnien durchführen und für den Fall eines notwendigen Rückzugs der Blauhelme gegen Radar- und Luftabwehrstellungen vorgehen. Trotz kontroverser Diskussionen setzte die Regierungskoalition eine deutsche Beteiligung durch. Der Bundestag stimmte dem Antrag der Bundesregierung am 30. Juni 1995 im Bundestag zu, der Einsatz der Bundeswehr im Rahmen der Operation begann daraufhin am 8. August 1995.

Bereits unmittelbar nach der Entscheidung des Bundestags spitzte sich die Situation in Bosnien jedoch weiter zu. Symbol für die Eskalation und „Katalysator"[317] für die weitere Entwicklung wurde die Einnahme der beiden UN-Schutzzonen Srebrenica und Zepa durch serbische Truppen. Erst der starke militärische Druck der NATO, die als Konsequenz Luftangriffe gegen Jugoslawien flog, machten im November 1995 die Aushandlung des Friedensvertrages von Dayton möglich, welcher am 14. Dezember 1995 von den drei Präsidenten Bosniens, Serbiens und Kroatiens unterzeichnet wurde. Das

---

[315] Zu den Details der deutschen Beteiligung an der schnellen Eingreiftruppe, IFOR und SFOR siehe Verantwortung für Frieden und Freiheit. Eine Textsammlung zur Sicherheitspolitik der Bundesrepublik Deutschland von 1949-2002, hrsg. vom Presse- und Informationsamt der Bundesregierung, Berlin 2002; Schmidt: „Out-of-area", S. 19-21.
[316] Siehe Drucksache 13/1802.
[317] Baumann und Hellmann: Germany, S. 74.

Abkommen und der nachfolgende Friedensprozess sollten mit einem entsprechenden Mandat der UNO durch die „Implementation Force" (IFOR) unter der militärischen Führung der NATO gesichert werden. Die IFOR umfasste dabei insgesamt etwa 52.000 Soldaten aus allen NATO-Staaten sowie 17 Nicht-NATO-Staaten. Auch die Bundesrepublik beteiligte sich nach Beschluss des Bundestages vom 6. Dezember 1995 an der IFOR-Mission. Für den Einsatz wurden die bereits im Zuge der schnellen Eingreiftruppe bereitgestellte Kontingente verwendet, die durch weitere Sanitätskräfte, Lufttransportkapazitäten und Pionierkräfte unterstützt wurden. Der deutsche Beitrag umfasste insgesamt rund 4.000 Soldaten.[318] Darunter befanden sich jedoch keine Kampftruppen und die Stationierung erfolgte ausschließlich außerhalb Bosniens. Der IFOR-Einsatz begann offiziell am 20. Dezember 1995, ab Mitte Februar 1996 war die vollständige Einsatzbereitschaft der Bundeswehr hergestellt.

Nach Ablauf des IFOR-Mandats am 19. Dezember 1996 wurde die Operation unter Führung der NATO im Rahmen der „Stabilisation Force" (SFOR) weitergeführt. Auch hierzu lag ein Mandat des UN-Sicherheitsrates für die Einsatzdauer von 18 Monaten vor. Die Aufgaben waren weitgehend mit denen der IFOR identisch. Auch stellten die bereits an IFOR beteiligten Staaten weiterhin die erforderlichen Truppen. Die Gesamtstärke der SFOR wurde jedoch insgesamt auf rund 30.000 Soldaten reduziert. Auch die Bundesrepublik beteiligte sich nach einem entsprechenden Beschluss des Bundestags vom 13. Dezember weiter an der Mission. Die deutsche Beteiligung blieb dabei neben dem Beschluss des Bundestages an ein UN-Mandat sowie einen entsprechenden Beschluss des NATO-Rates gekoppelt. Das deutsche Truppenkontingent umfasste zwar nur noch ca. 3.000 Soldaten, hinzu kamen jedoch auch „Kampftruppen" im Umfang eines Heereskontingentes, welches als Teil eines deutsch-französischen Einsatzverbandes eingesetzt wurde.[319] Zudem wurde das Einsatzgebiet der Bundeswehr auch auf Bosnien-Herzegowina ausgeweitet, die Bundeswehr engagierte sich damit im gleichen Umfang wie die anderen beteiligten Staaten.[320]

Der Elitendiskurs über den Einsatz deutscher Tornados sowie die Beteiligung der Bundeswehr an IFOR und SFOR zeigt, dass für die sicherheitspolitische Kultur weniger das vorangegangene Urteil des BVerfG einen Wendepunkt darstellt, als vielmehr die Entwicklungen des Jahres 1995. Die Diskussion über den Einsatz deutscher Tornados im Juni 1995 kann exemplarisch für den konfliktuellen Diskurs seit Beginn des Golfkrieges 1991 stehen und ist damit eine „Zustandsbeschreibung" der sicherheitspolitischen Kultur seit dem

---

[318] Siehe Antrag der Bundesregierung, Drucksache 13/3122.
[319] Siehe Antrag der Bundesregierung, Drucksache 13/6500.
[320] Siehe ebenfalls ergänzend zu diesem Abschnitt Duffield: World Power, S. 214-217; Baumann und Hellmann: Germany, S. 74-75.

Aufbrechen des antimilitaristischen Konsenses.[321] Die im Zuge der vorhergegangenen Diskussion beobachtbare Spaltung der sicherheitspolitischen Eliten und die damit verbundenen Deutungsmuster sind trotz der verfassungsrechtlichen Klarstellung im Juli 1994 weiterhin maßgebend. Erst die Debatte über die deutsche Beteiligung an der IFOR-Mission überwindet diesen Dissens, der sich weitgehend an der Konfliktlinie zwischen Regierungskoalition und Opposition orientiert, und weist Ansätze eines neuen Konsenses über die militärischen Einsatzmöglichkeiten der Bundeswehr auf. In diesem Zusammenhang erscheint vor allem die Einnahme der Schutzzone von Srebrenica im Juli 1995 als diskursives Ereignis, welches für den Wandel der politischen Kultur eine entscheidende Rolle spielt. Gerade von vormaligen Gegnern einer Ausweitung der politischen Praxis, hier sind vor allem die Grünen und ihr Fraktionsvorsitzender Joschka Fischer zu nennen, wird Srebrenica aufgegriffen, und als entscheidendes Ereignis für eine Revision der bisherigen Position „genutzt". Damit wird auch ein weitergehender Wandlungsprozess der politischen Kultur in Gang gesetzt, der schließlich zu den Ansätzen eines neuen Konsenses über die Einsatzmöglichkeiten der Bundeswehr führt. Zeichnet sich im Rahmen der Debatte über die IFOR-Beteiligung somit ein neuer Konsens ab, so weisen die Deutungsangebote des Regierungslagers und der ehemaligen Gegner in den Reihen der Opposition dennoch Unterschiede auf, die auf eine Akzentuierung unterschiedlicher Normen und Deutungsangebote schließen lassen. Während sich die Vertreter der Regierungskoalition primär auf das Argument der Bündnissolidarität konzentrieren, ist das primäre Deutungsangebot der ehemaligen Gegner in der Opposition die deutsche Vergangenheit. Sie greifen das bereits in Ansätzen gewandelte Verständnis der Basiserzählung auf und wenden dieses Deutungsangebot verstärkt in eine moralische Verpflichtung zur Beteiligung der Bundeswehr im Rahmen von IFOR und SFOR. Der damit verbundene Wandel der sicherheitspolitischen Kultur wird hierbei vor allem durch die Kontrastierung des Diskurses über den Einsatz deutscher Tornados mit den sich anschließenden Debatten über IFOR und SFOR deutlich.

3.5.2 Dominante Deutungsangebote und Normen

Wie bereits in den vorangegangenen Debatten stehen im Zuge der Tornadoentscheidung am 30. Juni 1995 das Deutungsangebot der Bündnissolidarität und seine Verknüpfung mit dem Diskurs über die europäischen Integration sowie die Vergangenheit im Vordergrund des Diskurses. Diese Deutungsangebote sind jedoch nicht klar voneinander abgegrenzt, sondern werden sowohl von den Befürwortern als auch den Gegner des Einsatzes deutscher Tornados miteinander verbunden. Dominant ist dabei die Verknüpfung mit der deutschen Vergangenheit. Dabei steht jedoch nicht

---

[321] Schwab-Trapp: Kriegsdiskurse, S. 113-114.

allein die nationalsozialistische Vergangenheit im Vordergrund. Vielmehr stellen auch die Sicherheitspolitik der Nachkriegszeit und die Erfahrungen der jüngeren deutschen Geschichte einschließlich der Wiedervereinigung wichtige Bezugspunkte im Rahmen des kollektiven Gedächtnisses dar.

Das dominante Deutungsangebot der Befürworter eines Einsatzes deutscher Tornados ist das der Bündnissolidarität. So verweist Außenminister Kinkel darauf, die Bundesrepublik habe alle Entscheidungen des UN-Sicherheitsrates, der NATO und der EU mitgetragen. Daher könne man nun nicht abseits stehen und die Umsetzung der Beschlüsse anderen überlassen.[322] Bündnissolidarität sei außerdem, so Karl Lamers (CDU/CSU), nicht von der Solidarität mit den Menschen in Bosnien zu trennen und damit auch kein *„Akt der Nibelungentreue"*, sondern eine freie Entscheidung, sowohl zugunsten des Bündnisses als auch der Menschen in Jugoslawien.[323] Das Deutungsangebot der Bündnissolidarität weist jedoch auch hier über den konkreten Einzelfall hinaus auf die prinzipielle Ausrichtung deutscher Sicherheitspolitik hin. Der direkte Bezug zu der in der sicherheitspolitischen Kultur grundgelegten Norm des „Multilateralismus" wird besonders deutlich, wenn beispielsweise Wolfgang Gerhard erklärt: *„Bündnissolidarität ist für uns immer Staatsräson gewesen."*[324]

Dabei wird die Norm des Multilateralismus eng mit der deutschen Vergangenheit verbunden. Der historische Ursprung dieses Deutungsangebotes kommt beispielsweise im Beitrag von Michael Glos zum Tragen:

> „Wir müssen aus der Geschichte lernen. Das heißt natürlich, dass wir eine Politik betreiben müssen, die uns in Europa nie mehr isoliert. [...] Deutsche Sonderrollen und deutsche Sonderwege darf es nie wieder geben. Das sind für mich die Erfahrungen aus der deutschen Geschichte."[325]

Dabei ist diese Lehre aus der Vergangenheit sowohl mit der Erfahrung des Nationalsozialismus als auch mit den Erfahrungen deutscher Nachkriegsgeschichte verbunden. Dies bringt der Diskursbeitrag von Wolfgang Schäuble (CDU/CSU) deutlich zum Ausdruck. Die Norm des Multilateralismus wird auch hier als das dominante Deutungsangebot der sicherheitspolitischen Kultur und als entscheidende Handlungsaufforderung für sicherheitspolitisches Verhalten hervorgehoben:

> „Auch in diesem Zusammenhang kann man an den 8. Mai 1945 und den 8. Mai 1995 erinnern. Wir wären nicht geworden, was wir heute sein dürfen, [...] wenn wir in diesen 50 Jahren nicht verlässliche Verbündete gehabt hätten. [...] Deswegen sind wir auf Einigung und Bündnis und Partnerschaft angewiesen. Deswegen beruht unsere Zukunftsfähigkeit darauf, dass wir selbst zur verlässlichen Partnerschaft bereit sind."[326]

---

[322] Klaus Kinkel, Plenarprotokoll 13/48, 30. Juni 1995. Siehe hierzu auch Wolfgang Schäuble in der gleichen Debatte.

[323] So Karl Lamers, Plenarprotokoll 13/48, 30. Juni 1995.

[324] Wolfgang Gerhardt, Plenarprotokoll 13/48, 30. Juni 1995.

[325] Michael Glos, Plenarprotokoll 13/48, 30. Juni 1995.

[326] Wolfgang Schäuble, Plenarprotokoll 13/38, 30. Juni 1995.

Bündnissolidarität erscheint somit über die Frage des Tornadoeinsatzes hinaus als Wert an sich, an welchem sich deutsche Sicherheitspolitik maßgeblich zu orientieren habe. Durch die erneute Verknüpfung dieses Deutungsangebotes mit dem Diskurs über die europäische Integration verbinden die Befürworter militärischer Auslandseinsätze der Bundeswehr abermals zwei fest in der sicherheitspolitischen Kultur institutionalisierte Normen. Erneut wird diese Verbindung als Deutungsangebot für eine Ausweitung der politischen Praxis verwendet. Mit dem Thema „Europa" wird damit ein Motiv aufgegriffen, dem sich niemand grundsätzlich entziehen kann.[327] Diesen Zusammenhang stellt beispielsweise Außenminister Kinkel her, wenn er die Entscheidung über den Tornadoeinsatz insgesamt mit der Frage der *„Schaffung einer gemeinsamen europäischen Außen- und Sicherheitspolitik"* verbindet.[328] Es gehe darum, europäisch zu handeln und eine Verweigerung einer deutschen Beteiligung an der schnellen Eingreiftruppe, so auch Verteidigungsminister Rühe, sei daher ein Widerspruch zu Forderungen nach einer verstärkten europäische Integration:

> „...wir können uns nicht zurückhalten, wenn es darum geht, auch militärisch abzusichern, was wir politisch für richtig halten. Insofern geht es in diesem Zusammenhang auch um Europapolitik und nicht nur um Jugoslawien."[329]

Die Gegner weisen das Deutungsangebot der Bündnissolidarität als Argument für den Tornadoeinsatz mit dem Verweis auf das kollektive Gedächtnis zurück. Dabei steht die historische Erfahrung des Nationalsozialismus im Mittelpunkt. Die Gegner der Tornadoeinsätze berufen sich auf die historisch geprägte Norm „Nie wieder Krieg". Diese antimilitaristische Lehre aus der Vergangenheit berechtige die Bundesrepublik zu einer Kultur der militärischen Zurückhaltung und damit auch zu einer gewissen Sonderrolle.[330] Der Diskursbeitrag von Joschka Fischer (B90/Grüne) bringt die gegenteiligen Handlungsanleitungen der beiden Normen – Multilateralismus und Antimilitarismus – deutlich zum Ausdruck. Im Gegensatz zu den Befürwortern des Bundeswehreinsatzes gewichtet er jedoch die antimilitaristische Norm und die aus ihr abgeleiteten Handlungsaufforderung „Nie wieder Krieg" stärker:

> „Es wird ja gerade so getan, als ob sich die Bundesrepublik Deutschland bisher im Rahmen der humanitären Möglichkeiten der Bündnissolidarität [...] nicht beteiligt hätte. Bündnissolidarität muss aber immer auf das bezogen sein, was auf dem Hintergrund der Interessen, der Solidarität, aber auch der Geschichte machbar und damit politisch-moralisch verantwortbar ist."[331]

---

[327] Siehe beispielsweise Schwab-Trapp: Kriegsdiskurse, S. 250.

[328] Klaus Kinkel, Plenarprotokoll 13/48, 30. Juni 1995.

[329] Volker Rühe, Plenarprotokoll 13/48, 30. Juni 1995. Siehe hierzu auch die Beiträge von Wolfgang Schäuble und Klaus Kinkel. Vgl. auch Waltraud Schoppe (B90/Grüne), die dieses Argument ebenfalls als Grund für ihre Zustimmung anführt.

[330] Gregor Gysi, Plenarprotokoll 13/48, 30. Juni 1995.

[331] Joschka Fischer, Plenarprotokoll 13/48, 30. Juni 1995.

Erneut greifen die Befürworter des Tornadoeinsatzes explizit die deutsche Vergangenheit auf, um den Einsatz zu legitimieren. Die gewandelte Basiserzählung wird im Gegensatz zu den vorangegangenen Debatten auch dazu genutzt, den Einsatz deutscher Soldaten in Jugoslawien zu legitimieren. Damit dient das historische Argument auch als Begründung, von dem bis dahin auch von der Bundesregierung mitgetragenen Konsens, keine Soldaten in Jugoslawien einzusetzen, abzuweichen. Außenminister Kinkel verweist eher defensiv noch darauf, es bestehe weiterhin ein Konsens, keine deutschen Bodentruppen einzusetzen. Es handele sich also nicht um eine grundsätzliche Abkehr.[332] Wolfgang Schäuble nutzt dahingegen das kollektive Gedächtnis offensiv, um den Einsatz deutscher Soldaten auch in Jugoslawien zu legitimieren. Zugleich verbindet er dies mit dem Deutungsangebot der Bündnissolidarität, die stärker zu gewichten sei als die historischen Erfahrungen im Sinne des antimilitaristischen Konsenses:

> „Wir haben uns in den letzten Wochen intensiv mit den Lehren der Vergangenheit und mit dem, was 50 Jahre danach besser geworden ist [...] beschäftigt. Angesichts dessen kann man es drehen und wende, wie man will: Was im Zweiten Weltkrieg, in der Hitler-Zeit, Fürchterliches gewesen ist, gibt uns nicht das Recht und das Argument, jetzt beiseite zu stehen, zu sagen, die anderen sollten Truppen entsenden, aber nicht wir, und damit aus der Sicht der anderen eher eine Position moralischer Überheblichkeit zu beziehen."[333]

Über die Frage des Einsatzes der Bundeswehr in Jugoslawien hinaus spielt die deutsche Vergangenheit erneut eine wichtige Rolle für die prinzipielle Legitimierung militärischer Einsätze der Bundeswehr. So wird beispielsweise von Ulrich Irmer (FDP) das bereits bekannte Deutungsangebot aufgegriffen, gerade aufgrund der historischen Erfahrungen habe die Bundesrepublik eine Verpflichtung, auch aktiv mit militärischen Mitteln internationales Recht und Frieden zu verteidigen.[334] Auch Außenminister Kinkel äußert sich im Zuge der Debatte dahingehend.[335] Der mit diesem Deutungsangebot verbundene Wandel der Basiserzählung von der Norm „Nie wieder Krieg" zu „Nie wieder Auschwitz" wird im Rahmen der Tornadodiskussion auch von denjenigen Befürwortern des Einsatzes aufgegriffen, deren Diskursgemeinschaft mehrheitlich gegen eine Ausweitung der politischen Praxis stimmt. Hier ist beispielsweise auf den Beitrag von Marieluise Beck (B90/Grüne) zu verweisen, die sich mit dem Verweis auf einen drohenden Völkermord für den Einsatz deutscher Tornados ausspricht:

> „Die Geschichte des Faschismus hat mich gelehrt, dass sich Polen, Russland und die angegriffenen Völker nur mit militärischer Gewalt gegen Gewalt zur Wehr setzen konnten. Auschwitz wurde von Soldaten befreit. Es ist richtig, wenn wir sagen, dass von deutschem Boden nie wieder Krieg ausgehen darf. Das Erbe unserer Väter aber

[332] Klaus Kinkel, Plenarprotokoll 13/48, 30. Juni 1995.
[333] Wolfgang Schäuble, Plenarprotokoll 13/48, 30. Juni 1995.
[334] Ulrich Irmer, Plenarprotokoll 13/48, 30. Juni 1995.
[335] Klaus Kinkel, Plenarprotokoll 13/48, 30. Juni 1995.

verpflichtet uns, wenn wieder einmal ein Volk vernichtet wird, sich dieser Gewalt entgegenzustellen."[336]

Schließlich wird von den Befürwortern des Tornadoeinsatzes die gewandelte Basiserzählung mit dem Diskurs über die Menschenrechte verknüpft, um militärische Auslandseinsätze zu legitimieren. Damit geht eine erneute Delegitimierung der Friedensbewegung einher. Nur ein aktives Eingreifen, wenn notwendig auch mit militärischen Mitteln, so das Argumentationsmuster, könne die Menschenrechte wahren. Eine Verweigerung einer deutschen Beteiligung erscheint in diesem Deutungsangebot als Verweigerung notwendiger Hilfeleistung. Der Beitrag von Wolfgang Schäuble (CDU/CSU) macht diesen Aspekt und die damit verbundene Delegitimierung der Gegner des Tornadoeinsatzes deutlich:

„Wer von Menschenrechten nicht nur redet und die Opfer von Kriegen und Menschenrechtsverletzungen [...] nicht nur beklagen, sondern helfen will, [...] der muss seinen Beitrag dafür leisten, dass die Vereinten Nationen im ehemaligen Jugoslawien auch morgen und übermorgen für den Frieden und die Rettung der Menschen arbeiten können."[337]

Wolfgang Gerhard (FDP) wendet sich ebenfalls ganz im Sinne dieses Deutungsangebotes explizit an die Gegner des Tornadoeinsatzes, die ihre Position mit einer pazifistischen Grundhaltung begründen. Die Friedensbewegung mache sich mit ihrer Bezugnahme auf die Norm „Nie wieder Krieg" und der damit verbundenen Ablehnung des Tornadoeinsatzes letztlich zu Mittätern:

„Sie wissen aber genauso gut wie ich, dass Sie aus diesem pazifistischen Elfenbeinturm heraus kein Mittel haben, um Menschen in Not wirklich zu helfen, und dass Sie, wenn Sie ausschließlich pazifistisch argumentieren, internationale Rechtsbrecher in der Welt ermuntern. [...] Sie werden ihnen immer nur dann entgegentreten können, wenn Sie sie wissen lassen, dass Sie am Ende bereit sind, ihnen auch mit Militär entgegenzutreten."[338]

Greifen die Befürworter des Tornadoeinsatzes somit auf die bereits in den früheren Debatten etablierten Deutungsangebote zurück, so wird eine deutsche Beteiligung an der schnellen Eingreiftruppe von den Gegner als *„historische Zäsur"*[339] bezeichnet, die sowohl mit der bisherigen politischen Praxis als auch der sicherheitspolitischen Kultur Deutschlands kollidiere. Als historische Zäsur wird zum einen der Einsatz deutscher Soldaten in Jugoslawien bezeichnet. Günther Verheugen (SPD) stellt fest, dass die Bundesregierung damit von dem bisher herrschenden Konsens abgewichen sei, deutsche Soldaten dürften in Jugoslawien nicht in Kampfeinsätze verwickelt werden, da sie aufgrund der historischen Erfahrungen zur Eskalation beitragen könnten.[340] Auch der

---

[336] Marieluise Beck, Plenarprotokoll 13/48, 30. Juni 1995.
[337] Wolfgang Schäuble, Plenarprotokoll 13/48, 30. Juni 1995.
[338] Wolfgang Gerhard, Plenarprotokoll 13/48, 30. Juni 1995.
[339] Siehe hierzu Schwab-Trapp: Kriegsdiskurse, S. 123.
[340] Günther Verheugen, Plenarprotokoll 13/48, 30. Juni 1995.

Parteivorsitzende der SPD, Rudolf Scharping, weist darauf hin, dass die Bundesrepublik mit dem Einsatz der Tornados über die reine Unterstützung des UN-Mandats hinaus selber zum Teilnehmer am Mandat werde. Wie Verheugen unterstreicht er, dass die Bundesrepublik damit auf einem *„besonders heiklen Terrain eine Grenze"* überschreite.[341] Für Gregor Gysi (PDS) markiert der Tornadoeinsatz eine historische Zäsur, weil er mit der Politik der Zurückhaltung breche und eine „Militarisierung" der Außenpolitik und eine neue deutsche Großmachtpolitik einleite.[342] Joschka Fischer (B90/Grüne) unterstreicht dieses Argument der historischen Zäsur und verbindet es mit dem bereits zuvor zurückgewiesenen Deutungsangebot der Bündnissolidarität. Er bezieht sich dabei explizit auf die Erfahrungen der nationalsozialistischen Vergangenheit und wendet damit die Basiserzählung als antimilitaristisches Deutungsangebot gegen eine militärische Beteiligung:

> „Wir werden doch nach wie vor Verständnis dafür finden, dass unsere Hauptaufgabe als Bundesrepublik Deutschland [...] gerade jetzt, 50 Jahre nach dem Ende des Zweiten Weltkriegs, die ist, zu begreifen, dass gebranntes Kind Feuer zu scheuen hat. Wir werden immer bereit sein, Sie bei humanitären Einsätzen, bei humanitärer Hilfe nachdrücklich zu unterstützen. Aber wir sagen klar nein zu dieser Zäsur, die Sie heute anstreben. Wir wollen keine neue deutsche Außenpolitik, die die Selbstbeschränkung aufgibt, und sei es unter Bündniskriterien. Schon gar nicht wollen wir das dort, wo die Wehrmacht im Zweiten Weltkrieg auf grausamste Art und Weise gewütet hat."[343]

Im Vordergrund dieses Deutungsangebotes steht somit die Norm „Nie wieder Krieg", deren Bedeutung stärker gewichtet wird als die ebenfalls in der politischen Kultur institutionalisierte Norm des Multilateralismus. Gleichzeitig lehnen die Gegner auch einen Wandel der Basiserzählung im Sinne der Norm „Nie wieder Auschwitz" ab, wie sie von einem Teil der Befürworter als Lehre aus der deutschen Vergangenheit postuliert wird. Der Diskurs über den Tornadoeinsatz orientiert sich damit grundsätzlich an der im Zuge des Golfkrieges entstandenen und im weiteren Verlauf entwickelten Spaltung des Elitendiskurses.

Nur wenige Monate später hat sich das Bild jedoch deutlich gewandelt. Vor allem die Einnahme der UN-Schutzzone Srebrenica fungiert hier als diskursives Ereignis, welches einen weitergehenden Wandel des Diskurses und der sicherheitspolitischen Kultur auslöst.[344] Besonders deutlich werden die Veränderungen in den Diskursbeiträgen der Grünen. Dabei hat dieser Wandel, der sich damit vor allem innerhalb der linken Diskursgemeinschaft vollzieht,

---

[341] Rudolf Scharping, Plenarprotokoll 13/48, 30. Juni 1995.
[342] Gregor Gysi, Plenarprotokoll 13/48, 30. Juni 1995.
[343] Joschka Fischer, Plenarprotokoll 13/48, 30. Juni 1995.
[344] Schwab-Trapp spricht von einem *„konsensbildenden Ereignis"*. Siehe hierzu Schwab-Trapp, Michael: Srebrenica - ein konsensbildendes Ereignis? Diskursive Eliten und der Diskurs über den Jugoslawienkrieg, in: Neckel, Sighard und Michael Schwab-Trapp (Hrsg.): Ordnungen der Gewalt. Beiträge zur Soziologie des Krieges und der Gewalt, Opladen 1999, S. 119-130.

über die Partei hinaus eine Signalwirkung, da die Grünen weitgehend als politische Träger antimilitaristischer Deutungsangebote anerkannt sind.[345] Von besonderem Gewicht ist in diesem Zusammenhang der Argumentationswandel des Fraktionsvorsitzenden Joschka Fischer. Zwar greift er kein gänzlich neues Deutungsangebot auf, aufgrund der Bedeutung seiner Person für die Partei und die linke Diskursgemeinschaft insgesamt und seines „symbolischen Kapitals" stellt der von ihm postulierte Richtungswechsel jedoch eine wichtige Zäsur des Diskurses dar.[346] Fischer äußert sich im Rahmen eines offenen Briefes, der am 2. August 1995 in der taz in Auszügen veröffentlicht wird. Fischer zeigt das Dilemma zwischen den Prinzipien des Gewaltverzichts und des Notwehrrechts auf, und wirft die Frage auf, welche Politik daraus konkret zu folgen habe. Srebrenica und die deutsche Vergangenheit verbinden sich dabei zu einem Deutungsangebot zugunsten militärischer Intervention:

> „In Bosnien zeichnet sich ein Sieg derjenigen ab, die auf brutale und grausame Gewalt setzen, während sich die Politik der Friedensbewegung als hilflos und die sie tragenden Vereinten Nationen sich als uneinig, deshalb nahezu handlungsunfähig [...] erweisen. Diese bittere Erkenntnis zwingt deshalb jetzt alle [...] zu einer grundsätzlichen Überprüfung und Neupositionierung ihrer Politik. [...] Können wir Prinzipien höher stellen als Menschenleben, und was wird aus unserem Prinzip der Gewaltfreiheit, wenn es sich vor der menschenverachtenden Gewalt beugt? [...] Und so stellt sich erneut, nach 60 Jahren, für Europa die Frage: Wo hört die Nachgiebigkeit gegenüber einer Politik der Gewalt auf? Läuft die deutsche Linke jetzt nicht massiv Gefahr, ihre moralische Seele zu verlieren, wenn sie sich [...] vor diesem neuen Faschismus und seiner Politik der Gewalt wegduckt?"[347]

Fischer plädiert jedoch aufgrund der historischen Erfahrungen gleichzeitig für Zurückhaltung bei der Entsendung deutscher Soldaten nach Jugoslawien. Die Erfahrungen der nationalsozialistischen Vergangenheit, und damit knüpft sein Beitrag zumindest in Teilen an die bisherige Position an, verbiete einen Einsatz deutscher Truppen in Jugoslawien. Das von Fischer unterstrichene Deutungsangebot wird jedoch im weiteren Verlauf von anderen Vertretern der Grünen aufgegriffen, weitergeführt und schließlich auch als Argument für eine deutsche Beteiligung an militärischen Einsätzen benutzt. Das Verständnis der Basiserzählung wandelt sich in diesem Prozess umfassend von der Norm „Nie wieder Krieg" hin zu der Handlungsaufforderung „Nie wieder Auschwitz". Der Beitrag des parlamentarischen Geschäftsführers der grünen Bundestagsfraktion, Werner Schulz, in der taz vom 16. August 1995 macht dies deutlich:

> „Ist die Feststellung ‚nie wieder Faschismus, nie wieder Krieg' eine leere Beschwörungsformel, oder verpflichtet sie uns nicht vielmehr zu aktivem Handeln?

---

[345] Schwab-Trapp: Kriegsdiskurse, S. 151. Siehe hierzu auch die ähnlich lautende Einschätzung von Winfried Nachtwei, Plenarprotokoll 13/76, 6. Dezember 1995. Zum Diskurs der Grünen siehe ausführlicher Schwab-Trapp: Kriegsdiskurse, 153-185.

[346] Zur Bedeutung Joschka Fischers für den Diskurs der Grünen siehe Schwab-Trapp: Kriegsdiskurse, S. 156.

[347] Joschka Fischer, in: taz, 2. August 1995, abgedruckt in: Schwab-Trapp: Kriegsdiskurse, S. 155-157.

Müssen wir nicht im Rahmen eines kollektiven Sicherheitssystems immer dort Mitverantwortung zeigen, wo sich Faschismus zeigt, wo Krieg eingedämmt werden muss? Wohl wissend, dass ein Einsatz deutscher Soldaten [...] die psychologische Kriegsführung der Serben enorm anheizt, macht es für mich einen riesengroßen Unterschied, ob die Wehrmacht in einem aggressiven Angriffskrieg anrückt oder die Bundeswehr im Rahmen eines kollektiven Sicherheitssystems."[348]

Der mit der weitergehenden Institutionalisierung dieses Deutungsangebotes verbundene Wandel des Diskurses zeigt sich dann auch im Rahmen der Bundestagsdebatte über die deutsche IFOR-Beteiligung im Dezember 1995. Joschka Fischer verweist erneut darauf, dass sich die Grünen in einem *„echten Grundwertekonflikt"* befänden, der die Partei zu *„zerreißen"* drohe. So stünden sich auf der einen Seite das Prinzip der Gewaltfreiheit und auf der anderen Seite die Notwendigkeit militärischer Mittel zum Sichern des Überlebens gegenüber: *„Zwischen der Solidarität zum Überleben und der Verpflichtung zur Gewaltfreiheit – das ist unser Widerspruch auch in dieser Entscheidung."*[349] Die Mehrheit seiner Fraktion kommt dabei jedoch zu dem Ergebnis, die Verpflichtung zum notfalls auch militärischen Eingreifen stärker zu gewichten als die antimilitaristische Handlungsaufforderung „Nie wieder Krieg".[350] Dass der Diskurs der Grünen über die Grenzen der eigenen Partei hinaus Wirkung entfaltet, macht der Redebeitrag von Günther Verheugen für die SPD deutlich. Auch er thematisiert den Widerspruch zwischen den Prinzipien der Gewaltfreiheit und der Nothilfe. Jedoch führt Verheugen an, dass eine deutsche Beteiligung an der IFOR-Mission eine Balance zwischen den beiden scheinbar widersprüchlichen Handlungsaufforderungen herstelle. Die antimilitaristische Norm der Gewaltfreiheit bleibe prinzipiell erhalten, unter besonderen Voraussetzungen, die in diesem Falle erfüllt seien, gebe es aber eine moralische Verpflichtung zur Intervention:

> „Wendet man sich vom Prinzip einer gewaltfreien Außenpolitik ab, wenn man einem solchen Einsatz zustimmt? Ich glaube, nicht. Für unsere Außenpolitik ist der Gewaltverzicht das unveränderliche und gültige Prinzip, mit dem wir eigene Interessen vertreten. [...] Deshalb kann Gewaltverzicht als tragendes Fundament unserer Außenpolitik nicht aufgegeben werden. Aber wie sieht es dort aus, wo mit blutiger Gewalt Systeme an der Macht bleiben, die die Menschenrechte, die Demokratie, die Menschenwürde mit Füßen treten, verletzen und zugrunde richten? [...] Ich teile das, was der Verteidigungsminister bei mehreren Gelegenheiten gesagt hat: dass es in

---

[348] Werner Schulz, in: taz, 16. August 1995, abgedruckt in Schwab-Trapp: Kriegsdiskurse, S. 164. Zu Beiträgen von Detlef Kleinert und Krista Sager (beide B90/Grüne) siehe ebenfalls Schwab-Trapp, Michael: Der deutsche Diskurs über den Jugoslawienkrieg. Skizzen zur Karriere eines moralischen Dilemmas, S. 103-105, in: Grewenig, Adi und Margaret Jäger (Hrsg.): Medien in Konflikten. Holocaust, Krieg, Ausgrenzung, Duisburg 1999, S. 97-110.

[349] Joschka Fischer, Plenarprotokoll 13/76, 6. Dezember 1995.

[350] Dies zeigt nicht zuletzt das Abstimmungsverhalten der Grünen deutlich. Siehe dazu ausführlicher Kapitel 3.5.3.

bestimmten Situationen unmoralisch sein kann, die Mittel nicht einzusetzen, die man hat, um Menschen in Not zu helfen."[351]

Von den Vertretern der „linken" Diskursgemeinschaft, welche sich für den IFOR-Einsatz aussprechen, werden damit vor allem moralische Gründe für eine deutsche Beteiligung angeführt. Dabei steht die gewandelte Basiserzählung und die damit verbundenen Norm „Nie wieder Auschwitz" im Mittelpunkt dieses Deutungsangebotes. Die deutsche Vergangenheit ist damit weniger Aufforderung zum „Antimilitarismus" als moralische Verpflichtung zur Verhinderung von Menschenrechtsverletzungen. Diese moralische Legitimation der Zustimmung in weiten Teilen der SPD und der Grünen dokumentiert sich auch in der Einschätzung, es handele sich bei dem IFOR-Einsatz nicht um einen Kampf- oder Kriegseinsatz, sondern um einen „Friedenseinsatz". Der SPD-Vorsitzende, Rudolf Scharping, unterstreicht diesen Aspekt in seinem Diskursbeitrag explizit: *„Ihre Aufgabe ist nicht Krieg und Kampf; ihre Aufgabe ist der Schutz und die Durchsetzung von Frieden."*[352] Indem somit der friedensschaffende und – erhaltende Charakter des Einsatzes betont wird, erscheint der offensichtliche Wandel der diskursiven Praxis, oder präziser der Basiserzählung, dennoch prinzipiell als Zeichen von Kontinuität. Gerade der Beitrag von Günther Verheugen zeigt dies deutlich. Durch die Betonung der moralischen Legitimität wird die Zustimmung zum IFOR-Einsatz argumentativ als Kontinuität der grundsätzlichen Ziele deutscher Sicherheitspolitik dargestellt werden. Hauptziel deutscher Sicherheitspolitik und Grundnorm der sicherheitspolitischen Kultur bleibe weiterhin die Verhinderung von Krieg. Lediglich die Instrumente müssten verändert werden, um diesem Auftrag angesichts der veränderten Umstände gerecht zu werden.

Sowohl der Wandel der Basiserzählung als Deutungsangebot für militärische Intervention als auch die Betonung des friedensschaffenden Charakters werden dabei grundsätzlich auch von den Vertretern der Regierungskoalition geteilt.[353] Zugleich wird die Norm der Bündnissolidarität erneut deutlich stärker betont. Die Beteiligung am IFOR-Einsatz sei vor allem Verpflichtung gegenüber den westlichen Partnern und dem Bündnis. Besonders deutlich wird die abweichende Betonung dieses Deutungsangebotes in dem Beitrag von Paul Breuer (CDU/CSU):

„Wer Gewaltlosigkeit für wichtiger hält als alles andere, der missachtet andere Werte. Er missachtet die Werte von Freiheit und Solidarität und die Verpflichtung, Menschen in Not zu retten. [...] Der Kompass unseres Handelns ist nicht nur emotional, er ist nicht nur moralisch, vielmehr ist er auch der Kompass der Frage der Orientierung der deutschen Außenpolitik. Die deutsche Außenpolitik der Nachkriegszeit war völlig klar auf zwei Begriffe ausgerichtet, nämlich auf Integration und auf Kooperation. [...] Dieser

---

[351] Günther Verheugen, Plenarprotokoll 13/76, 6. Dezember 1995.
[352] Rudolf Scharping, Plenarprotokoll 13/76, 6. Dezember 1995.
[353] Vgl. die Beiträge von Ulrich Irmer und Klaus Kinkel, Plenarprotokoll 13/76, 6. Dezember 1995.

Kompass hat dazu geführt, dass die Entscheidung, die heute getroffen werden muss, letztlich in einem politischen Entscheidungsprozess zustande gekommen ist."[354]

„Nie wieder Sonderwege" steht somit im Zentrum dieses Deutungsangebotes zur Legitimation des IFOR-Einsatzes. Auch hier wird damit trotz des offensichtlichen Wandels sowohl der diskursiven als auch der politischen Praxis Kontinuität betont. Dies geschieht jedoch mit dem Rückgriff auf die ebenfalls fest in der sicherheitspolitischen Kultur verankerten Normen des Multilateralismus und der Integration. Zeichnet sich somit bereits ein neuer Konsens über den Einsatz der Bundeswehr ab, so vollzieht sich die Legitimation dieses Wandels mit dem Rückgriff auf unterschiedliche Deutungsangebote.

Die Gegner des IFOR-Einsatzes beziehen sich dahingegen, wie bereits in den vorangegangenen Debatten, auf das antimilitaristische Verständnis der Basiserzählung. Die Norm „Nie wieder Krieg" steht hier weiterhin im Zentrum. Militärische Gewalt wird damit als Konsequenz aus der historischen Erfahrung prinzipiell abgelehnt. Gila Altmann (B90/Grüne) bringt diesen Punkt in ihrem Redebeitrag beispielhaft zum Ausdruck:

> „Die einzige Konsequenz aus dieser deutschen Geschichte kann nur sein, dass nie wieder und nirgendwohin deutsche Soldaten entsandt werden. Militärische Intervention ist für mich nicht die Ultima ratio, sondern das kalkulierte, billigende in Kauf genommene oder beabsichtigte Endes jedes politischen und nicht militärischen Handelns."[355]

Weitere Gegenargumente sind der Vorwurf einer „Militarisierung" deutscher Sicherheitspolitik durch den IFOR-Einsatz und die Kritik des Mandats als „Vorratsbeschluss". Außerdem gehe mit dem Einsatz eine unzulässige Schwächung der UN gegenüber der NATO einher.[356]

Die Gegner des Einsatzes bei SPD und Grünen sind in der IFOR-Debatte jedoch in der Minderheit, lediglich die PDS zeigt sich geschlossen in ihrer Ablehnung. Die breite Zustimmung weiter Teile der politischen Eliten zeigt sich auch daran, dass die Gegner des Bundeswehreinsatzes oftmals gezwungen sind, ihre ablehnende Haltung in Form von persönlichen Erklärungen zum Abstimmungsverhalten darzulegen. Im Diskurs über den IFOR-Einsatz zeigt sich damit in Ansätzen ein neuer Konsens der politischen Eliten zur Beteiligung deutscher Soldaten an militärischen Auslandseinsätzen.[357]

Dieser Konsens zeigt sich verstärkt in der Debatte am 13. Dezember 1996 über den SFOR-Einsatz als Verlängerung des IFOR-Engagements. Unterstützt wird der fortschreitende Wandel der sicherheitspolitischen Kultur durch die bisherigen Erfahrungen des IFOR-Einsatzes. Die Befürchtungen bezüglich der

---

[354] Paul Breuer, Plenarprotokoll 13/76, 6. Dezember 1995.
[355] Gila Altmann, Plenarprotokoll 13/76, 6. Dezember 1995.
[356] Siehe hierzu beispielsweise die Beiträge von Gregor Gysi, Gila Altmann, Christa Nickels, Plenarprotokoll 13/76, 6. Dezember 1995.
[357] Explizit begrüßt wird dieser Konsens beispielsweise von Verteidigungsminister Rühe. Siehe hierzu seine Rede zum Wechsel in der Leitung der Führungsakademie der Bundeswehr in Hamburg, in: Bulletin der Bundesregierung, Nr. 12, 8. Februar 1996.

Entsendung deutscher Soldaten nach Jugoslawien, so äußert sich beispielsweise Außenminister Kinkel, hätten sich nicht bewahrheitet.[358] Die dominanten Deutungsangebote bleiben die bereits bekannten Argumente der Bündnissolidarität und der deutschen Vergangenheit. Gerade von Vertretern der Unionsparteien wird erneut das Argument der Bündnissolidarität angeführt. Christian Schwarz-Schilling (CDU/CSU) betont den Bezug dieses Deutungsangebotes zur in der sicherheitspolitischen Kultur institutionalisierten Norm des Multilateralismus. Mit der Beteiligung der Bundeswehr an der SFOR-Mission bleibe daher die grundlegende Kontinuität deutscher Sicherheitspolitik gewahrt, die veränderte politische Praxis sei lediglich eine Anpassung der Instrumente an die veränderten Rahmenbedingungen:

> „Es war schon immer die These der Union – von Adenauer angefangen -, dass wir in militärischer Hinsicht Außenpolitik und Bündnispolitik nur noch gemeinsam betreiben können. Das ist keine Neuerfindung. Vielmehr haben wir dieses Prinzip hier nur endlich wieder richtig praktiziert."[359]

Für die SPD betont Karsten Voigt erneut das gewandelte Verständnis der Basiserzählung als Argument für eine deutsche Beteiligung an SFOR. Er verweist hierbei explizit auf die beiden aus dem kollektiven Gedächtnis erwachsenen Handlungsaufforderungen „Nie wieder Krieg" und „Nie wieder Auschwitz". Durch den friedensstiftenden Charakter des Einsatzes werde der Widerspruch zwischen beiden Normen aufgehoben und eine *„Synthese"* geschaffen:

> „Zwei Lehren, [...] nicht nur eine, sind aus der deutschen Geschichte zu ziehen. Beides sind moralische Lehren. Sie stehen meiner Meinung nach aber nur scheinbar in einem Konflikt. Die eine Lehre lautet, dass nie wieder andere Völker unter der Gewalt des deutschen Militärs leiden dürfen. Die andere Lehre lautet: Insbesondere wir Deutschen dürfen nie wieder wegschauen, wenn anderen Völkern Gewalt angedroht wird. Meiner Meinung nach schaffen wir es mit dem heutigen Beschluss zur Entsendung von deutschen Soldaten, eine Synthese zwischen diesen scheinbaren Gegensätzen herzustellen. Denn wir entscheiden uns für einen Militäreinsatz, der die Möglichkeit zur Androhung und Anwendung von bewaffneter Gewalt beinhaltet. Aber wir tun dies mit dem politischen Ziel, Gewalt zu verhindern."[360]

Der mit diesem Deutungsangebot verbundene Wandel der Basiserzählung wird hier mehr als deutlich. Statt eines antimilitaristischen Verständnisses im Sinne der Handlungsaufforderung „Nie wieder Krieg", wie es in der Debatte im Dezember 1996 nur noch von den Vertretern der PDS und Teilen der Grünen

---

[358] Klaus Kinkel, Plenarprotokoll 13/149, 13. Dezember 1996.
[359] Christian Schwarz-Schilling, Plenarprotokoll 13/149, 13. Dezember 1996. Vgl. hierzu auch den Beitrag von Christian Schmidt (CDU/CSU).
[360] Karsten Voigt, Plenarprotokoll 13/149, 13. Dezember 1996.

vorgebracht wird[361], begründet die historische Erfahrung die Legitimität des Einsatzes der Bundeswehr über den Verteidigungszweck hinaus.

Im Zuge des Diskurses über die SFOR-Beteiligung tritt darüber hinaus auch die Verknüpfung des Deutungsangebotes der Bündnissolidarität mit dem Diskurs über die europäische Integration stärker in den Vordergrund. So führt Verteidigungsminister Rühe dieses Argument erneut als Legitimation für eine deutsche Beteiligung an SFOR an. Bei der weiteren Absicherung des Friedens gehe es nicht nur um die Zukunft des Friedens in Jugoslawien, *„hier entscheidet sich auch die neue europäische Sicherheitsordnung."*[362] Die Akzeptanz und damit auch den neuen Konsens dokumentiert jedoch vor allem die weitgehende Übernahme dieses Deutungsangebotes durch Vertreter der Opposition und vormalige Gegner einer Ausweitung der politischen Praxis. Dabei spielt erneut die „friedenspolitische" Dimension der Einsätze eine herausragende Rolle. Karsten Voigt (SPD) bringt dies in seiner Rede deutlich zum Ausdruck:

> „Mit dem heutigen Beschluss finden wir auch zu einer neuen Gemeinsamkeit mit unseren europäischen Partnern. Ohne diese Gemeinsamkeit im Handeln würde jeder Beschluss über die gemeinsame europäische Identität in der Außen-, Sicherheits- und Verteidigungsidentität hinfällig werden. Das ist eben die andere Lehre: Es ist richtig, wenn wir uns um eine Antithese zur deutschen militaristischen Vergangenheit bemühen. Aber wenn wir diese Antithese wieder nur national bestimmen, dann bleibt sie, auch wenn die friedenspolitisch motiviert wird, nur eine nationale Antithese [...]. Friedenspolitik in Deutschland und in Europa kann den Frieden und die Strukturen des Friedens in Europa nur dann glaubhaft fördern, wenn wir sie gemeinsam mit unseren Partnern in Ost und West definieren."[363]

Scheint sich vor allem die SPD damit in weiten Teilen den Argumenten für eine deutsche Beteiligung an militärischen Auslandseinsätzen angeschlossen zu haben, so zeigt die Haltung der Grünen in der SFOR-Debatte die noch bestehenden Grenzen des neuen Konsenses auf. Die Grünen wenden sich mehrheitlich gegen die von der Bundesregierung beantragte Form einer deutschen SFOR-Beteiligung, vor allem weil sie die Wahrnehmung des Mandats durch die NATO kritisieren. Stattdessen wird der Einsatz von UN-Blauhelmen gefordert, worin sich auch die langjährige Forderung nach einer Stärkung der Vereinten Nationen gegenüber der NATO ausdrückt. Außerdem wenden sich zahlreiche Abgeordnete der Grünen gegen die von der Bundesregierung beantragte Ausweitung des Mandats.[364] Die Haltung der Fraktion ist dabei jedoch stark von innerparteilichen Umständen beeinflusst.[365] Es handelt sich um

---

[361] Vgl. beispielsweise die Redebeiträge von Gregor Gysi (PDS) und Gila Altmann (Grüne) sowie die persönliche Erklärung verschiedener Abgeordneter der Grünen zu ihrem Abstimmungsverhalten, Plenarprotokoll 13/149, 13. Dezember 1996.
[362] Volker Rühe, Plenarprotokoll 13/149, 13. Dezember 1996.
[363] Karsten Voigt, Plenarprotokoll 13/149, 13. Dezember 1996. In diesem Sinne äußert sich ebenfalls Walther Kolbow (SPD).
[364] Siehe hierzu den Entschließungsantrag der Grünen-Fraktion, Drucksachen 13/6501 und 13/6500.
[365] Darauf weisen im Verlauf der Debatte am 13. Dezember mehrere Redner hin.

keine grundsätzliche Ablehnung des neuen Konsenses. Vielmehr wird, von einer Minderheit abgesehen, eine deutsche Beteiligung auch an militärischen „Friedenseinsätzen" prinzipiell befürwortet.[366]

3.5.3 Politische Praxis und öffentliche Meinung

Die im Zuge der Tornado-Diskussion diagnostizierte Spaltung des Diskurses entlang der Konfliktlinie Regierungskoalition und Opposition zeigt sich auch in der politischen Praxis. 386 Abgeordnete stimmen dem Antrag der Bundesregierung zu und 258 stimmen mit Nein, während sich 11 Abgeordnete enthalten. Sowohl die CDU/CSU- als auch die FDP-Fraktion stimmen geschlossen für den Antrag der Bundesregierung.[367] Ein gewisses Aufbrechen der „linken" Diskursgemeinschaft zeigt sich in der Zustimmung von vier Abgeordneten der Grünen und 45 Abgeordneten der SPD zum Antrag der Bundesregierung. Die übergroße Mehrheit beider Fraktion spricht sich jedoch gegen den Tornadoeinsatz aus. Die PDS stimmt geschlossen mit Nein.[368] Der Antrag der SPD, der eine Unterstützung der schnellen Eingreiftruppe ohne deutsche Tornados vorsieht, zeigt, dass vornehmlich der Einsatz deutscher Tornados für die ablehnende Haltung verantwortlich ist.[369]

Dahingegen manifestiert sich der neue Konsens in der IFOR-Debatte auch in der politischen Praxis und macht den Wandel gegenüber der Tornadodiskussion offensichtlich. Von 656 Abgeordneten stimmen 543 dem Einsatz der Bundeswehr zu, die Neinstimmen reduzieren sich auf 107 und 6 Abgeordnete enthalten sich. Erneut stimmen sowohl CDU/CSU[370] als auch FDP geschlossen für den Antrag der Bundesregierung, geschlossen dagegen stimmt nur die PDS. Dahingegen spricht sich die große Mehrheit der SPD für den Einsatz aus.[371] Die Fraktion der Grünen ist gespalten, 22 Abgeordnete stimmen für, ebenfalls 22 Abgeordnete gegen die IFOR-Beteiligung. Diese grundsätzliche Veränderung der politischen Praxis setzt sich bei der Entscheidung über den SFOR-Einsatz fort. 499 Parlamentarier stimmen für die deutsche Beteiligung, 91 stimmen mit Nein und 21 enthalten sich der Stimme. Die Regierungskoalition stimmt erneut geschlossen für den Antrag der Bundesregierung, die Anzahl der Neinstimmen auf Seiten der SPD reduziert sich auf 41 und nur die PDS verweigert sich geschlossen dem neuen Konsens. Des Weiteren stimmen zwar 25 Abgeordnete

---

[366] Siehe hierzu Joschka Fischer, Plenarprotokoll 13/149, 13. Dezember 1996. Dies zeigt sich auch im Abstimmungsverhalten. Zwei Abgeordneten stimmen für den Antrag der Bundesregierung, 16 enthalten sich der Stimme, die anderen stimmen mit Nein. Der Antrag der Grünen-Fraktion, der eine UN-Mission fordert, wird ebenfalls nicht von allen Abgeordneten der Fraktion unterstützt. Siehe dazu mehr im folgenden Abschnitt.

[367] Lediglich Burkhard Hirsch (FDP) enthält sich der Stimme.

[368] Siehe dazu auch den Entschließungsantrag der PDS-Fraktion, Drucksache 13/1808.

[369] Siehe hierzu den Entschließungsantrag der SPD-Fraktion, Drucksache 13/1835.

[370] Ein Abgeordneter der CDU enthält sich der Stimme.

[371] 55 Abgeordnete der SPD lehnen den Einsatz ab.

der Grünen gegen den Antrag der Bundesregierung, jedoch sprechen sich zwei für den SFOR-Einsatz aus und 16 Abgeordnete, darunter auch Joschka Fischer, enthalten sich der Stimme. Für den Entschließungsantrag der Grünen[372], der einen UN-Blauhelmeinsatz statt der SFOR-Mission vorsieht, stimmt die große Mehrheit der Fraktion, nur 8 Abgeordnete verweigern sich auch diesem. Die Haltung der Bevölkerung ist dahingegen weniger eindeutig. Für den Einsatz deutscher Tornados sprechen sich im Januar 1995 nur rund 34 bzw. 39 Prozent der Bevölkerung aus.[373] Nach der positiven Entscheidung des Bundestages am 30. Juni 1995 hält jedoch eine knappe Mehrheit von 51,4 Prozent eine deutsche Beteiligung an der schnellen Eingreiftruppe für richtig, 44 Prozent der Befragten halten diese für falsch. Zugleich ist ein starkes Ost-West-Gefälle in der öffentlichen Meinung zu verzeichnen. Während sich im Westen der Bundesrepublik eine Mehrheit von 55,5 Prozent für den Einsatz der Bundeswehr ausspricht, wenden sich im Osten 64,5 Prozent gegen den Einsatz der Bundeswehr. Außerdem zeigt sich der Osten prinzipiell deutlich weniger „interventionistisch", da 48,4 Prozent für einen vollständigen Rückzug der UN-Truppen aus Jugoslawien plädieren.[374] Die im September 1995 durchgeführte Militäraktion der NATO gegen Jugoslawien findet eine Mehrheit, sowohl im Osten als auch im Westen.[375] Insgesamt sprechen sich 64,1 Prozent prinzipiell für die Luftschläge aus. Die Zustimmung zu einer deutschen Beteiligung mit Tornados fällt dagegen geringer aus. 55 Prozent der Bevölkerung finden eine deutsche Beteiligung richtig, 40,3 Prozent sprechen sich gegen eine Beteiligung der Bundeswehr mit Kampfflugzeugen aus. Hier liegt die Zustimmung im Osten erneut bei nur 41,5 Prozent, während sich eine Mehrheit der Westdeutschen von 58,4 Prozent für den Einsatz der Tornados ausspricht.[376]
Auch in der Frage einer IFOR-Beteiligung bietet die öffentliche Meinung ein uneinheitliches Bild. Auf die Frage im Oktober 1995, ob die Bundeswehr im Falle der Überwachung eines Waffenstillstandes durch die NATO in Bosnien mit Soldaten vertreten sein sollte, sprechen sich 49,2 Prozent dafür und 47 Prozent dagegen aus.[377] Im November, als die Planungen einer deutschen Beteiligung konkreter werden, halten 59,5 Prozent eine deutsche Beteiligung an IFOR für richtig, nur noch 36,5 Prozent sind gegen den Einsatz der Bundeswehr. Auch im Osten verringert sich die Zahl derer, die gegen eine deutsche Beteiligung sind auf 49,3 Prozent.[378] Nachdem die Entscheidung des

---

[372] Siehe Drucksachen 13/6500 und 13/6501.

[373] Siehe dazu die Datensammlung von Philippi: Bundeswehr-Auslandseinsätze, S. 171.

[374] Politbarometer, Juli 1995, Datensatz der Forschungsgruppe Wahlen, Mannheim.

[375] Im Osten liegt die Zustimmung bei 50,7 Prozent, 42 Prozent lehnen die Militäraktion der NATO ab. Im Westen sprechen sich 67,4 Prozent für und nur 27,4 Prozent gegen die Aktion aus.

[376] Politbarometer, September 1995, Datensatz der Forschungsgruppe Wahlen, Mannheim.

[377] Politbarometer, Oktober 1995, Datensatz der Forschungsgruppe Wahlen, Mannheim.

[378] 46,3 Prozent befürworten den Einsatz. Siehe Politbarometer, November 1995, Datensatz der Forschungsgruppe Wahlen, Mannheim.

Bundestags am 13. Dezember zugunsten des IFOR-Einsatzes gefallen ist, steigt die Zustimmung der Bevölkerung auf 63,1 Prozent. Zum ersten Mal überwiegt auch im Osten die Unterstützung für den Einsatz der Bundeswehr. Mit 52,6 Prozent spricht sich auch in Ostdeutschland eine Mehrheit für den IFOR-Einsatz aus.[379] Für die steigende Zustimmung zu IFOR kann jedoch neben dem weitgehenden Konsens der Eliten und der korrespondierenden politischen Praxis auch die Einschränkung des Mandats der Bundeswehr auf einen Einsatz außerhalb Bosniens verantwortlich gemacht werden. Dafür spricht das Meinungsbild im Falle der SFOR-Mission. Auf die Frage, ob die Bundeswehr sich an der Verlängerung des Mandats auch mit Kampftruppen in Bosnien beteiligen solle, äußern sich im September 1996 nur 16,5 Prozent positiv. 38,9 Prozent befürworten eine Beteiligung im bisherigen Umfang. Der Prozentsatz der prinzipiell ablehnenden Stimmen eines SFOR-Einsatzes hat sich auf 39,8 Prozent erhöht, wofür vor allem das Meinungsbild in Ostdeutschland verantwortlich ist. Dort sprechen sich nun 52,3 Prozent gegen den Einsatz der Bundeswehr in Bosnien aus.[380] Nach der Entscheidung des Bundestags am 13. Dezember 1996, das Mandat der Bundeswehr auszudehnen, zeichnet sich sogar insgesamt eine mehrheitliche Ablehnung der SFOR-Beteiligung ab. 50,8 Prozent der Befragten sprechen sich gegen die SFOR-Beteiligung der Bundeswehr im beschlossenen Rahmen aus. Auch im Westen gibt es nur noch eine hauchdünne relative Mehrheit von 48,9 Prozent zu 48,2 Prozent, wohingegen die Ablehnung im Osten sich auf 61,5 Prozent erhöht hat.[381]

Die Befunde legen damit den Schluss nahe, der neue Konsens habe sich in der Bevölkerungsmeinung noch nicht in dem Maße entwickelt, wie dies im Rahmen des sicherheitspolitischen Elitendiskurses der Fall ist. Insgesamt folgt die öffentliche Meinung tendenziell der politischen Praxis, die Zustimmung zu den jeweiligen Einsätzen steigt im Zuge der jeweiligen konkreten politischen Entscheidung. Für die gegenläufige Entwicklung beim SFOR-Einsatz kann vor allem die Ausweitung des Mandats auf Bosnien und die Beteiligung der Bundeswehr mit „Kampftruppen" verantwortlich gemacht werden. Zumindest was den Einsatz von Bodentruppen angeht, ist eine Kultur der Zurückhaltung damit weiterhin fest in der öffentlichen Meinung verankert. Zugleich zeigt sich eine „geographische" Spaltung. In Ostdeutschland ist die Ablehnung militärischer Bundswehreinsätze deutlich höher als im Westen. Dieser Trend setzt sich im Verlauf des Kosovokrieges nicht nur fort, sondern verstärkt sich.

---

[379] 43,2 Prozent der Ostdeutschen sind gegen den IFOR Einsatz. Siehe Politbarometer, Dezember 1995, Datensatz der Forschungsgruppe Wahlen, Mannheim.

[380] Politbarometer, September 1996, Datensatz der Forschungsgruppe Wahlen, Mannheim.

[381] Die Zustimmung liegt nur noch bei 35,7 Prozent. Siehe Politbarometer, Dezember 1996, Datensatz der Forschungsgruppe Wahlen, Mannheim.

„Es ist doch nicht wahr, dass die sogenannte humanitäre Intervention, über die hier gesprochen worden ist, bereits der Tatbestand wäre, mit dem wir es zutun haben. Humanitäre Intervention gibt es in Wirklichkeit nicht. Staaten sind dazu nicht bereit."
(Günther Verheugen, am 21. April 1993 im Deutschen Bundestag)

3.6 Die Institutionalisierung des neuen Konsenses – Der Kosovokrieg

3.6.1 Thematische Einführung

Der Kosovokrieg und die deutsche Beteiligung mit Tornado-Kampflugzeugen wurden zum Kulminationspunkt des neuen sicherheitspolitischen Konsenses in der Frage bewaffneter Auslandseinsätze der Bundeswehr. Zum ersten Mal seit Ende des Zweiten Weltkriegs beteiligten sich deutsche Soldaten aktiv an einem Kampfeinsatz.[382] Am 24. März 1999 begann die NATO ohne ausdrückliches Mandat des UN-Sicherheitsrats mit Luftschlägen gegen Jugoslawien, welche bis zum 9. Juni 1999 andauerten. Das Kabinett von Bundeskanzler Kohl hatte in seiner letzten Sitzung am 30. September 1998 die Bereitstellung deutscher Tornados für die NATO-Luftschläge beschlossen, nachdem der NATO-Rat bereits am 13. August 1998 zugunsten eines Einsatzplanes für militärische Maßnahmen gegen Jugoslawien entschieden hatte.[383] Der Deutsche Bundestag billigte den entsprechenden Antrag der Bundesregierung am 16. Oktober 1998 mit großer Mehrheit. Dazu kam der 13. Deutsche Bundestag zu einer letzten Sondersitzung zusammen. Sowohl die Entscheidung im Bundeskabinett als auch die des Bundestags wurden nach enger Abstimmung der noch amtierenden, aber bereits abgewählten Regierungskoalition mit der zukünftigen Bundesregierung und den Fraktionen von SPD und Grünen getroffen.
Vor allem die zunächst erfolgreichen Bemühungen des amerikanischen Sonderbeauftragten Holbrooke, die am 13. Oktober 1998 zu einem Waffenstillstandsabkommen führten, waren dafür verantwortlich, dass die NATO nicht bereits im Oktober 1998 mit militärischen Mitteln gegen Jugoslawien vorging. Nachdem die getroffenen Vereinbarungen jedoch Ende des Jahres und verstärkt im Januar 1999 von serbischen Armee- und Polizeikräften gebrochen wurden, die OSZE-Mission zur Überwachung des Abkommens beendet werden musste und auch die letzten Verhandlungsversuche der Balkan-Kontaktgruppe in Rambouillet gescheitert waren, begann die NATO

---

[382] Baumann und Hellmann: Germany, S. 75; Hyde-Price: Germany, S. 19.
[383] Die kurze Darstellung bezieht sich vor allem auf Krause, Joachim: Deutschland und die Kosovo-Krise, in: Clewing, Konrad und Jens Reuter (Koord.): Der Kosovo-Konflikt. Ursachen-Akteure-Verlauf, München 2000, S. 395-416. Zur deutschen Rolle im Kosovokrieg, den historischen und politischen Hintergründen des Konflikts, dem zeitlichen Ablauf sowie der Kommentierung siehe ergänzend Clewing, Konrad und Jens Reuter (Koord.): Der Kosovo-Konflikt. Ursachen-Akteure-Verlauf, München 2000; Schmid, Thomas (Hrsg.): Krieg im Kosovo, Reinbek 1999. Zum Diskurs internationale Eliten über den Kosovokrieg außerdem Schirrmacher, Frank (Hrsg.): Der westliche Kreuzzug. 41 Positionen zum Kosovo-Krieg, Frankfurt 1999.

am 24. März 1999 mit ihren Luftschlägen gegen Rest-Jugoslawien. Hauptbegründung der NATO für das militärische Vorgehen war die Verhinderung einer „humanitären Katastrophe" im Kosovo. Die NATO stützte sich dabei auf zwei Resolutionen des UN-Sicherheitsrates. Dieser hatte bereits am 1. April 1998, im Zuge der sich verschärfenden militärischen Auseinandersetzungen im Kosovo, die Resolution 1160 verabschiedete, welche die Konfliktparteien zu einem Waffenstillstand aufforderte und ein Waffenembargo gegen Rest-Jugoslawien beinhaltete. Im Zuge der sich dennoch weiter zuspitzenden Situation und fehlgeschlagener diplomatischer Bemühungen, zu einer friedlichen Lösung des Konflikts zu kommen, beschloss der Sicherheitsrat am 23. September 1998 die Resolution 1199, in welcher der Konflikt als Bedrohung für den internationalen Frieden qualifiziert und die jugoslawische Regierung für die Eskalation der Gewalt verantwortlich gemacht wurde. Ein ausdrückliches Mandat für eine militärische Intervention der NATO scheiterte jedoch am Widerstand Russlands und Chinas. Die NATO konnte sich daher völkerrechtlich nur auf die beiden UN-Resolutionen, nicht jedoch auf eine explizite Ermächtigung des Sicherheitsrates stützen. Trotz der dadurch bedingten völkerrechtlichen Bedenken, beschloss die Bundesregierung, sich im Fall eines Eingreifens der NATO militärisch zu beteiligen.[384] Nicht zuletzt die völkerrechtliche Problematik war jedoch dafür verantwortlich, dass sich vor allem die Bundesregierung parallel zu den Luftschlägen verstärkt für eine politische Lösung, die Einbindung Russlands und der Vereinten Nationen sowie entsprechende Beschlüsse des UN-Sicherheitsrates einsetzte.[385] Nach Ende der Luftangriffe stimmte der Deutsche Bundestag am 11. Juni 1999 einer Beteiligung der Bundeswehr an einer internationalen Sicherheitspräsenz im Rahmen der „Kosovo Force" (KFOR) zu.[386] Grundlage der Entscheidung war die Resolution 1244 des UN-Sicherheitsrates, die außerdem die Einrichtung der internationalen Zivilverwaltung UNMIK im Kosovo vorsah. Deutschland stellte das drittgrößte Kontingent der 39 Staaten umfassenden KFOR-Truppen, insgesamt rund 5800 Soldaten.[387]

Die Beteiligung der Bundeswehr am Kosovokrieg wird völlig unterschiedlich sowohl als Wendepunkt als auch als Kontinuum deutscher Sicherheitspolitik

---

[384] Zu den rechtlichen Aspekten des Einsatzes siehe ausführlicher Lutz, Dieter (Hrsg.): Der Kosovo-Krieg. Rechtliche und rechtsethische Aspekte, Baden-Baden 1999/2000.

[385] Hyde-Price: Germany, S. 27-28. So auch Maull, Hanns W.: Germany's foreign policy, post-Kosovo: still a 'Civilian Power'?, S. 109-110, in: Harnisch, Sebastian und Hanns W. Maull (Hrsg.): Germany as a Civilian Power. The Foreign Policy of the Berlin Republic, Manchester 2001, S. 106-127.

[386] Die Zustimmung zur KFOR-Beteiligung erfolgte mit großer Mehrheit. 505 Abgeordnete stimmten dem Einsatz zu, 24 stimmten mit Nein. Die PDS stimmte als einzige Fraktion geschlossen gegen den KFOR-Einsatz (20 Stimmen). 11 Abgeordnete enthielten sich. Siehe Plenarprotokoll 14/43, 11. Juni 1999.

[387] Im März 2002 waren noch 4732 Bundeswehrsoldaten im Rahmen von KFOR eingesetzt.

gewertet.[388] Zweifelsohne ist der Gegensatz zur politischen Praxis während des Golfkrieges 1990/91 unübersehbar.[389] Zum ersten Mal seit 1945 sind deutsche Soldaten aktiv an einem militärischen Kampfeinsatz beteiligt. Der Kosovokrieg stellt damit sowohl ein politisches als auch moralisches Dilemma dar.[390] Die öffentliche Reaktion und auch die Haltung der politischen Eliten machen deutlich, dass der Einsatz deutscher Tornados in einem Kampfeinsatz eine Zäsur deutscher Sicherheitspolitik darstellt. Dennoch ist der Kosovokonflikt kein abrupter Wendepunkt, sondern vielmehr das Ergebnis eines Prozesses, der sich bereits im schrittweisen Wandel der sicherheitspolitischen Kultur der vorangegangenen Jahren manifestierte.[391] Der Elitendiskurs über die deutsche Beteiligung ist erneut von den bereits bekannten Deutungsangeboten dominiert. Das kollektive Gedächtnis oder präziser, die gewandelte Basiserzählung als Argument für militärische Interventionen, spielt dabei eine herausragende Rolle. Das Argument der aus der deutschen Vergangenheit erwachsenden moralischen Verpflichtung zur militärischen Intervention findet dabei einen Anknüpfungspunkt in der internationalen Norm der „humanitären Intervention". Auch das Deutungsangebot der Bündnissolidarität sowie der Diskurs über die europäische Integration, welche sich beide zunehmend mit der gewandelten Basiserzählung verknüpfen, spielen eine entscheidende Rolle im Rahmen des Elitendiskurses. Damit dokumentiert der Kosovokrieg eindrucksvoll den neuen sicherheitspolitischen Konsens über militärische Auslandseinsätze der Bundeswehr.

3.6.2 Dominante Deutungsangebote und Normen

Das bereits bekannte Deutungsangebot der Bündnissolidarität spielt auch im Fall des Kosovokrieges eine herausragende Rolle zur Legitimierung einer deutschen Beteiligung. So wird es vom ausscheidenden Außenminister Kinkel im Rahmen der Debatte am 16. Oktober als ein wichtiger Gesichtspunkt genannt. Zugleich verbindet es sich hier mit dem Diskurs über die europäische Integration:

> „Es geht schließlich um die europäische Friedensverantwortung Deutschlands und um unsere Verlässlichkeit im Bündnis. Unsere Partner müssen sich auf die Solidarität des vereinten Deutschlands verlassen können, so wie wir uns über Jahrzehnte auf die NATO in anderer Beziehung verlassen konnten."[392]

Ähnlich äußert sich auch Verteidigungsminister Rühe, der außerdem darauf verweist, dass im Falle einer Verweigerung Deutschlands auch das Engagement im Rahmen des SFOR-Einsatzes gefährdet sei.[393] Im Gegensatz zu den Debatten

---

[388] Vgl. Maull: Germany's Foreign Policy, S. 106.
[389] Baumann und Hellmann: Germany, S. 76. Vgl. Hyde-Price: Germany, S. 28.
[390] Hyde-Price: Germany, S. 31.
[391] Siehe hierzu übereinstimmend Krause: Deutschland, S. 395; Maull: Germany's Foreign Policy, S. 110-111; Schwab-Trapp: Kriegdiskurse, S. 289.
[392] Klaus Kinkel, Plenarprotokoll 13/248, 16. Oktober 1998.
[393] Volker Rühe, Plenarprotokoll 13/248, 16. Oktober 1998.

über die IFOR- und SFOR-Beteiligung wird das Argument der Bündnissolidarität auch verstärkt von Vertretern der künftigen rot-grünen Regierungsmehrheit angeführt. So verweisen beispielsweise Karsten Voigt und Gernot Erler (beide SPD) darauf, dass der militärische Beitrag Deutschlands zum Kosovokrieg notwendig sei, um die Bundesrepublik innerhalb Europas und der NATO nicht zu isolieren. Nur so könne sich Deutschland als transatlantischer und europäischer Partner bewähren.[394] Rudolf Scharping (SPD) geht in seinem Redebeitrag noch einen Schritt weiter und bezeichnet auch den großen Konsens im Bundestag als wichtiges Signal für die Bereitschaft zur Bündnissolidarität, den es in Zukunft zu erhalten gelte. Gerade der breite Konsens im Bundestag signalisiere Verlässlichkeit und Solidarität, welche der Verantwortung Deutschlands gerecht werde.[395] Bundeskanzler Schröder greift dieses Deutungsangebot in seiner Regierungserklärung zum laufenden Einsatz im Kosovo am 16. April 1999 auf und macht explizit den historischen Ursprung dieser sicherheitspolitischen Norm deutlich:

> „Vor dem Hintergrund unserer deutschen Geschichte darf es an unserer Verlässlichkeit, an unserer Entschlossenheit und an unserer Festigkeit keine Zweifel geben. Die Einbindung Deutschlands in die westliche Staatengemeinschaft ist Teil der deutschen Staatsräson. Einen Sonderweg kann und wird es mit uns nicht geben."[396]

Das Argument der Bündnissolidarität als historische Lernerfahrung wird auch von Ulrich Irmer (FDP) hervorgehoben. Er verweist in seinem Beitrag auf die Neuorientierung deutscher Sicherheitspolitik in der Frage bewaffneter Auslandseinsätze seit 1990 und auf die veränderte politische Praxis. Zugleich stellt er den neuen Konsens in dieser Frage heraus und kommt zu dem Schluss:

> „Wir haben insofern eine Umorientierung unserer Außenpolitik vornehmen müssen. Aber wir haben zugleich Kontinuität gewahrt, indem wir nämlich den Weg der alten Bundesrepublik Deutschland weitergegangen sind. [...] Es darf keine deutschen Alleingänge geben. [...] Nein, wir dürfen auch keine Sonderwege gehen, wenn es darum geht, internationale Verpflichtungen zu erfüllen. Wir dürfen auch dann keine Sonderwege gehen, wenn uns das wie heute schwierige und schwierigste Entscheidungen abverlangt."[397]

Wie bereits im Rahmen des Diskurses über die IFOR- und SFOR-Einsätze wird somit erneut die Kontinuität deutscher Sicherheitspolitik unterstrichen. Diese liege darin begründet, dass die in der sicherheitspolitischen Kultur institutionalisierte Norm des Multilateralismus weiterhin handlungsleitend sei, es sich also weniger um die Veränderung grundsätzlicher Ziele als vielmehr um die Anpassung der sicherheitspolitischen Instrumente handele.

---

[394] Karsten Voigt und Gernot Erler, Plenarprotokoll 13/248, 16. Oktober 1998.
[395] Rudolf Scharping, Plenarprotokoll 13/248, 16. Oktober 1998.
[396] Gerhard Schröder: Erklärung der Bundesregierung zur aktuellen Lage im Kosovo, abgegeben am 15. April 1999 vor dem Deutschen Bundestag, in: Bulletin der Bundesregierung, Nr. 16, 16. April 1999.
[397] Ulrich Irmer, Plenarprotokoll 13/248, 16. Oktober 1998.

Die Beteiligung der Bundeswehr am Kosovoeinsatz wird jedoch, so stellt Cora Stephan zurecht fest, nicht nur mit dem politischen Deutungsangebot der Bündnissolidarität begründet, sondern darüber hinaus moralisch und mit dem Verweis auf die deutsche Vergangenheit.[398] Dennoch bleiben die direkten Bezüge auf die gewandelte Basiserzählung als Argument für militärische Intervention anders als noch in den vorangegangenen Debatten eher vage. Die mit dem Wandel der Basiserzählung einhergehende Norm „Nie wieder Auschwitz" wird im Rahmen der Bundestagsdebatten nur von wenigen Rednern explizit aufgegriffen. Eine Ausnahme stellt der Redebeitrag von Helmut Lippelt (B90/Grüne) dar. Er stellt in seiner Rede einen direkten Bezug zwischen dem Kosovokonflikt und der Norm „Nie wieder Auschwitz" her und wendet somit die Erfahrung der nationalsozialistischen Vergangenheit in das Deutungsangebot einer moralischen Verpflichtung zum Eingreifen. Den damit verbundenen Wandel der Basiserzählung macht die direkte Bezugnahme Lippelts auf das antimilitaristische Gebot „Nie wieder Krieg" deutlich:

> „Ich glaube, niemand hier in diesem Haus ist sich nicht der Tragweite bewusst, die die erste deutsche Beteiligung an Kampfeinsätzen der NATO hat. Wir haben den Rubikon überschritten. Auch ich habe meine Hand bei der Zustimmung zu diesem Einsatz gehoben. [...] Ich habe [...] an den August 1914 gedacht, an patriotisch begeisterte Menschen, die ihre soldatischen Angehörigen zu den Zügen an die Front begleiteten [...] Ich denke, jeder hier hat Remarque gelesen, und jeder teilt das Gelöbnis: Nie wieder Krieg!. Ich habe aber auch an den August 1939 gedacht, als Hitler Panzereinheiten durch Berlin rollen ließ, um die Stimmung der Bevölkerung zu testen. Diese standen stumm und erschrocken am Straßenrand [...]. Und sie wurden doch [...] in die Verbrechen verwickelt, die Namen tragen wie Auschwitz, Treblinka, aber auch Oradour, Lidice, Marzobotto und Kragujevac – eben jenes Kragujevac in jenem Serbien, dessen Bevölkerung jetzt von dem Regime Milosevic in seine Verbrechen verwickelt wird. Deshalb muss man den nach Europa zurückgekehrten ethnischen Mord auch so benennen."[399]

Auch Joschka Fischer (B90/Grüne) verweist darauf, die „Lehre aus unserer Geschichte und aus der blutigen ersten Hälfte des 20. Jahrhunderts" müsse sein, dass „es in Europa keine Kriegstreiberei mehr geben darf".[400]
Gerhard Schröder führt das Argument der deutschen Vergangenheit primär an, um den Einsatz deutscher Soldaten in Jugoslawien zu legitimieren. Es geht in dieser Hinsicht vor allem um die Zurückweisung von Einwänden, die bereits in den vorangegangenen Debatten von den Gegnern bewaffneter Auslandseinsätze der Bundeswehr angeführt wurden:

> „Dann wurde natürlich die Frage gestellt, was ausgerechnet deutsche Kampfflugzeuge und deutsche Soldaten in dieser Region bedeuten. Auch hier habe ich einen klaren Standpunkt: Ich denke, die Tatsache, dass Deutschland unter einer verbrecherischen

---

[398] Stephan, Cora: Der moralische Imperativ. Die Friedensbewegung und die neue deutsche Außenpolitik, S. 273, in: Schmid, Thomas (Hrsg.): Krieg im Kosovo, Reinbek 1999, S. 269-277.

[399] Helmut Lippelt, Plenarprotokoll 14/31, 26. März 1999.

[400] Joschka Fischer, Plenarprotokoll 13/248, 16. Oktober 1998.

Führung auf dem Balkan schuldig geworden ist, erlaubt es dem demokratischen Deutschland von heute nicht, in diesem Teil Europas Verbrechen geschehen zu lassen – eher umgekehrt."[401]

Insgesamt verweist die Verknüpfung der Argumente mit der deutschen Vergangenheit eher auf den allgemeines Topos der Debatte: die Verhinderung einer „humanitären Katastrophe". Statt eines konkreten Verweises auf die nationalsozialistische Vergangenheit, findet das kollektive Gedächtnis eher implizit Eingang in die Deutungsangebote der Befürworter des Kosovoeinsatzes. Es erscheint als allgemeine moralische Verpflichtung, Krieg, Aggression und Menschenrechtsverletzungen notfalls auch mit militärischen Mitteln entgegenzutreten.[402] Dabei spielen neben der deutschen Vergangenheit auch die bisherigen Erfahrungen in Jugoslawien eine entscheidende Rolle. Außenminister Kinkels Beitrag im Rahmen der Debatte bringt das deutlich zum Ausdruck:

„...Kardinal Puljic aus Sarajewo hat gesagt: ‚Wer das Böse nicht stoppt, wird schuld am Bösen'. Das ist die Lehre aus Bosnien, aber es ist auch die Lehre [...] aus unserer eigenen deutschen Geschichte. Sie gilt auch für den Kosovo."[403]

Auch Verteidigungsminister Rudolf Scharping hebt die moralische Legitimation der Intervention hervor. Zugleich greift er das diskursive Ereignis „Srebrenica" auf, setzt es in einen direkten Bezug zum Kosovoeinsatz und greift auf das damit verbundene Legitimitätspotential, wie es sich vor allem im Diskurs über den IFOR-Einsatz manifestiert hatte, zugunsten militärischer Interventionen zurück:

„Ich sage klar und eindeutig: Dieser Einsatz ist aus moralischen Gründen unumgänglich. Wir müssen es schaffen, der Moral die politischen Instrumente zu geben und der Politik die Moral. Denn Politik und Moral sind immer konkret. [...] Wir sollten gerade in diesen Tagen nicht vergessen: [...] wie damals die Schutzzonen der Vereinten Nationen in Bosnien von serbischen Soldaten überrannt wurden und die Menschen deportiert und interniert wurden; und was damals in Srebrenica und an anderen Orten geschah, ist bis heute ein Fanal des Völkermords im ausgehenden 20. Jahrhundert, und das im Herzen Europas. [...] Für sich persönlich auf Notwehr zu verzichten kann moralisch vorbildlich sein. Nothilfe gegen unrechte Gewalt zu verweigern ist dagegen immer moralisch fragwürdig."[404]

---

[401] Gerhard Schröder, Plenarprotokoll 13/248, 16. Oktober 1998.

[402] Für eine kritische Auseinandersetzung mit dieser moralischen Begründung siehe beispielsweise Bittermann, Klaus und Thomas Deichmann (Hrsg.): Wie Dr. Joseph Fischer lernte, die Bombe zu lieben. Die Grünen, die SPD, die NATO und der Krieg auf dem Balkan, Berlin 1999; Elsässer, Jürgen (Hrsg.): Nie wieder Krieg ohne uns. Das Kosovo und die neue deutsche Geopolitik, Hamburg 1999, S. 148-164. Besonders kritisch wird hier die Position der rotgrünen Regierung diskutiert. Die beiden Sammelbände vereinen beispielsweise eindeutige Anspielungen wie „Jäger90/DieOlivgrünen" und die „Kriegsregierung und ihre intellektuellen Bodentruppen".

[403] Klaus Kinkel, Plenarprotokoll 13/248, 16. Oktober 1998. Siehe hierzu in ganz ähnlicher Weise Volker Rühe in der gleichen Debatte.

[404] Scharping, Rudolf: Das transatlantische Bündnis auf dem Weg in das 21. Jahrhundert, Rede bei der Deutschen Atlantischen Gesellschaft in Bonn-Bad Godesberg am 18. April 1999, in: Bulletin der Bundesregierung, Nr. 18, 21. April 1999.

Diese weitgehend moralische Begründung des Kosovoeinsatzes und die Bezugnahme auf das kollektive Gedächtnis weisen über das Deutungsangebot der Basiserzählung auf ein drittes dominantes Deutungsmuster hin, welches im Rahmen des Diskurses sowohl auf der Seite der Befürworter als auch der Gegner eine herausragende Rolle spielt: die Frage der völkerrechtlichen Legitimation des Krieges. Wie bereits oben dargestellt, stützt sich das militärische Vorgehen der NATO nicht auf ein ausdrückliches Mandat des UN-Sicherheitsrates. Die Bundesregierung verweist in ihrem Antrag zur deutschen Beteiligung am Kosovokrieg lediglich auf die bestehenden UN-Resolutionen und den Beschluss des NATO-Rates. Die Gegner des Bundeswehreinsatzes beziehen sich daher vor allem auf die, nach ihrer Meinung fehlende völkerrechtliche Legitimierung für das Eingreifen der NATO.[405] Stellvertretend für viele bringt Kurt Neumann diese Bedenken in der Debatte auf den Punkt:

> „Nach den bisher unumstrittenen Grundsätzen des Völkerrechts sind die Voraussetzungen für ein gewaltsames Eingreifen nicht gegeben. Es liegt weder eine Notwehrsituation vor, noch hat die Völkergemeinschaft durch den Sicherheitsrat der Vereinten Nationen eine Ermächtigung zur Gewaltanwendung erteilt. Die Begründung dafür, dass ein militärisches Eingreifen im Kosovo dem geltenden Völkerrecht entspräche, gibt es schlichtweg nicht."[406]

Die Gegner erheben den Vorwurf einer Selbstmandatierung der NATO, welche im Widerspruch zum Völkerrecht stünde und das Gewaltmonopol der Vereinten Nationen schwäche. Vor allem für die Gegner aus den Reihen der SPD und der Grünen ist diese völkerrechtliche Bewertung der Hauptgrund für ihre Ablehnung des Bundeswehreinsatzes.[407] Darüber hinaus wird darauf verwiesen, dass BVerfG-Urteil von 1994 setze ebenfalls ein Mandat des UN-Sicherheitsrates für den Einsatz der Bundeswehr voraus. Die Beteiligung der Bundesrepublik widerspreche daher auch den vom BVerfG festgelegten Richtlinien und damit dem Grundgesetz.[408] Gregor Gysi (PDS) geht sogar darüber hinaus und bezeichnet die Beteiligung der Bundeswehr als einen „Angriffskrieg" nach Art.

---

[405] Für eine Diskussion der völkerrechtlichen Legitimation des Kosovokrieges siehe beispielsweise Steinkamm, Armin A.: Völkerrecht, Humanitäre Intervention und Legitimation des Bundeswehr-Einsatzes. Völker- und wehrrechtliche Aspekte des Kosovo-Konfliktes 1999, in: Clewing, Konrad und Jens Reuter (Koord.): Der Kosovo-Konflikt. Ursachen-Akteure-Verlauf, München 2000, S. 335-362; Lutz, Dieter (Hrsg.): Der Kosovo-Krieg. Rechtliche und rechtsethische Aspekte, Baden-Baden 1999/2000; Weber, Hermann: Paradigmenwechsel im Völkerrecht? Die Frage der Legalität der NATO-Luftangriffe auf Jugoslawien unter dem Gewaltverbot der UN-Charta, in: Siegelberg, Jens und Klaus Schlichte (Hrsg.): Strukturwandel internationaler Beziehungen. Zum Verhältnis von Staat und internationalem System seit dem Westfälischen Frieden, Opladen 2000, S. 378-416.
[406] Kurt Neumann, Plenarprotokoll 13/248, 16. Oktober 1998.
[407] Siehe hierzu ausführlicher die persönlichen Erklärungen zum Abstimmungsverhalten. Für die Grünen Winfried Nachtwei, Kerstin Müller und Volker Beck, für die SPD Konrad Gilges u.a., Plenarprotokoll 13/248, 16. Oktober 1998.
[408] Jens-Uwe Heuer, Plenarprotokoll 13/248, 16. Oktober 1998.

26 GG, der strafbar sei.[409] Von allen Gegner wird übereinstimmend der Einwand vorgebracht, der Kosovokrieg stelle damit einen Präzedenzfall dar, der weit über den Einzelfall hinaus Bedeutung für die internationale Ordnung habe. Besondere Bedeutung erhält dieses völkerrechtliche Argumentationsmuster in Verbindung mit dem moralischen Deutungsangebot zugunsten einer militärischen Intervention. Auf der Seite der Gegner bringt Ludger Vollmer (B90/Grüne) diesen Widerspruch auf den Punkt. Zugleich betont der die Bedeutung des Kosovokrieges als Präzedenzfall:

> „Der Deutsche Bundestag befindet sich in einem Entscheidungsdilemma. Er befindet sich im Widerspruch zwischen der Legitimität und der Legalität eines Militäreinsatzes. Es kann keinen Zweifel darin geben, dass es überfällig war, den boshaftesten Despoten in Europa, der Krieg gegen sein eigenes Staatsvolk führt, es entwurzelt, in die Wälder treibt und ermorden lässt, in seine Schranken zu verweisen, um eine humanitäre Katastrophe noch größeren Ausmaßes zu verhindern. Es kann aber auch nicht bezweifelt werden, dass die notwendige völkerrechtliche Grundlage für ein Eingreifen der NATO nicht gegeben ist. [...] Machen wir uns nichts vor: Die Argumentation, es handle sich um eine Ausnahme und nicht um einen Präzedenzfall, ist Augenwischerei. [...] Der Selbstmandatierung von Militärbündnissen ins Tür und Tor geöffnet; ein Sicherheitsrat, der immer dann umgangen wird, wenn dein Veto droht, ist als Garant des UNO-Gewaltmonopols außer Kraft gesetzt."[410]

Vollmers Diskursbeitrag greift damit das bereits oben dargestellte moralische Deutungsangebot der Befürworter auf. Für viele Gegner handelt es sich somit um einen Widerspruch zwischen der auch von ihnen als legitim anerkannten moralischen Verpflichtung zum Eingreifen und der völkerrechtlichen Ablehnung des Einsatzes. Damit weisen die Beiträge vieler Gegner jedoch prinzipiell auf die Legitimität des moralischen Deutungsangebotes hin. Auch die Mehrheit der Abgeordneten, die sich für den Kosovoeinsatz aussprechen, setzen sich offensiv mit den völkerrechtlichen Einwänden auseinander. Jedoch betonen sie das bereits oben dargestellte Deutungsangebot der „moralischen Verpflichtung" und kommen daher zu einem anderen Ergebnis als beispielsweise Ludger Vollmer. So weist Außenminister Kinkel auf die einschlägigen UN-Resolutionen und die darin festgestellte Bedrohung für Frieden und Sicherheit hin. Die vorliegende Notsituation und die sich anbahnende „humanitäre Katastrophe" legitimierten daher die Androhung und den Einsatz militärischer Gewalt. Die NATO ziele damit *„auf die Verwirklichung der einstimmig gefassten Sicherheitsratsresolution"*, und setze sich nicht mutwillig über sie hinweg.[411] Gerhard Schröder verweist in seinem Diskursbeitrag ebenfalls auf die bestehenden UN-Resolutionen als

---

[409] Gregor Gysi, Plenarprotokoll 13/248, 16. Oktober 1998 und ders., Plenarprotokoll 14/30, 25. März 1999.

[410] Ludger Vollmer, Plenarprotokoll 13/248, 16. Oktober 1998. Vgl. hierzu auch die persönliche Erklärung zum Abstimmungsverhalten von Burkhard Hirsch (FDP) in der gleichen Debatte.

[411] Klaus Kinkel, Plenarprotokoll 13/248, 16. Oktober 1998.

Entscheidungsgrundlage für die NATO. Diese handele daher zwar ohne ausdrückliches Mandat, aber *„im Bezugsrahmen der Vereinten Nationen".*[412] Der künftige Außenminister Joschka Fischer weicht im Rahmen seiner Rede insofern von diesem Argumentationsmuster ab, als dass er die Notwendigkeit eines UN-Mandats zum schnellstmöglichen Zeitpunkt anmahnt. Dennoch spricht auch er sich für den Kosovoeinsatz aus und weist den Vorwurf explizit zurück, der Kosovokrieg schaffe einen Präzedenzfall. Vielmehr sei die Entscheidung der *„Notfallsituation"* im Kosovo geschuldet:

> „Für uns ist es wichtig [...], dass es keine Selbstmandatierung der NATO in dieser Frage gibt. Ich möchte ausdrücklich noch einmal darauf verweisen, Herr Bundesaußenminister, dass Ihre heutige Erklärung, es handle sich um eine Notfallsituation, um eine Ausnahmesituation, nicht um einen Präzedenzfall, für uns ebenfalls von großer Bedeutung ist. Wir unterstützen nachdrücklich die Position, dass wir jetzt eine UN-Resolution mit einer eindeutigen, klaren Rechtsgrundlage brauchen."[413]

Auch die Befürworter des Bundeswehreinsatzes erkennen somit die Bedeutung des völkerrechtlichen Gegenarguments ausdrücklich an. Dennoch, darauf deutet bereits der in dieser Hinsicht relativ zurückhaltende Beitrag Fischers hin, wird die moralische Legitimation zum Einsatz militärischer Gewalt betont. Damit steht das bereits oben dargestellte Deutungsangebot einer auf der historischen Erfahrung beruhenden moralischen Verpflichtung zur Intervention im Mittelpunkt. Die Befürworter beziehen sich auf das bereits oben von Ludger Vollmer angesprochene Dilemma zwischen Legitimität und Legalität. In diesem Argumentationszusammenhang wird jedoch die Legitimität eines militärischen Eingreifens stärker gewichtet. Der Redebeitrag des FDP-Vorsitzenden, Wolfgang Gerhardt, bringt diesen Aspekt deutlich zum Vorschein. Gerhardt erkennt dabei den rechtlichen Einwand ausdrücklich an:

> „Diese Entscheidungsgrundlagen dürfen in einer Demokratie nicht beiseite geschoben werden können [sic]. Deshalb ist für mich die Erörterung, ob das klassische Mandat des Sicherheitsrates vorliegt, ob man es wieder zurückholen kann, ob eine Selbstmandatierung der NATO vorliegt, zwar wichtig, aber nicht entscheidend. Wir können nicht tatenlos zusehen, wenn sich regionale Faustrechte entwickeln und Menschenrechte in Regionen so verletzt werden, dass es zu humanitären Katastrophen kommen kann, weil das Gewaltmonopol der Vereinten Nationen nicht ausgeübt werden kann. Die Nichtausübung des Gewaltmonopols der Vereinten Nationen kann das Gegenteil dessen bewirken, was wir durch die völkerrechtliche Festschreibung des Gewaltmonopols erreichen wollten. [...] Es geht nicht nur um die Frage, ob es legal ist [...]. Jeder weiß, dass wir heute nicht den Königsweg gehen werden. Aber dieser Weg ist verantwortbar. Es ist meine tiefe Überzeugung, dass die Androhung von Gewalt gegen Milosevic und notfalls auch die Ausübung [...] in dieser außerordentlichen Situation legitim sind – ich benutze bewusst diesen Ausdruck. Allein darum geht es!"[414]

[412] Gerhard Schröder, Plenarprotokoll 13/248, 16. Oktober 1998.
[413] Joschka Fischer, Plenarprotokoll 13/248, 16. Oktober 1998.
[414] Wolfgang Gerhardt, Plenarprotokoll 13/248, 16. Oktober 1998. Siehe hierzu auch ähnlich lautend ders., Plenarprotokoll 14/31, 26. März 1999. Schwab-Trapp sieht in diesem

Die moralische Verpflichtung zur Intervention und die daraus abgeleitete Legitimität des Vorgehens der NATO stellen damit das dominante Deutungsangebot neben dem der Bündnissolidarität dar. Zumindest implizit bringt der Beitrag Gerhardts den Wandel der Basiserzählung hin zu der Handlungsaufforderung „Nie wieder Auschwitz" zum Ausdruck. Expliziter äußern sich in diesem Zusammenhang Abgeordnete der Grünen im Rahmen einer persönlichen Erklärung, die, anknüpfend an dieses Deutungsangebot, die Bedeutung des kollektiven Gedächtnisses als Argument für eine militärische Intervention herausstellen:

> „Obwohl die UNO die beste Möglichkeit der Entwicklung einer Weltfriedensordnung ist, die wir haben, ist sie und ihr Sicherheitsrat nicht die Institutionalisierung von Naturrecht. Internationales Recht wächst historisch. [...] Die UNO ist entworfen nach der militärischen Niederwerfung des faschistischen Deutschlands. Der Sicherheitsrat entspricht der Großmachtkonstellation jenes Augenblicks. Wenn er deshalb nicht wie ein Welt-Areopag handelt, sondern sich gegenseitig blockiert, ist es gerechtfertigt, nach ‚Hilfskonstruktionen' zu suchen, die es erlauben, rassistischem Vorgehen in den Arm zu fallen. Gerade aufgrund unserer eigenen Geschichte müssen wir das tun."[415]

In Anlehnung an dieses Deutungsangebot weist Rudolf Scharping (SPD) den vorgebrachten Einwand eines völkerrechtlichen Präzedenzfalles zurück und dreht ihn im Gegenzug in ein Argument für den Kosovoeinsatz. Gerade ein Nichteingreifen, so Scharping, könne zum Präzedenzfall und somit zum falschen Signal für künftige Konflikte werden. Es müsse daher vielmehr um eine Anpassung des Völkerrechts und möglicherweise der UN-Charta gehen, um Legitimität und Legalität in Zukunft in Einklang zu bringen.[416]
Das auf dem gewandelten Verständnis der Basiserzählung beruhende Deutungsangebot der moralischen Verpflichtung zur Intervention kann hier aus verschiedenen Gründen als legitime Begründung für die Befürworter des Kosovoeinsatzes verwendet werden. Zum ersten, so hat die bisherige Analyse des Elitendiskurses gezeigt, hat der Wandel der Basiserzählung und die damit verbundene Norm „Nie wieder Auschwitz" bereits im vorangegangenen Diskurs an Legitimität gewonnen. Sie kann daher auch hier als handlungsleitendes Deutungsangebot eingeführt werden. Zweitens ist mit diesem Deutungsangebot eine aktive Handlungsaufforderung zur militärischen Intervention verbunden. Dahingegen handelt es sich bei den völkerrechtlichen Einwänden um ein eher abstraktes Argument. Nicht zuletzt angesichts der medialen Berichterstattung über die Vorgänge im Kosovo kann eine aktive Handlungsaufforderung jedoch mehr Legitimität entfalten als das eher theoretische Deutungsangebot der

---

Zusammenhang auch eine Abkehr von der „legalistisch verfassten politischen Kultur" der Bundesrepublik. Siehe ausführlicher Schwab-Trapp: Kriegsdiskurse, S. 285-286.

[415] Helmut Lippelt, Ulrike Höfken, Franziska Eichstädt-Bohlig und Antje Vollmer, Persönliche Erklärung zum Abstimmungsverhalten, Plenarprotokoll 13/248, 16. Oktober 1998.

[416] Rudolf Scharping, Plenarprotokoll 13/248, 16. Oktober 1998.

Verletzung des Völkerrechts.[417] Schließlich findet dieses Deutungsangebot einen Anknüpfungspunkt in der internationalen Norm der „humanitären Intervention".[418] Der Wandel der Basiserzählung und das daraus abgeleitete Deutungsangebot der militärischen Intervention zum Schutz der Menschenrechte und zur Friedenssicherung können sich nicht zuletzt aufgrund dieser Verknüpfung gegen die völkerrechtlichen Einwände der Gegner durchsetzen. Dies zeigt im Rahmen des Elitendiskurses beispielsweise der Beitrag von Günther Verheugen (SPD). Er legitimiert das Deutungsangebot mit dem Verweis auf einen fortschreitenden Wandel des Völkerrechts:

> „Vor 15 Jahren wäre selbst die Resolution 1199, auf die wir uns heute stützen, nicht möglich gewesen, weil die Vereinten Nationen eine solche Resolution damals unter dem Gesichtspunkt der Nichteinmischung in innere Angelegenheiten nicht hätte fassen können. [...] Es ist wichtig, festzuhalten, dass das Völkerrecht heute auf einem Stand angekommen ist, der besagt, dass systematische Menschenrechtsverletzungen in einem Land dem Tätigwerden der internationalen Gemeinschaft nicht deshalb entgegenstehen, weil es sich um die innere Angelegenheit dieses Landes handelt. Dieser Stand ist bereits erreicht."[419]

Es gehe also vielmehr darum, so fährt Verheugen fort, die Norm der humanitären Intervention auf eine völkerrechtliche Grundlage zu stellen, *„die den jeweiligen Außenminister nicht in die Lage bringt, sagen zu müssen, es sei rechtlich vertretbar, sondern in die Lage bringt, zu sagen: Das ist das Völkerrecht, das es uns erlaubt, in einem solchen Fall tätig zu werden."*

Das gewandelte Verständnis der Basiserzählung setzt demgegenüber die Friedensbewegung weiteren Delegitimationsprozessen aus. Eine „passive Haltung", wie sie aus der Norm „Nie wieder Krieg" folgt, kann angesichts dieses Deutungsangebotes und seiner breiten Akzeptanz nur noch begrenzt Legitimität entfalten.

Zugleich ermöglicht das gewandelte Verständnis der Basiserzählung es der „linken" Diskursgemeinschaft, Kontinuität zu betonen. Erneut wird darauf verwiesen, es handele sich primär um einen „Friedenseinsatz" und damit um die grundsätzliche Kontinuität der Ziele deutscher Sicherheitspolitik. Lediglich eine Anpassung der Instrumente sei notwendig, um der Norm „Nie wieder Krieg" letztlich neue Geltung zu verschaffen. Eine auf der antimilitaristischen Norm beruhende Ablehnung militärischer Einsätze der Bundeswehr könne angesichts der veränderten Rahmenbedingungen keine Legitimität mehr entfalten. Der

---

[417] Hierzu ausführlicher Schwab-Trapp: Kriegsdiskurse, S. 383-386.

[418] Finnemore: Constructing Norms. Konkreter bezogen auf den Kosovokrieg siehe auch Hyde-Price: Germany, S. 30.

[419] Günther Verheugen, Plenarprotokoll 13/248, 16. Oktober 1998. In ganz ähnlicher Weise äußert sich Joschka Fischer in Bezug auf den Kosovokrieg im September 1999 vor der UN-Generalversammlung. Vgl. Fischer, Joschka: Rede vor der 54 Generalversammlung der Vereinten Nationen am 22. September 1999 in New York, in: Bulletin der Bundesregierung, Nr. 57, 24. September 1999.

Beitrag von Gerald Häfner und Angelika Köster-Lossack (beide B90/Grüne), in Form einer persönlichen Erklärung zum Abstimmungsverhalten am 16. Oktober 1999, lässt diesen Wandel der Basiserzählung deutlich werden und macht die weitgehende Delegitimierung der „traditionellen" Friedensbewegung deutlich. Beide stimmen dem Kosovoeinsatz der Bundeswehr zu,

> „weil auch und gerade meine pazifistische Grundüberzeugung verlangt, dass organisierter Mord, Vertreibung und Geiselnahme einer ganzen Bevölkerung niemals hingenommen werden dürfen und dass deshalb den Mördern entgegengetreten und Einhalt geboten werden muss, notfalls auch unter Anwendung militärischer Gewalt. Pazifismus darf nicht zu einer kaltherzigen, ideologischen Fratze werden, die zulässt und zusieht, wie Menschen zu Hunderttausenden verfolgt und umgebracht werden. [...] Nein: Eine pazifistische, gewaltfreie Grundhaltung verlangt, wo immer möglich, die Diktatoren in die Schranken zu weisen, zu entwaffnen und zur Rechenschaft zu ziehen."[420]

Die Debatte über den Kosovokrieg macht somit deutlich, dass sich der neue Konsens über die militärischen Einsatzmöglichkeiten der Bundeswehr im Rahmen des Elitendiskurses weitgehend institutionalisiert hat. Die dominanten Deutungsangebote sind das der Bündnissolidarität sowie die aus der gewandelten Basiserzählung erwachsende moralische Verpflichtung zur „humanitären Intervention".[421] Dabei greifen vor allem die Vertreter der „linken" Diskursgemeinschaft auf eine moralische Begründung der militärischen Intervention zurück.[422] „Nie wieder Krieg" als handlungsleitende Norm ist damit in ihrer unmittelbaren Bedeutung für sicherheitspolitisches Handeln eingeschränkt und tritt hinter die „moralische Verpflichtung" zur Intervention zurück. Die deutsche Vergangenheit wird somit in entscheidendem Maße als Argument für eine militärische Beteiligung der Bundeswehr angeführt.[423] Die aus der Vergangenheit abgeleitete Norm des Antimilitarismus spielt allenfalls noch indirekt in dem Sinne eine Rolle, als dass der bewaffnete Einsatz im Kosovo als Einsatz für den Frieden bezeichnet wird.

3.6.3 Politische Praxis und öffentliche Meinung

Dass sich im Zuge des Diskurses ein neuer sicherheitspolitischer Konsens etabliert hat, zeigt auch symbolisch der Verlauf der Bundestagsdebatte am 25. März 1999. Nur über eine Geschäftsordnungsdebatte erreichen Gregor Gysi (PDS) und Christian Ströbele (B90/Grüne) als Vertreter der Gegner des

---

[420] Gerald Häfner und Angelika Köster-Lossack, Plenarprotokoll 13/248, 16. Oktober 1998. Siehe hierzu auch Wolfgang Gerhard, Plenarprotokoll 14/31, 26. März 1999.

[421] Vgl. Hyde-Price: Germany, S. 21-22; Maull: Germany's Foreign Policy, S. 116-118.

[422] Darauf verweist Christian Schmidt (CDU/CSU) explizit. Siehe hierzu Christian Schmidt, Plenarprotokoll 14/162, 30. März 2001. Siehe auch Kamp, Karl-Heinz und Peter R: Weilemann: Deutsche Außenpolitik für das 21. Jahrhundert: Plädoyer für eine neue außenpolitische Kultur, Arbeitspapier der Konrad-Adenauer-Stiftung, Sankt Augustin 2000.

[423] Siehe hierzu auch Schwab-Trapp: Kriegsdiskurse, S. 263.

Kosovoeinsatzes, dass sich das Plenum einen Tag nach Beginn der Luftangriffe zumindest kurz mit den Geschehnissen befasst. Besonders deutlich wird die Bedeutung dessen im Beitrag von Ströbele, der Vorwürfe an seine eigene Fraktion richtet:

> „Ich verstehe meine Fraktion nicht, die für mehr Frieden in der Welt angetreten ist, die eine Friedenspolitik machen will. Sie setzt sich hierhin und ist damit einverstanden, dass, wenn von deutschem Boden nach 54 Jahren wieder Krieg ausgeht, darüber hier nicht einmal geredet wird."[424]

> Die politische Praxis dokumentiert ebenfalls eindrücklich die weitgehende Institutionalisierung des neuen sicherheitspolitischen Konsenses. Diese wirkt wiederum verstärkend auf den Elitendiskurs, indem sie die dominanten Deutungsangebote in sicherheitspolitisches Handeln umgesetzt und sie damit weitergehend institutionalisiert.[425]

In der Abstimmung am 16. Oktober 1998 findet sich eine breite Mehrheit für die Beteiligung der Bundeswehr an diesem ersten Kampfeinsatz in der Geschichte der Bundesrepublik. 500 Abgeordnete stimmen für den Antrag der Bundesregierung, der den Einsatz von bis zu 14 Tornados und rund 500 Soldaten vorsieht.[426] Nur 62 Abgeordnete sprechen sich gegen den Einsatz aus, 18 Parlamentarier enthalten sich der Stimme. Abgesehen von drei Abgeordneten stimmen die Fraktionen von CDU/CSU und FDP geschlossen für den Einsatz. Auch auf Seiten der SPD gibt es nur 21 Gegenstimmen und sieben Enthaltungen. Die Mehrheit der Grünen unterstützt den Kosovoeinsatz ebenfalls. Neun Abgeordnete der Fraktion stimmen gegen die Bundeswehrbeteiligung, acht weitere enthalten sich. Somit hat sich die Zahl der Gegenstimmen gegenüber den vorangegangenen Entscheidungen zur IFOR- und SFOR-Beteiligung erneut verringert, obwohl der qualitative Unterschied zwischen beiden Missionen und dem Kosovoeinsatz offensichtlich ist. Zugleich muss jedoch auch darauf hingewiesen werden, dass sich die Voraussetzungen durch den anstehenden Regierungswechsel grundsätzlich verändert hatten. Vor allem die Grünen müssen in der Abstimmung auch ihre sicherheitspolitische Regierungsfähigkeit unter Beweis stellen – man kann insofern von einem Wechsel von *„symbolischer Politik"* zu *„Entscheidungspolitik"* sprechen.[427] Dennoch legt auch das Abstimmungsverhalten den Schluss nahe, dass sich ein grundlegender Wandel der sicherheitspolitischen Kultur vollzogen hat. Damit ist die Opposition der SPD und der Grünen gegen bewaffnete Auslandeinsätze der

---

[424] Christian Ströbele, Plenarprotokoll 14/30, 25. März 1999. Siehe auch Gregor Gysis Geschäftsordnungsantrag zu Beginn dieser Debatte.

[425] Siehe hierzu Schwab-Trapp: Kriegsdiskurse, S. 348.

[426] Antrag der Bundesregierung, Drucksache 13/11469.

[427] Schwab-Trapp: Kriegsdiskurse, S. 280. Angelika Beer (B90/Grüne) verweist auf die mehrheitliche Zustimmung der Grünen, und dass man sich damit *„in voller Verantwortung in dieser Regierungskoalition"* positioniere. Siehe Angelika Beer, Plenarprotokoll 13/248, 16. Oktober 1998. Vgl. auch Volker Rühe in der gleichen Debatte.

Bundeswehr endgültig aufgebrochen. Nur die PDS nimmt noch geschlossen die Rolle der „antimilitaristischen" Opposition ein. Dieser Schnitt zwischen der PDS und den anderen Parteien kann als politischer und geographischer verstanden werden. Die politische Spaltung ist insofern bereits in der Analyse der diskursiven und politischen Praxis deutlich geworden, als dass nur noch die PDS geschlossen gegen bewaffnete Auslandseinsätze der Bundeswehr opponiert und dies auch in ihrem Abstimmungsverhalten deutlich macht. Diese grundsätzliche Ablehnung des neuen Konsenses zeigt sich im Rahmen der öffentlichen Meinung nur noch in Ostdeutschland. So spricht sich im April 1999 nicht nur eine Mehrheit von 55,8 Prozent gegen eine Beteiligung der Bundeswehr am Kosovokrieg, sondern auch eine ähnlich großer Anteil von 55,7 Prozent prinzipiell gegen die Luftangriffe der NATO aus. Dem steht im Westen eine Zustimmung zum militärischen Vorgehen der NATO von 64,4 Prozent entgegen. Ebenso viele Westdeutschen halten eine Beteiligung der Bundeswehr für richtig.[428] Dem ablehnenden Abstimmungs- und Diskursverhalten der PDS korrespondiert somit eine weitgehend entsprechende öffentliche Meinung in den ostdeutschen Ländern. Damit setzt sich fort, was sich bereits in den vorangegangenen Debatten abgezeichnet hatte. Sowohl in der Frage des Tornadoeinsatzes als auch bei der IFOR- und SFOR-Beteiligung hatte sich eine Mehrheit der Ostdeutschen gegen einen Einsatz der Bundeswehr ausgesprochen.[429] Die PDS erscheint damit in dieser sicherheitspolitischen Frage als ostdeutsche Vertretungspartei, welche die ostdeutsche öffentliche Meinung im Diskurs der politischen Eliten repräsentiert. Insofern kann auch von einer geographischen Trennung gesprochen werden.[430] Dennoch zeigt sich auch in Ostdeutschland keine durchgängig ablehnende Haltung gegenüber militärischen Auslandseinsätzen der Bundeswehr. Der Einsatz der KFOR nach Ende der Luftangriffe in Jugoslawien findet auch in Ostdeutschland eine, wenn auch sehr knappe Mehrheit in der Bevölkerung. Die Zustimmung im Westen ist dagegen deutlich höher.[431]

---

[428] Politbarometer, April 1999, Datensatz der Forschungsgruppe Wahlen, Mannheim. Hyde-Price verweist darauf, dass im Osten ebenfalls nur 38 Prozent an die humanitäre Zielsetzung als Hauptmotiv für den Kosovokrieg glauben. Zumindest eine Mehrheit von 59 Prozent der Westdeutschen glaubt an die Begründung der humanitären Intervention. Siehe Hyde-Price: Germany, S. 27.

[429] Eine Ausnahme stellt nur die knappe Mehrheit im Dezember 1995 für eine deutsche Beteiligung am IFOR-Einsatz dar. Siehe Politbarometer, Dezember 1995, Datensatz der Forschungsgruppe Wahlen, Mannheim.

[430] Schwab-Trapp bezieht sich in dieser Einschätzung vor allem auf den Diskurs der intellektuellen ostdeutschen Eliten. Siehe hierzu ausführlicher Schwab-Trapp: Kriegsdiskurse, S. 308-312.

[431] Im Juni 1999 sprechen sich in Ostdeutschland 51,2 Prozent für und 45,4 Prozent gegen den Einsatz der Bundeswehr im Rahmen der KFOR aus. Im September 1999 ist die Zustimmung auf 49 Prozent gesunken, während die Ablehnung bei 47,1 Prozent liegt. Im Westen dagegen sprechen sich sowohl im Juni als auch im September 1999 rund 70 Prozent für die KFOR-Beteiligung und nur rund 26 Prozent dagegen aus. Siehe hierzu

Weitgehend übereinstimmend ist dagegen das Meinungsbild in Ost und West bezüglich des Einsatzes von Bodentruppen, wie sie während des Kosovokrieges wiederholt diskutiert wird. Eine klare Mehrheit von 67,9 Prozent im April und 66,6 Prozent im Mai spricht sich gegen den Einsatz von Bodentruppen im Kosovo aus. Tendenziell ist die Ablehnung von Bodentruppen im Osten zwar höher, es besteht dennoch ein grundsätzlicher Konsens.[432] Die Skepsis gegenüber dem Einsatz von Bodentruppen legt den Schluss nahe, dass der Einsatz der Bundeswehr von Seiten der Bevölkerung weiterhin nur mit grundsätzlichen Einschränkungen befürwortet wird.[433] Insofern ist die sicherheitspolitische Kultur der militärischen Zurückhaltung weiterhin in der öffentlichen Meinung verankert, auch wenn sich die prinzipielle Ablehnung eines militärischen Einsatzes der Bundeswehr außerhalb des Bündnisgebietes relativiert hat.

Die Ausbildung eines neuen sicherheitspolitischen Konsenses im Rahmen des Elitendiskurses und der Wandel gesamtgesellschaftlicher Einstellungsmuster sind bisher jedoch vor allem auf die Entwicklungen im ehemaligen Jugoslawien bezogen. Mit der Frage einer deutschen Beteiligung an der militärischen Bekämpfung des internationalen Terrorismus wird diese geographische Begrenzung der Debatte aufgehoben. Insofern kann die Analyse des Diskurses über „Enduring Freedom" in gewisser Weise als Kontrollinstanz fungieren und über die auf den Balkan fokussierte Debatte hinausweisen.

3.7 Die Weiterentwicklung des Konsenses – „Enduring Freedom" und der „Kampf gegen den Terrorismus"

3.7.1 Thematische Einführung

Als Reaktion auf den 11. September 2001 verurteilte der Deutsche Bundestag am 19. September *„aufs Schärfste die menschenverachtenden Terroranschläge"* von New York und Washington. Zugleich begrüßte er die Resolution 1368 des UN-Sicherheitsrats, in welcher die Anschläge als Bedrohung des internationalen Friedens und der Sicherheit bezeichnet wurden und stimmte der Erklärung des Nordatlantikrates vom 12. September zu, der mit Bezug auf Artikel 5 des NATO-Vertrages erklärt hatte, der Bündnisfall könne festgestellt werden, falls es sich um einen aus dem Ausland verübten Anschlag handele.[434] Der gemeinsam von allen Fraktionen außer der PDS eingebrachte

---

Politikbarometer, Juni und September 1999, Datensätze der Forschungsgruppe Wahlen, Mannheim.

[432] Politibarometer, April und Mai 1999, Datensätze der Forschungsgruppe Wahlen, Mannheim.

[433] So übereinstimmend Maull: Germany's Foreign Policy, S. 114.

[434] Entschließungsantrag der Fraktionen SPD, CDU/CSU, BÜNDNIS 90/DIE GRÜNEN und FDP, Drucksache 14/6920.

Entschließungsantrag fand die breite Unterstützung des Bundestags.[435] Absatz 7 dieses Beschlusses sah ausdrücklich vor, *„den Bekundungen der uneingeschränkten Solidarität mit den Vereinigten Staaten konkrete Maßnahmen des Beistandes folgen zu lassen".* Neben politischer und wirtschaftlicher Unterstützung wurden explizit auch die *„Bereitstellung geeigneter militärischer Fähigkeiten"* genannt, denen der Bundestag dann den verfassungsrechtlichen Vorgaben entsprechend zustimmen müsse.[436] Auf der Basis dieses Beschlusses sowie einer entsprechenden Anfrage der Vereinigten Staaten entschied der Bundestag am 16. November 2001 über die Bereitstellung deutscher Streitkräfte für die am 7. Oktober begonnene Operation „Enduring Freedom".[437] Bundeskanzler Schröder verknüpfte den Antrag zum Einsatz der Bundeswehr mit der Vertrauensfrage.[438] Dies geschah vor allem als Reaktion auf das Abstimmungsverhalten der Regierungskoalition in der Frage einer Beteiligung der Bundeswehr an der NATO Operation „Essential Harvest" in Mazedonien vom 29. August 2001. Im Rahmen dieses Einsatzes sollte die Bundeswehr mit bis zu 500 Soldaten an der Entwaffnung albanischer Separatisten teilnehmen. Der Einsatz erfolgte auf Einladung der mazedonischen Konfliktparteien und wurde auf einen Zeitraum von 30 Tagen begrenzt. Statt der für eine eigene rot-grüne Mehrheit erforderlichen 318 Abgeordneten, stimmten nur 305 Parlamentarier von SPD und Grünen für den entsprechenden Antrag der Bundesregierung.[439] Die Ablehnung der übrigen Abgeordneten der Koalition hatte sich vor allem am Fehlen eines UN-Mandates für „Essential Harvest" entzündet. Insgesamt stimmten jedoch 497 Abgeordnete dem Antrag der Bundesregierung zu, so dass die ersten Bundeswehrsoldaten unmittelbar nach dem Beschluss am 29. August 2001 nach Mazedonien aufbrechen konnten. Die meisten der insgesamt 130 Gegenstimmen kamen aus der CDU/CSU-Fraktion, obwohl die Parteispitze die Zustimmung empfohlen hatte. Die Kritik bezog sich hier vor allem auf die Formulierung des NATO-Mandats. Die Unionsfraktion forderte ein „robusteres" Mandat für die NATO-Truppe sowie eine zeitliche Ausdehnung des Mandats.[440]

---

[435] 565 Abgeordnete stimmten für, 40 gegen den Entschließungsantrag und sechs Parlamentarier enthielten sich.. Neben der PDS stimmten lediglich 4 Abgeordnete der Grünen und einer der SPD gegen den Antrag. Siehe Plenarprotokoll 14/187, 19. September 2001.

[436] Siehe Entschließungsantrag, Drucksache 14/6920.

[437] Zu den Details der deutschen Beteiligung an „Enduring Freedom" siehe ausführlicher http://www.bundeswehr.de/wir/einsatz/enduring_freedom.php   und http://www.bundesregierung.de/emagazine_entw,-65262/Einsatz-der-Bundeswehr-innerha.htm

[438] Siehe Antrag des Bundeskanzlers, Drucksache 14/7440.

[439] Antrag der Bundesregierung, Drucksache 14/6830.

[440] Vgl. Plenarprotokoll 14/184, 29. August 2001. Dem Folgeeinsatz unter dem Namen „Amber Fox" stimmte dann wieder eine große Mehrheit von 528 Abgeordneten zu. Aus den Reihen der SPD und Grünen enthielten sich sieben Abgeordnete der Stimme, die übrigen stimmten zu. Siehe Plenarprotokoll 14/190, 27. September 2001.

Der Antrag der Bundesregierung auf Beteiligung der Bundeswehr an „Enduring Freedom" sah eine Obergrenze von 3.900 Bundeswehrsoldaten, die Befristung des Mandats auf zunächst 12 Monate sowie eine geographische Beschränkung des Einsatzraumes auf die arabische Halbinsel, Mittel- und Zentralasien, Nord-Ost-Afrika sowie die angrenzenden Seegebiete vor. Zu den bereitzustellenden Streitkräften gehörten u.a. ABC-Abwehr-, Sanitäts-, Lufttransport-, Seestreitkräfte sowie rund 100 Soldaten der Spezialkräfte.[441] Dem Antrag in Verbindung mit der Vertrauensfrage stimmte der Bundestag am 16. November mit 336 zu 326 Stimmen zu. Vier Abgeordnete der Grünen votierten mit Nein, weitere vier erklärten trotz ihrer Zustimmung zur Vertrauensfrage ihre Ablehnung des Bundeswehreinsatzes in persönlichen Erklärungen zum Abstimmungsverhalten.

Nach dem weitgehenden Ende der Kampfhandlungen in Afghanistan, an denen nur die rund 100 Spezialkräfte der Bundeswehr indirekt beteiligt waren, und dem Abschluss der Verhandlungen über eine afghanische Interimsregierung verabschiedete der UN-Sicherheitsrat am 20. Dezember 2001 ein Mandat für den Einsatz einer internationalen Sicherheitstruppe.[442] Die „International Security Assistance Force" (ISAF) sollte die Arbeit der neuen afghanischen Übergangsregierung absichern und in der Hauptstadt Kabul sowie der näheren Umgebung eingesetzt werden. Dem Antrag der Bundesregierung auf eine Beteiligung der Bundeswehr an der ISAF stimmte der Bundestag am 22. Dezember 2001 mit großer Mehrheit zu. Der Einsatzbeschluss sah eine Obergrenze von 1.200 Bundeswehrsoldaten vor. Das Einsatzgebiet wurde, dem UN-Mandat entsprechend, auf Kabul und die nähere Umgebung begrenzt. Zu den bereitgestellten Kräften gehörten u.a. Infanterie-, Hubschrauber- und Lufttransportkräfte.[443]

Die Beteiligung der Bundeswehr an „Enduring Freedom" stellt insofern eine wichtige Zäsur dar, als dass deutsche Soldaten erstmals außerhalb Europas an einem weitgehend militärischen Einsatz beteiligt sind. Zum ersten Mal seit dem Aufbrechen des antimilitaristischen Konsenses im Zuge des Golfkrieges geht es

---

[441] Antrag der Bundesregierung, Drucksache 14/7296. U.a. sind rund 50 Soldaten und Fuchs-Spürpanzer in Kuwait eingesetzt, ca. 1.300 Soldaten samt drei Fregatten, fünf Schnellbooten und weiterer Schiffe der Bundesmarine sichern die internationalen Gewässer am Horn von Afrika, Spezialkräfte der Bundeswehr sind in Afghanistan eingesetzt. Weitere Bundeswehrsoldaten sind in Djibuti eingesetzt.

[442] Zu den Details des ISAF-Mandats und der deutschen Beteiligung siehe „Verantwortung für Frieden und Freiheit", hrsg. vom Presse- und Informationsamt der Bundesregierung, Berlin 2002 sowie http://www.bundesregierung.de/emagazine_entw,-65913/Einsatz-der-Bundeswehr-innerha.htm.

[443] Antrag der Bundesregierung, Drucksache 14/7930. Derzeit sind rund 1.000 Soldaten in Kabul und weitere 160 in Usbekistan stationiert. Das zunächst bis zum 30. Juni 2002 befristete Mandat der ISAF wurde am 23. Mai 2002 vom UN-Sicherheitsrat verlängert. Für die Fortsetzung der Bundeswehrbeteiligung stimmte der Deutsche Bundestag am 14. Juni 2002 mit großer Mehrheit. Siehe hierzu Plenarprotokoll 14/243, 14. Juni 2002.

damit nicht um den Einsatz deutscher Soldaten auf dem Balkan. Ist der Diskurs damit fast zwangsläufig gewissen Veränderungen unterworfen, so stehen dennoch weiterhin die bereits in den vorangegangenen Debatten entwickelten Deutungsangebote im Mittelpunkt des Elitendiskurses. Vor allem der Aspekt der Bündnissolidarität sowie die Verknüpfung mit dem Diskurs über die europäische Integration rücken ins Zentrum der Auseinandersetzung. Erneut gewinnt auch der bereits im Diskurs über den Golfkrieg registrierte Aspekt der gestiegenen Verantwortung Deutschlands an Bedeutung. Das gewandelte Verständnis der Basiserzählung und die daraus abgeleitete Norm „Nie wieder Auschwitz" spielt zwar weniger explizit eine Rolle als in den vorangegangenen Debatten, das kollektive Gedächtnis findet jedoch auch im Rahmen der Diskussion über „Enduring Freedom" Eingang in den Diskurs. Es dient hier vor allem als verbindendes Element zu den vorangegangenen Auseinandersetzungen über den Einsatz der Bundeswehr.

3.7.2 Dominante Deutungsangebote und Normen

Dem Deutungsangebot der Bündnissolidarität als Argument für militärische Interventionen der Bundeswehr kommt, wie bereits im vorangegangenen Diskurs, auch in der Debatte über eine deutsche Beteiligung an „Enduring Freedom" eine herausragende Bedeutung zu. Dafür ist neben der diskursiven Auseinandersetzung maßgeblich auch die politische „Realität" verantwortlich, da die NATO als Reaktion auf die Terroranschläge vom 11. September am 4. Oktober 2002 offiziell den Bündnisfall feststellte. Das bisher relativ abstrakte Deutungsangebot der Bündnissolidarität findet damit einen praktischen Anknüpfungspunkt in der politischen Realität. Es wird damit von einer normativen Vorgabe zu einer konkreten politischen Verhaltenserwartung. Durch die formale Feststellung des Bündnisfalles können sich die Gegner einer deutschen Beteiligung an „Enduring Freedom" diesem Deutungsangebot nicht mehr rein argumentativ widersetzen. Die politische Realität und die politische Praxis der NATO haben hier über den Diskurs hinaus bereits Fakten geschaffen, an die sich dieser ankoppeln kann. Damit wird das Argument der Bündnissolidarität sowohl zum diskursiven Deutungsangebot als auch zur politischen Wirklichkeit.

Im Rahmen des Diskurses wird zum einen auf die historische Dimension des Deutungsangebotes verwiesen. Der SPD-Fraktionsvorsitzende, Peter Struck, verweist auf die deutschen Nachkriegserfahrungen, welche die Handlungsaufforderung begründeten, Bündnissolidarität zu üben. Deutschland könne nun seinerseits einen Teil der bisher erfahrenen Solidarität zurückgeben:

> „Die Bundesrepublik hat in mehr als 50 Jahren mit verschiedenen Regierungen und
> unterschiedlichen Koalitionsregierungen gelebt. Aber sie hat nur gelebt und sich in
> Freiheit entfalten können, weil sie sich der Bündnissolidarität ihrer NATO-Partner als

Konstante sicher sein durfte. Diese Konstante darf man nicht aufgeben, wenn erstmals von uns Bündnissolidarität eingefordert wird."[444]

Zum anderen wird das normative Verständnis des westlichen Bündnisses als Wertegemeinschaft betont. Die Solidarität mit dem Bündnis und den westlichen Partnern sei auch aus diesem Grund mehr als eine rein formale oder vertragliche Verpflichtung. Die Beteiligung der Bundeswehr an „Enduring Freedom" sei zugleich ein Beitrag zur Verteidigung der gemeinsamen Werte und der ideellen Grundlagen deutscher Politik. Der Diskursbeitrag von Bundeskanzler Schröder bringt diesen Aspekt deutlich zum Vorschein. Zugleich weist er damit auf die drei bisher angesprochenen Aspekte – die formale Bündnisverpflichtung, die deutsche Nachkriegserfahrung und die Verteidigung der gemeinsamen ideellen Grundlagen – ausdrücklich hin:

„Der NATO-Rat hat am 4. Oktober dieses Jahres erstmalig in der Geschichte des Bündnisses den Bündnisfall nach Art. 5 des NATO-Vertrages festgestellt. Das ist eine Entscheidung von großer Tragweite, die uns übrigens nicht nur formal [...] verpflichtet. Nein, ich denke, unsere Verpflichtung geht weiter, als lediglich eine Bündnispflicht zu erfüllen. Wir haben gemeinsam immer wieder darauf verwiesen, dass insbesondere die Angriffe auf New York und Washington [...] nicht nur Angriffe auf die Werte waren, nach denen sich die Amerikaner politisch konstituieren, sondern auch Angriffe auf jene Werte, die für uns politisch konstitutiv sind, nämlich die Werte des Grundgesetzes. [...] Wir haben über Jahrzehnte Solidarität erfahren. Deshalb ist es schlicht unsere Pflicht – das entspricht unserem Verständnis von Selbstachtung –, wenn wir in der jetzigen Situation Bündnissolidarität zurückgeben."[445]

Wie bereits oben angesprochen, kann das Deutungsangebot der Bündnissolidarität an die in der sicherheitspolitischen Kultur institutionalisierten Norm des Multilateralismus anknüpfen und nicht zuletzt daher großes Legitimationspotential entfalten. Zugleich verbindet es sich in der Debatte über „Enduring Freedom" erneut verstärkt mit dem Diskurs über die europäische Integration. Wie bereits in den vorangegangenen Debatten kann durch diese Verknüpfung mit dem Thema „Europa" zusätzliches Legitimationspotential zugunsten bewaffneter Einsätze der Bundeswehr ausgeschöpft werden, da die Norm der Integration und der Westbindung neben der des Multilateralismus ebenfalls fest in der politischen Kultur institutionalisiert ist. Verteidigungsminister Rudolf Scharping stellt einen solchen Zusammenhang beispielsweise in seinem Redebeitrag am 8. November 2001 her. Er wirft die Frage auf, welche Folgen eine militärische Nichtbeteiligung der Bundesrepublik an „Enduring Freedom" hätte. Neben der daraus folgenden Unfähigkeit, die Politik der USA in gewissem Maße zu beeinflussen, verweist er auf die

---

[444] Peter Struck, Plenarprotokoll 14/202, 16. November 2001.
[445] Gerhard Schröder, Plenarprotokoll 14/198, 8. November 2001. Zugleich wird die Wahrnehmung der Bündnissolidarität auch als Mittel verstanden, Einfluss auf die Politik der USA zu nehmen und diese multilateral einzubinden. Siehe hierzu beispielsweise Joschka Fischer, Plenarprotokoll 14/198, 8. November 2001 und Gert Weisskirchen, Plenarprotokoll 14/200, 16. November 2001.

Bedeutung einer deutschen Beteiligung für die gemeinsame Außen- und Sicherheitspolitik der EU:

„Wir sondern uns von den europäischen Staaten [...] ab. Wir verlieren unseren Einfluss bei der Gestaltung der Außen- und Sicherheitspolitik der Europäischen Union. Hier steht nicht nur der Erfolg des Kampfes gegen den Terrorismus auf dem Spiel, sondern hier steht auch die Rolle der Bundesrepublik Deutschland in einer sich entwickelnden, auf multilateraler Verantwortung beruhenden Politik innerhalb der NATO und der Europäischen Union zur Debatte."[446]

Diese Verknüpfung der Frage bewaffneter Auslandseinsätze mit dem europäischen Integrationsprozess schöpft damit das Legitimationspotential ab, welches das Thema „Europa" innerhalb des Diskurses der politischen Eliten besitzt. Der Verweis von Bundeskanzler Schröder, dass Bündnissolidarität nicht nur eine Aufgabe der Nationalstaaten sei, sondern dass auch gerade die Europäische Union als integriertes Europa aktiv einen Beitrag leisten müsse, erscheint aufgrund der breiten Akzeptanz dieser Norm der Integration ebenfalls als starkes Argument für eine Beteiligung der Bundeswehr und ihrer Einbindung in den europäischen Beitrag zur Terrorismusbekämpfung:

„Ich bin der Auffassung, dass in dem Prozess [...] vor allem auch das integrierte Europa, das dabei ist, eine gemeinsame Außen- und Sicherheitspolitik zu schaffen, Gesicht zeigen und seine Rolle wahrnehmen muss. Wir in Deutschland treten dafür ein, dass dies für Europa möglich wird und dann auch so geschieht."[447]

Ebenso eng verbunden mit dem Deutungsangebot der Bündnissolidarität kommt ein weiterer Aspekt zum Tragen, der bereits im Zusammenhang mit dem Golfkrieg 1991 eine entscheidende Rolle innerhalb des Elitendiskurses gespielt hatte – die gestiegene Verantwortung der Bundesrepublik und die deutsche Wiedervereinigung als diskursives Ereignis. Der Vorsitzende der CDU/CSU-Fraktion, Friedrich Merz, führt beispielsweise an, dass die Bundesrepublik zusammen mit den wirtschaftlichen Vorteilen der Globalisierung nach 1990 auch eine globale Verantwortung übernommen habe, die sie nun unter Umständen auch durch den Einsatz militärischer Mittel wahrnehmen müsse.[448] Auch Bundeskanzler Schröder greift im Rahmen der Debatte am 16. November auf dieses Deutungsangebot zurück und verweist auf die gestiegene Verantwortung Deutschlands. Durch die Solidarität, die sich auch in der Bereitschaft zum militärischen Eingreifen manifestiere, werde so auf der einen Seite den Erwartungen der Partner Rechnung getragen und auf der anderen Seite die gestiegene Verantwortung der Bundesrepublik wahrgenommen.[449] Die unzweifelhaft veränderte Rolle Deutschlands nach dem Ende des Ost-West-Konfliktes ist in diesem Sinne ebenfalls ein wichtiges Argument für die Beteiligung Deutschlands an „Enduring Freedom". Der Einsatz der Bundeswehr

---

[446] Rudolf Scharping, Plenarprotokoll 14/198, 8. November 2001.
[447] Gerhard Schröder, Plenarprotokoll 14/198, 8. November 2001. Siehe auch Joschka Fischer, sowohl in der Debatte am 8. als auch am 16. November 2001.
[448] Friedrich Merz, Plenarprotokoll 14/198, 8. November 2001.
[449] Gerhard Schröder, Plenarprotokoll 14/200, 16. November 2001.

stellt somit zwar eine Abkehr von der bis 1990 verfolgten politischen Praxis dar. Die Bezugnahme auf die Norm des Multilateralismus und das Deutungsangebot der Bündnissolidarität entfaltet jedoch auch deswegen ein entscheidendes Legitimationspotential, weil sie die Kontinuität deutscher Sicherheitspolitik betont und die Veränderungen der politischen Praxis primär als Anpassung an veränderte Rahmenbedingungen erscheinen lässt. Dies zeigt sich auch daran, dass die multilaterale Einbindung Deutschlands als ein fundamentales Interesse der Bundesrepublik definiert wird. Bündnissolidarität und multilaterale Zusammenarbeit sind damit, wie es im Beitrag von Peter Struck (SPD) zum Ausdruck kommt, fester Bestandteil der deutschen sicherheitspolitischen Interessen. Auch daher müsse sich die Bundesrepublik solidarisch zeigen und dem Einsatz der Bundeswehr im Rahmen von „Enduring Freedom" zustimmen:

> „Es geht bei der Bekämpfung des internationalen Terrorismus nicht nur um die Solidarität mit den USA. Vielmehr [ist] es originäres Eigeninteresse, den Terrorismus in einer internationalen Koalition zu bekämpfen."[450]

Die Analyse der vorangegangenen Debatten hat gezeigt, dass sich im Verlauf der 90er Jahre ein schrittweiser Wandel der deutschen „Basiserzählung" vollzogen hat. Die deutsche Vergangenheit erscheint damit nicht mehr primär als Argument für militärische Zurückhaltung, sondern als aktive Handlungsaufforderung zum Einsatz militärischer Mittel unter bestimmten Voraussetzungen. An die Stelle der Norm „Nie wieder Krieg" rückt im Zuge der Debatten über die Jugoslawieneinsätze in zunehmendem Maße die Norm „Nie wieder Auschwitz". Bis zum Kosovokrieg hatte sich damit eine moralische Verpflichtung zur (humanitären) Intervention herausgebildet. Diese Bedeutungsverschiebung des kollektiven Gedächtnisses weist zugleich auf den Wandel der sicherheitspolitischen Kultur hin.

Im Rahmen des Diskurses über eine deutsche Beteiligung an „Enduring Freedom" spielt die deutsche Vergangenheit, anders als in den meisten vorangegangenen Debatten, als Deutungsangebot zugunsten eines Bundeswehreinsatzes nur am Rande explizit eine Rolle. Dennoch kommt auch hier die Bedeutung der gewandelten Basiserzählung zumindest indirekt zum Tragen. Dies zeigt sich vor allem auf der Seite der „linken" Diskursgemeinschaft. Wie bereits in den vorangegangenen Debatten – hier ist besonders der Kosovokrieg hervorzuheben – , zielen vor allem die Vertreter der SPD und der Grünen auf die moralische Begründung ab. Dies tut auch Entwicklungshilfeministerin Heidemarie Wieczorek-Zeul in ihrer Rede am 16. November 2001. Sie verweist explizit auf die moralische Verpflichtung zum Handeln. Dabei stellt sie einen argumentativen Zusammenhang zwischen der Entscheidung über „Enduring Freedom" und den bisherigen Erfahrungen in Jugoslawien her. Als verbindendes Element kommt hier der Wandel des Krieges von einem zwischenstaatlichen zu einem *„entstaatlichen"* Phänomen zum Tragen. Die antimilitaristische Norm „Nie wieder Krieg" erscheint in diesem

---

[450] Peter Struck, Plenarprotokoll 14/200, 16. November 2001.

Argumentationszusammenhang lediglich auf das „klassische" Muster zwischenstaatlicher Kriege bezogen zu sein. Der Wandel des Krieges legitimiere damit auch eine Abkehr von dem traditionellen, antimilitaristischen Verständnis der Basiserzählung. Zugleich greift der Diskursbeitrag durch die argumentative und inhaltliche Verknüpfung mit dem Kosovokrieg auf das Legitimationspotential zurück, welches die Beteiligung der Bundeswehr an diesem Einsatz begründete:

> „Ich sage denjenigen, die gegen eine Beteiligung der Bundeswehr sind, weil es um die Beteiligung an einem Krieg geht: Wir stehen in diesem Jahrhundert [...] kaum noch vor zwischenstaatlichen Kriegen. Ein Vorgehen zur Zerschlagung terroristischer Netzwerke ist kein Angriffskrieg, sondern der Versuch, diese Netzwerke zu zerschlagen und dazu beizutragen, dass solche unvorstellbaren terroristischen Aktionen [...] niemals mehr passieren können, und zwar nirgends auf der Welt. [...] Das verpflichtet uns zu handeln. Wir erleben heute überall auf der Welt entstaatlichte, privatisierte Gewalt [...]. Wir sahen sie auf dem Balkan. Wir erleben sie in den Verbrechen der Terroristen. Die internationale Gemeinschaft – das sage ich jetzt im weitesten Sinne auch an die demokratische Linke – hat aber die Verpflichtung, dieser privatisierten Gewalt notfalls auch militärisch – quasi polizeilich – entgegenzutreten. Die Friedensbewegung, der ich mich verbunden fühle, und das Militär müssen lernen, in diesem Prozess umzudenken."[451]

Unterstützt wird dieses Deutungsangebot, anders als noch während des Kosovokrieges, durch das Vorhandensein eines völkerrechtlich eindeutigen Mandats des UN-Sicherheitsrates für die Operation „Enduring Freedom". Die weitgehend moralische Legitimation wird damit auch völkerrechtlich abgesichert, ein Unterschied, der gerade durch den Verweis auf den Kosovokrieg das Legitimitätspotential dieses Deutungsangebotes weiter erhöht.[452]

Deutlicher noch stellt Außenminister Fischer den deutschen Beitrag zu „Enduring Freedom" in einen inhaltlichen Zusammenhang mit der gewandelten Basiserzählung. Auch er greift die Diskussion über den Kosovokrieg auf und überträgt die in diesem Diskurs entwickelten Deutungsangebote auf die aktuelle Frage der Terrorismusbekämpfung. Mit ihm verwendet wohl der prominenteste Befürworter bewaffneter Auslandseinsätze innerhalb der „linken" Diskursgemeinschaft das Deutungsangebot der gewandelten Basiserzählung in einem inhaltlichen Zusammenhang mit dem Einsatz der Bundeswehr im Rahmen von „Enduring Freedom":

> „Es ist eine Entscheidung, die auf die Frage gründet: Krieg oder Frieden? Es ist die zentrale Entscheidung. Deutschland tut sich vor dem Hintergrund der eigenen Geschichte besonders schwer. Nicht umsonst ist die Menschenwürde in Art. 1 des Grundgesetzes als unantastbar gesetzt worden: aufgrund der Erfahrungen mit Kriegen

---

[451] Heidemarie Wieczorek-Zeul, Plenarprotokoll 14/202. 16. November 2001.
[452] Daraus verweist in der Debatte explizit Andrea Nahles (SPD), Plenarprotokoll 14/202, 16. November 2001. Auch Bundeskanzler Schröder weist sehr deutlich auf die völkerrechtliche Legitimation des Einsatzes hin. Vgl. hierzu Gerhard Schröder, Plenarprotokoll 14/198, 8. November 2001.

und furchtbarer, blutiger Diktatur. Diese Erfahrung sitzt, quer durch alle Generationen und quer durch alle politische Lager, sehr tief; wir haben das im Zusammenhang mit dem Kosovo-Krieg alle gespürt und erlebt. [...] Aber vor dem Krieg war die Unterdrückung, war die Diktatur, wurde die Menschenwürde mit Füßen getreten. [...] Insofern haben wir eine Verantwortung, die sich nicht nur auf dem Imperativ gründen kann, alles zu tun, um Gewalt zu vermeiden. Vielmehr müssen wir der Gewalt dort entgegentreten, wo sie die elementarsten Grundsätze friedlichen Zusammenlebens gefährdet."[453]

Zugleich werden in der Debatten vom 8. und 16. November 2001 gerade von den Vertretern der Regierungskoalition wiederholt die humanitäre, politische und wirtschaftliche Dimension sowie die zeitliche, geographische und inhaltliche Begrenzung des Bundeswehreinsatzes hervorgehoben. Dies drückt sich über die Diskursbeiträge hinaus nicht zuletzt auch in der Zusammensetzung der Rednerliste aus. Gerade die prominente Rolle der Entwicklungshilfeministerin Wieczorek-Zeul verdeutlicht die Betonung der humanitären Zielsetzung sowie das Gewicht, welches zivilen Maßnahmen der Terrorismusbekämpfung beigemessen wird. Dies findet eine Fortsetzung im Rahmen der inhaltlichen Debatte. So hebt auch Bundeskanzler Schröder als wichtige Einschränkung der deutschen Beteiligung hervor, dass es weder *„um eine deutsche Beteiligung an Luftangriffen noch um die Bereitstellung von Kampftruppen am Boden gehe"*, dass die militärischen Maßnahmen auf die im Antrag der Bundesregierung aufgeführten Regionen beschränkt bleibe und dass es eine vorläufige Begrenzung des Mandates auf 12 Monate gebe.[454]

Darüber hinaus ermöglicht es der weitgehende militärische Zusammenbruch des Talibanregimes in Afghanistan noch während des Entscheidungsprozesses im Bundestag den Befürwortern einer deutschen Beteiligung, die humanitäre Dimension des Einsatzes noch deutlicher hervorzuheben. Ganz im Sinne der Debatten über die Jugoslawieneinsätze erscheint die deutsche Beteiligung an „Enduring Freedom" wie ein „Friedenseinsatz". Dieses Deutungsangebot, wie es im Beitrag von Peter Struck (SPD) zum Tragen kommt, steht damit ganz in Kontinuität zum Diskurs über die Jugoslawieneinsätze:

> „Das Angebot der Bundesregierung zur Unterstützung der amerikanischen Partner ist maßvoll, besonnen und verantwortbar. [...] Das Paradoxe an der Entscheidungssituation ist: Was die Entwicklung in Afghanistan angeht, so kann das militärische Hilfsangebot eher nachrangig sein. Ich bin fast sicher, dass die Bundeswehr dort nur noch gebraucht wird, um mitzuhelfen, die humanitäre Versorgung zu organisieren. Wenn das von uns erbeten wird, ist sie in einem guten Einsatz."[455]

Dementsprechend wird der Vorrang nichtmilitärischer Mittel betont und wiederholt unterstrichen, der Einsatz militärischer Gewalt sei Ultima ratio. Auch

---

[453] Joschka Fischer, Plenarprotokoll 14/198, 8. November 2001.

[454] Gerhard Schröder, Plenarprotokoll 14/198, 8. November 2001.

[455] Peter Struck, Plenarprotokoll 14/202, 16. November 2001. Einige Abgeordnete der Grünen verweisen in einer persönlichen Erklärung darauf, dass gerade diese Einschränkungen ihre Zustimmung zur deutschen Beteiligung ermöglichten. Siehe Uschi Eid u.a. und Kerstin Müller, Plenarprotokoll 14/202, 16. November 2001.

hier spielt die linke Diskursgemeinschaft erneut eine besonders prominente Rolle, indem vor allem die Vertreter von SPD und Grünen wiederholt auf ein *„politisches und humanitäres Gesamtkonzept"* verweisen, in welchem der Einsatz militärischer Gewalt nur einen Teilaspekt darstelle.[456] Bundeskanzler Schröder stellt auch hier einen direkten Bezug zum deutschen Engagement auf dem Balkan her und betont den inhaltlichen Zusammenhang zu der Entscheidung über die Beteiligung der Bundeswehr an „Enduring Freedom":

> „Wo es nötig und für uns objektiv möglich und vertretbar war, haben wir uns auch mit militärischen Mitteln an Einsätzen der Staatengemeinschaft beteiligt, wie wir das zum Beispiel auf dem Balkan tun. Wir werden dies auch in Zukunft fortsetzen. Niemals haben wir dabei den Einsatz der Bundeswehr ohne begleitendes, nachhaltiges Engagement auf politischem, ökonomischem und humanitärem Gebiet beschlossen."[457]

Der Konsens über bewaffnete Auslandseinsätze der Bundeswehr, der sich im Verlauf des Diskurses in den 90er Jahren herausgebildet hat, und der damit verbundene Wandel der sicherheitspolitischen Kultur zeigt sich somit auch in der Debatte einer Beteiligung der Bundesrepublik an „Enduring Freedom". Zugleich zeigt jedoch die Analyse des Diskurses, dass sich die sicherheitspolitischen Eliten teilweise auf unterschiedliche Normen zur Legitimierung bewaffneter Auslandseinsätze der Bundeswehr berufen. Im Gegensatz zur CDU/CSU, bei der erneut das Deutungsangebot der Bündnissolidarität im Vordergrund steht, berufen sich die Vertreter der linken Diskursgemeinschaft zumindest implizit auf das gewandelte Verständnis der Basiserzählung und die daraus erwachsende moralische Verpflichtung. Prinzipiell abgelehnt wird der neue Konsens im Bundestag erneut nur durch die PDS. Hier wird der Vorwurf erhoben, es handele sich im Falle der Entscheidung über „Enduring Freedom" um einen *„Vorratsbeschluss"*. Darüber hinaus ist die grundsätzliche Ablehnung militärischer Mittel gegenüber den vorangegangenen Debatten weitgehend unverändert. Der Fraktionsvorsitzende Roland Claus fasst die Position der PDS folgendermaßen zusammen:

> „Der Krieg ist und bleibt ein untaugliches Mittel im Kampf gegen der Terror. [...] Wir halten an unseren aktuellen Befürchtungen fest, die da heißen: Wenn dem globalisierten Terror der globalisierte Krieg folgen sollte, dann hätte sich nicht die Logik von Vernunft und Zivilisation, sondern die Logik des Terrors durchgesetzt. Das können wir doch nicht wollen."[458]

In der sich im Dezember 2001 anschließenden Debatte über die ISAF-Beteiligung der Bundeswehr bildet erneut nur die PDS eine klare parlamentarische Opposition gegen den Einsatz der Bundeswehr.[459] Von den

---

[456] Heidemarie Wieczorek-Zeul, Plenarprotokoll 14/202, 16. November 2001. Siehe hierzu auch Peter Struck und Kerstin Müller in der gleichen Debatte sowie Joschka Fischer und Gernot Erler, Plenarprotokoll 14/198, 8. November 2001.

[457] Gerhard Schröder, Plenarprotokoll 14/202, 16. November 2001.

[458] Roland Claus, Plenarprotokoll 14/202, 16. November 2001.

[459] Die Debatte ist ansonsten eher von innenpolitischen Auseinandersetzungen zwischen den übrigen Parteien gekennzeichnet. Die Vertreter der CDU/CSU wenden sich vor allem der

Befürwortern werden erneut die bereits bekannten Deutungsangebote als Argument für den ISAF-Einsatz der Bundeswehr angeführt. Besonders deutlich tritt dabei erneut das Thema „Europa" ins Zentrum des Diskurses. Außenminister Fischer stellt eine solch explizite Verknüpfung des ISAF-Einsatzes mit dem Diskurs über die europäische Integration her und greift damit auf ein im Verlauf des Diskurses etabliertes und damit dominantes Deutungsangebot zurück:

> „Das ist nicht nur eine Frage der humanitären Hilfe, das ist nicht nur eine Frage unserer Verpflichtung gegenüber den Vereinten Nationen. Es ist nicht nur eine Frage der Beziehungen zu Afghanistan, sondern es ist auch eine ganz zentrale europapolitische Frage, dass sich Deutschland in diesen Fragen gemeinsam mit seinen Partnern engagiert."[460]

Auch von Vertretern der FDP und der CDU/CSU wird dieses Deutungsangebot in den Mittelpunkt gerückt.[461] Es findet dabei einen konkreten Anknüpfungspunkt in der politischen Realität, da die Bundeswehr zusammen mit dänischen und niederländischen Soldaten in Afghanistan eingesetzt wird.[462] Zugleich unterstreichen die Vertreter der Koalitionsfraktionen erneut die humanitären und friedenssichernden Aufgaben der ISAF. Zu diesem Zweck wird auch wiederholt die Trennung zwischen der ISAF und der Operation „Enduring Freedom" betont. So stellt beispielsweise der SPD-Fraktionsvorsitzende Struck fest:

> „Es gibt eine klare Trennung zwischen der UN-Friedenstruppe und der amerikanischen Operation „Enduring Freedom". Das war aus politischen Gründen notwendig. Die Aufgabenstellung ist völlig unterschiedlich und die politischen Botschaften sind verschieden: Die amerikanischen Truppen bekämpfen die verbliebenen Terroristen, die UNO-Einheiten sichern den Friedensprozess."[463]

Mit der Betonung des friedenssichernden Charakters der Mission greifen die Befürworter auf die Erfahrungen in Jugoslawien zurück. Damit wird ebenfalls ein Legitimationspotential ausgeschöpft, dem sich die Gegner einer ISAF-Beteiligung argumentativ nur schwer widersetzen können. Die militärische Dimension tritt damit erneut hinter die humanitären, wirtschaftlichen und politischen Aspekte zurück. Dies wird erneut durch die prominente Rolle der Entwicklungshilfenministerin Wieczorek-Zeul unterstrichen:

> „Die internationale Sicherheitstruppe sichert den politischen Friedensprozess in Afghanistan ab und damit auch den wirtschaftlichen Wiederaufbau und den wirtschaftlichen Friedensprozess, damit Rückschläge vermieden werden. Ich sage an die Adresse derjenigen, die diesen Antrag ablehnen wollen: Ohne eine solche

ihrer Meinung nach unzureichenden Ausstattung und Finanzierung der Bundeswehr für diesen Einsatz zu.
[460] Joschka Fischer, Plenarprotokoll 14/210, 22. Dezember 2001.
[461] Siehe hierzu die Beiträge von Wolfgang Gerhardt und Ulrich Irmer (FDP) sowie Paul Breuer (CDU/CSU), Plenarprotokoll 14/210, 22. Dezember 2001.
[462] Siehe hierzu auch Gerhard Schröder, Plenarprotokoll 14/210, 22. Dezember 2001.
[463] Peter Struck, Plenarprotokoll 14/210, 22. Dezember 2001.

Friedenstruppe wird auch die Chance des wirtschaftlichen Wiederaufbaus und die Chance für den Frieden verspielt."[464]

3.7.3 Politische Praxis und öffentliche Meinung

Das Abstimmungsergebnis zur Beteiligung der Bundeswehr an der Operation „Enduring Freedom" lässt zunächst einmal nicht auf einen Konsens der politischen Eliten über bewaffnete Auslandseinsätze der Bundeswehr schließen. 336 Abgeordnete stimmen für, 326 gegen den Antrag der Bundesregierung. Dafür ist jedoch allein die Verbindung dieser Sachfrage mit der Vertrauensfrage verantwortlich. Sowohl die FDP- als auch die CDU/CSU-Fraktion stimmen der Beteiligung der Bundeswehr an „Enduring Freedom" ausdrücklich zu und lehnen die Verknüpfung mit der Vertrauensfrage durch Bundeskanzler Schröder ab.[465] Der Unionsfraktionsvorsitzende Merz erklärte dementsprechend auch im Rahmen der Debatte die grundsätzliche Unterstützung der Bundesregierung durch seine Fraktion:

> „Wir haben Sie dabei, Herr Bundskanzler, von Anfang an unterstützt. Sie konnten sich in dieser Ihrer Politik von Anfang an auf uns, die CDU/CSU-Bundestagsfraktion, verlassen. Seit unserer Begegnung im Bundeskanzleramt am Tag der Anschläge selbst wussten Sie, dass die Union jeden innenpolitischen Streit zurückzustellen bereit ist, um ihre Regierung zu stützen und vor allem, um breite parlamentarische Mehrheiten für die von Ihnen völlig zu Recht eingeforderte Solidarität mit Amerika zu ermöglichen."[466]

Allein die PDS fordert ein unverzügliches Ende der Kampfhandlungen in Afghanistan und lehnt jedwede deutsche Beteiligung an einem militärischen Vorgehen ab.[467]

Der grundsätzliche Konsens zeigt sich daher auch deutlich bei der Abstimmung über den ISAF-Einsatz der Bundeswehr am 22. Dezember 2001. Eine deutliche Mehrheit von 538 Abgeordneten spricht sich für den Bundeswehreinsatz aus, nur 35 stimmen mit Nein und acht enthalten sich. Von den 35 Gegenstimmen entfällt die große Mehrheit von 30 Stimmen auf die PDS.

Im Gegensatz zu den relativ klaren Verhältnissen im Bundestag liefert dagegen die öffentliche Meinung erneut kein einheitliches Bild. Im September, noch vor Beginn der Operation „Enduring Freedom", lehnt eine Mehrheit der Bevölkerung von 56,6 Prozent eine deutsche Beteiligung an einer möglichen

---

[464] Heidemarie Wieczorek-Zeul, Plenarprotokoll 14/210, 22. Dezember 2001. Siehe ganz ähnlich auch Rezzo Schlauch (Grüne) in der gleichen Debatte.

[465] Siehe die Anträge beider Fraktionen, Drucksachen 14/7503 und 14/7512.

[466] Friedrich Merz, Plenarprotokoll 14/202, 16. November 2001.

[467] Siehe die Anträge der PDS-Fraktion, Drucksachen 14/7333 und 14/7500. Gregor Gysi äußert sich darüber hinaus auch zur Haltung der Grünen und stellt fest, dass auch sie den Konsens grundsätzlich teilen: *„Es wird ein falsches Bild inszeniert, nämlich das Bild, dass die Grünen insgesamt geschwankt haben. Die große Mehrheit von 39 war immer dafür. Es gab nur wenige, die eine andere Auffassung hatten. Diese werden jetzt erfolgreich diszipliniert."* Siehe Gregor Gysi, Plenarprotokoll 14/202, 16. November 2001.

US-amerikanischen Vergeltungsaktion für die Terroranschläge ab. Sowohl in Ost- als auch Westdeutschland spricht sich einer Mehrheit von 64,6 Prozent bzw. 54,7 Prozent gegen einen Einsatz der Bundeswehr aus. Dahingegen halten jedoch nur 35,1 Prozent ein militärisches Vorgehen der USA prinzipiell für falsch.[468] Im November und Dezember ändert sich dieses Meinungsbild. 55,7 Prozent der Bevölkerung halten das militärische Vorgehen der USA und Großbritanniens in Afghanistan für richtig. Ebenfalls eine Mehrheit von 59,1 Prozent spricht sich für die militärische Unterstützung der USA durch die Bundesrepublik aus. Jedoch zeigt sich erneut die bereits bekannte Spaltung zwischen Ost- und Westdeutschland. Eine Mehrheit von 64,0 Prozent der Westdeutschen unterstützt die von der Bundesregierung zugesagte militärische Beteiligung, 32,1 Prozent lehnen sie ab. Dahingegen hält eine Mehrheit von 56,8 Prozent der Ostdeutschen einen Einsatz der Bundeswehr für falsch, nur 39,1 Prozent unterstützen ihn.[469]

Die öffentliche Meinung erscheint daher nicht maßgeblich für die politische Entscheidung der sicherheitspolitischen Eliten zu sein. Vielmehr ist davon auszugehen, dass primär die im Rahmen des Elitendiskurses entwickelten Deutungsangebote handlungsleitend wirken. Diesen Schluss legt auch der Beitrag des FDP-Vorsitzenden, Guido Westerwelle, im Rahmen der Debatte am 8. November 2001 nahe:

> „Stimmungen muss man ernst nehmen, auch wenn sie [...] in unserer Bevölkerung manchmal heftig ausschlagen. Aber letzten Endes erwarte ich ganz persönlich, dass sich kein Abgeordneter des Deutschen Bundestages in dieser Frage zum Resonanzboden von Stimmungen macht, sondern dass er diese Entscheidung aus sich selbst heraus verantwortungsbewusst und mit Festigkeit trifft. Wenn wir in dieser Frage nur das Echo von Stimmungen wären, dann würden wir vielleicht auf Parteitagen oder da und dort von irgendwelchen Gruppen begeistert gefeiert werden, aber wie würden unserer Verantwortung nicht gerecht."[470]

Ist die Beteiligung der Bundeswehr an „Enduring Freedom" zu Beginn nicht unumstritten, so zeigt sich ein relativ breiter Konsens bei der ISAF-Beteiligung. Die im Dezember ins Auge gefasste Beteiligung findet zunächst breite Unterstützung in der Bevölkerung. Selbst eine deutliche Mehrheit von 65,5 Prozent der Ostdeutschen hält eine deutsche Beteiligung für richtig. Sogar 82,6

---

[468] Politbarometer, September 2001, Datensatz der Forschungsgruppe Wahlen, Mannheim.
[469] Politbarometer, November 2001, Datensatz der Forschungsgruppe Wahlen, Mannheim. Im Dezember sind keine grundsätzlichen Veränderungen zu verzeichnen. Weiterhin unterstützen 60.6 Prozent den Einsatz der Bundeswehr im Rahmen der Operation „Enduring Freedom", während die Zustimmung zum Vorgehen der USA weiter auf 61,4 Prozent ansteigt. Siehe Politbarometer, Dezember 2001, Datensatz der Forschungsgruppe Wahlen, Mannheim.
[470] Guido Westerwelle, Plenarprotokoll 14/198, 8. November 2001. Auch Michael Glos und Gernot Erler verweisen auf die Diskrepanz zwischen öffentlicher Meinung und Elitendiskurs zu Beginn der Diskussion über die deutsche Beteiligung an „Enduring Freedom". Siehe hierzu Michael Glos und Gernot Erler, Plenarprotokoll 14/198, 8. November 2001

Prozent der Westdeutschen sprechen sich für eine UN-Friedenstruppe mit deutscher Beteiligung aus.[471] Diese große Zustimmung relativiert sich jedoch im weiteren Verlauf der Debatte. Zwar unterstützt weiterhin eine Mehrheit von 65,5 Prozent die Beteiligung an der ISAF und die Zustimmung der Westdeutschen beträgt weiterhin 70,2 Prozent. Wiederum hält jedoch eine knappe Mehrheit von 50,6 Prozent der Ostdeutschen den ISAF-Einsatz der Bundeswehr für falsch. Die geringere Zustimmung ist dabei möglicherweise jedoch auf die allgemeine Skepsis bezüglich der Ausstattung des deutschen Kontingentes zurückzuführen. Nur 32,2 Prozent halten diese für ausreichend.[472] Dieser Wert sinkt im März 2002 weiter auf 24,4 Prozent ab, während sich auch die Zustimmung zum ISAF-Einsatz der Bundeswehr weiter auf 61,5 Prozent verringert.[473]

Wie bereits im Verlauf der vorangegangenen Debatte folgt die öffentliche Meinung tendenziell dem Elitendiskurs und der politischen Praxis. Die weitgehende Spaltung zwischen Ost und West bleibt grundsätzlich erhalten und findet ihre Entsprechung in der fortgesetzten Opposition der PDS. Die politische erscheint damit weiterhin auch als geographische Spaltung.

---

[471] Politbarometer, Dezember 2001, Datensatz der Forschungsgruppe Wahlen, Mannheim.
[472] Politbarometer, Januar 2002, Datensatz der Forschungsgruppe Wahlen, Mannheim.
[473] Politbarometer, März 2002, Datensatz der Forschungsgruppe Wahlen, Mannheim.

„ Vor knapp zwölf Jahren gab es eine teils veritable und ernst zu nehmende, teils erregte und schlingernde Diskussion [...] Auch damals ging es darum, wie man sich zu einem Krieg verhalten sollte, der sich am Golf anbahnte [...] Eine vergleichbare öffentliche Prüfung dieser essentiellen Problemstellungen und Gewissensfragen findet heute nicht statt [...] Ist man inzwischen also der Meinung, dass ein einmaliges Durchdebattieren damals, 1990/91, genügen muss für eine historische Epoche? Oder zeigt sich ein kühler neuer Pragmatismus, nach den Erfahrungen von Somalia und Ruanda, nach Bosnien und dem Kosovo? "
(Petra Steinberger in der SZ vom 19. September 2002[474])

4 Resümee und Schlussbemerkungen

Die grundsätzliche Ausgangsfrage dieser Arbeit lautete: Wie ist der Wandel des sicherheitspolitischen Handelns in der zentralen Frage militärischer Auslandseinsätze der Bundeswehr im Verlauf der 90er Jahre zu erklären? Die Ergebnisse der Analyse lassen den Schluss zu und legen die abschließende These nahe, dass die Erklärung in einem schrittweisen Wandel der sicherheitspolitischen Kultur der Bundesrepublik zu finden ist. In den 90er Jahren hat sich ein kultureller Wandlungsprozess vollzogen, in dessen Verlauf sich ein neuer sicherheitspolitischer Konsens und eine gewandelte sicherheitspolitische Kultur etablierten. Diese schrittweise Veränderung begann mit dem Aufbrechen des handlungsleitenden „antimilitaristischen Konsenses" im Zuge des Golfkrieges 1990/91. Sie setzte sich im weiteren Verlauf fort und fand sowohl mit der deutschen Beteiligung am Kosovokrieg als auch mit dem Einsatz der Bundeswehr im „Kampf gegen den Terrorismus" einen vorläufigen Abschluss. Diese gewandelte sicherheitspolitische Kultur legitimiert militärische Auslandseinsätze der Bundeswehr und macht sie zu einer sicherheitspolitischen Handlungsoption. Politische Kultur wurde hier als ein primär in politischen Diskursen geschaffenes, reproduziertes und verändertes Bedeutungssystem definiert und konzeptualisiert. Politische Eliten als Hauptakteure und Träger politischer Kultur kämpfen in diesen Diskursen um die Akzeptanz und Legitimität von Deutungsangeboten und Normen. Im Zuge dieser sozialen und konfliktuellen Auseinandersetzung bilden sich dominante Deutungsangebote und Normen und damit politische Kultur heraus. Die Ergebnisse der im Rahmen dieser Arbeit vorgenommenen Analyse legen den Schluss nahe, dass sich im Zuge des sicherheitspolitischen Diskurses nach 1990 primär zwei dominante Bedeutungsangebote und Normen entwickelt haben, welche Auslandseinsätze der Bundeswehr legitimieren. Diese stehen damit im Zentrum der gewandelten sicherheitspolitischen Kultur: Erstens, das Deutungsangebot der Bündnissolidarität und die damit verbundene übergeordnete Norm des Multilateralismus. Die daraus abgeleitete sicherheitspolitische Handlungsaufforderung lautet „Nie wieder Sonderwege". Zweitens, das Deutungsangebot der gewandelten Basiserzählung. Das kollektive Gedächtnis

---

[474] Steinberger, Petra: Der Anfang ist Schweigen, in: *SZ*, 19. September 2002.

und das dominante Verständnis der deutschen Vergangenheit begründen in diesem Sinne eine moralische Verpflichtung, die sich in der Handlungsaufforderung „Nie wieder Auschwitz" ausdrückt.

Bündnissolidarität

Das Deutungsangebot der Bündnissolidarität wird grundsätzlich bereits im Zuge des Golfkrieges 1990/91 als Argument für militärische Auslandseinsätze der Bundeswehr in den sicherheitspolitischen Diskurs eingeführt. Es ist jedoch vor allem aufgrund der noch weitgehend akzeptierten restriktiven Auslegung des Grundgesetzes nicht mit einer Handlungsaufforderung zur aktiven Beteiligung am Golfkrieg verbunden, sondern bezieht sich vor allem auf die Entsendung deutscher Flugzeuge in die Türkei.

Mit der Debatte über die Adria-, AWACS- und Somaliaeinsätze ändert sich dies. Das Deutungsangebot wird zum dominanten Argument der Befürworter für eine Beteiligung Deutschlands an militärischen Auslandseinsätzen. Betont werden im weiteren Verlauf vor allem die historischen Quellen dieses Argumentationsmusters und der Bezug zum kollektiven Gedächtnis. Bündnissolidarität und die damit eng verbundene Norm des Multilateralismus werden als wichtige Lehren aus der deutschen Vergangenheit herausgestellt. Dabei steht zunächst vor allem die nationalsozialistische Vergangenheit im Vordergrund. Im Rahmen der Diskussion über den Tornadoeinsatz 1995 spielen jedoch auch verstärkt die Erfahrungen deutscher Nachkriegsgeschichte eine Rolle. Die mit diesem Deutungsangebot verbundene Handlungsaufforderung lautet „Nie wieder Sonderwege". Bündnissolidarität tritt damit in Konkurrenz zu der ebenfalls weitgehend historisch abgeleiteten Norm des Antimilitarismus. Die damit verbundene Handlungsaufforderung „Nie wieder Krieg" wird von den Gegner militärischer Auslandseinsätze der Bundeswehr angeführt. Von den Trägern des Deutungsangebots der Bündnissolidarität wird jedoch die Dominanz desselben gegenüber der antimilitaristischen Handlungsaufforderung „Nie wieder Krieg" betont. Es kann sich dabei auf die fest in der sicherheitspolitischen Kultur institutionalisierte Norm des Multilateralismus berufen.

Das Deutungsangebot der Bündnissolidarität wird im Zuge des Diskurses darüber hinaus zum einen mit dem Argument der gestiegenen Verantwortung verknüpft. Vor allem mit dem Bezug auf das diskursive Ereignis der Wiedervereinigung wird damit die Notwendigkeit einer deutschen Beteiligung an militärischen Auslandseinsätzen betont. Zum anderen findet eine weitere Verknüpfung mit dem Diskurs über die europäische Integration statt. Diese zeigt sich in Ansätzen bereits in Folge des Golfkrieges, verstärkt sich im weiteren Verlauf und spielt besonders in der Debatte über den Kosovokrieg eine wichtige Rolle. Die Verbindung von Bündnissolidarität und dem Diskurs über die europäische Integration wird in diesem Zusammenhang zunehmend auch von den Vertretern der „linken" Diskursgemeinschaft aufgegriffen. Durch diese Verknüpfung der beiden Aspekte kann das Deutungsangebot der

Bündnissolidarität auf ein zusätzliches Legitimationspotential zurückgreifen, da das Thema „Europa" eng mit der Norm der Integration und der Westbindung verbunden ist. Diese ist ebenfalls in der sicherheitspolitischen Kultur institutionalisiert und wird von den sicherheitspolitischen Eliten weitgehend geteilt.[475]

Mit der Debatte über den Einsatz deutscher Soldaten im „Kampf gegen den Terrorismus" findet das bereits weitgehend im Diskurs institutionalisierte Deutungsangebot schließlich einen konkreten Anknüpfungspunkt in der politischen „Realität". Neben der normativen Handlungsaufforderung wird es durch die Feststellung des Bündnisfalles durch die NATO zu einer konkreten Handlungsverpflichtung. Es wird dadurch über den Diskurs hinaus in der politischen Praxis institutionalisiert und kann daher im Rahmen der diskursiven Auseinandersetzung nicht mehr ohne weiteres argumentativ zurückgewiesen werden.

Bündnissolidarität entwickelt sich damit im Rahmen des sicherheitspolitischen Diskurses der 90er Jahre zu einem dominanten Deutungsangebot. Es legitimiert militärische Auslandseinsätze der Bundeswehr und markiert damit den diskursiven Wandel der sicherheitspolitischen Kultur.

Kollektives Gedächtnis und Basiserzählung

Der Wandel der Basiserzählung in ein militärische Auslandseinsätze der Bundeswehr legitimierendes Deutungsangebot beginnt ebenfalls bereits im Rahmen der Debatte über den Golfkrieg. Bis 1990 waren die Norm des Antimilitarismus und die daraus erwachsende Handlungsaufforderung „Nie wieder Krieg" die beherrschenden Konstruktionen der Vergangenheit und damit das dominante Verständnis der Basiserzählung gewesen. Im Zentrum des kollektiven Gedächtnisses stand dabei die nationalsozialistische Vergangenheit. Im Zuge der Debatte 1990/91 wird jedoch ein gewandeltes Verständnis der Vergangenheit in den Diskus eingeführt. Die Norm des Antimilitarismus gerät damit nicht nur durch das ebenfalls weitgehend historisch begründete Deutungsangebot der Bündnissolidarität, sondern auch durch den beginnenden Wandel der Basiserzählung unter Druck. Neben die Handlungsaufforderung „Nie wieder Krieg" tritt zunehmend „Nie wieder Auschwitz". Verstärkt wird dieser Wandlungsprozess dadurch, dass dieses militärische Auslandseinsätze legitimierende Deutungsangebot vor allem auch von Vertretern der „linken" Diskursgemeinschaft verwendet wird. Daher ist mit der Etablierung dieses Verständnisses der Vergangenheit zugleich ein Aufbrechen der „linken" Diskursgemeinschaft in ‚Bellizisten' und ‚Pazifisten'[476] verbunden.

---

[475] Dieses Deutungsangebot findet insofern auch einen Anknüpfungspunkt in der politischen Praxis, als dass sich im Verlauf der 90er Jahre ein schrittweiser Wandel der europäischen Sicherheitsinstitutionen vollzieht, der neben politischer und wirtschaftlicher Integration auch die militärische Dimension hervorhebt. Hier ist beispielsweise der Kosovokrieg und die damit verbundene Stärkung der ESVP und der GASP hervorzuheben.

[476] Steinberger: Der Anfang.

Dennoch wird in der Debatte über die Jugoslawieneinsätze in den frühen 90er Jahren keine aktive Handlungsaufforderung zum militärischen Eingreifen der Bundeswehr aus diesem veränderten Verständnis der Vergangenheit abgeleitet. Dafür ist ebenfalls maßgeblich das kollektive Gedächtnis verantwortlich. Der Konsens, deutsche Soldaten dürften aufgrund der historischen Erfahrung nicht in Jugoslawien eingesetzt werden, ist zumindest bis zur Entscheidung über den Tornadoeinsatz im Juni 1995 weitgehend intakt.

Der weitergehende Wandel der Basiserzählung 1995 und die Abkehr von diesem „Jugoslawien-Konsens" sind vor allem auf das diskursive Ereignis Srebrenica zurückzuführen. Es leitet einen umfassenden kulturellen Wandlungsprozess ein, der sich primär innerhalb der linken Diskursgemeinschaft vollzieht. Das ist vor allem deswegen von einer über die Diskursgemeinschaft herausragenden Bedeutung, weil vor allem die Grünen als Träger eines antimilitaristischen Verständnisses wahrgenommen werden. Das dominante Verständnis der Basiserzählung drückt sich in Folge dieser Veränderungen damit zunehmend in der Handlungsaufforderung „Nie wieder Auschwitz" aus.

Die daraus erwachsende moralische Verpflichtung, notfalls auch militärisch zu intervenieren, manifestiert sich besonders deutlich im Zuge des Kosovokrieges. Vor allem aus der nationalsozialistischen Vergangenheit wird eine besondere Verpflichtung Deutschlands abgeleitet, die sich im Rahmen des Diskurses auch mit den Erfahrungen in Bosnien verbindet. Dabei findet dieses aus dem kollektiven Gedächtnis abgeleitete Deutungsangebot zugunsten militärischer Auslandseinsätze der Bundeswehr über den sicherheitspolitischen Diskurs hinaus einen konkreten Anknüpfungspunkt in der internationalen Norm der „humanitären Intervention". Das Deutungsangebot wird damit auch durch die politische Praxis weitergehend institutionalisiert.

Mit dem fortschreitenden Wandel der Basiserzählung geht auch eine schrittweise Delegitimierung der Friedensbewegung einher. Diese verliert als Träger der mit der antimilitaristischen Norm verbundenen Handlungsaufforderung „Nie wieder Krieg" zunehmend an Bedeutung und Legitimität. Dies wird vor allem durch einen Vergleich der Debatten über den Golfkrieg und den Kosovokonflikt deutlich.

Die Basiserzählung hat sich damit im Verlauf der 90er Jahre von einem antimilitaristischen Verständnis in eine historisch begründete Verpflichtung zur Intervention gewandelt. Eine Verschiebung von „Nie wieder Krieg" zu „Nie wieder Auschwitz" fand statt, dieses Verständnis legitimierte militärische Auslandseinsätze der Bundeswehr, etablierte sich neben Bündnissolidarität als dominantes Deutungsangebot und markiert damit den Wandel der sicherheitspolitischen Kultur.

Die im Zuge der diskursiven Auseinandersetzung etablierten dominanten Deutungsangebote und Normen wurden darüber hinaus durch eine entsprechende politische Praxis weitergehend institutionalisiert. Blieb eine deutsche Beteiligung am Golfkrieg 1990/91 noch ausgeschlossen, so machte die breite Zustimmung der sicherheitspolitischen Eliten zur Beteiligung deutscher Kampfflugzeuge an dem völkerrechtlich nur unzureichend legitimierten Kosovokrieg und zum Einsatz deutscher Soldaten außerhalb Europas im Rahmen des internationalen „Kampfes gegen den Terrorismus" den Wandel der politischen Praxis deutlich.[477] Die gewandelte sicherheitspolitische Kultur wird damit in der politischen Praxis institutionalisiert.

Der neue sicherheitspolitische Konsens findet seinen Niederschlag auch im Rahmen der öffentlichen Meinung. Eine deutliche Mehrheit von 79 Prozent der Bevölkerung sprach sich 2001 für den Einsatz der Bundeswehr im UN-Auftrag aus. Die Zustimmung zu Einsätzen deutscher Soldaten auf dem Balkan betrug rund 75 Prozent.[478] Die prinzipielle Ablehnung des militärischen Einsatzes der Bundeswehr außerhalb des Bündnisgebietes war darüber hinaus von 30 Prozent im Jahr 1992 auf 16 Prozent im Jahr 1998 zurückgegangen.[479] Zugleich zeigen sich jedoch im Rahmen der öffentlichen Meinung weiterhin Grenzen des neuen Konsenses. Der Einsatz der Bundeswehr im Rahmen von Kampfeinsätzen wird weiterhin von einer Mehrheit der Bevölkerung abgelehnt.[480] Außerdem ist eine relativ eindeutige geographische Spaltung der öffentlichen Meinung zwischen Ost- und Westdeutschland zu konstatieren. Während die Zustimmung zu militärischen Auslandseinsätzen der Bundeswehr im Westen tendenziell höher ist, lehnt eine Mehrheit der Ostdeutschen eine deutsche Beteiligung meist mehrheitlich ab. Diese geographische Spaltung zwischen Ost und West korrespondiert mit der politischen Spaltung zwischen der PDS und den übrigen Parteien.

Exkurs – Kontinuität und Wandel

In den 90er Jahren hat sich somit ein schrittweiser Wandel der sicherheitspolitischen Kultur und die Etablierung eines neuen

---

[477] Auch die weitgehend konsensuelle Verlängerung bestehender Auslandseinsätze der Bundeswehr dokumentiert die Institutionalisierung des kulturellen Wandels in der politischen Praxis. Vgl. hierzu beispielsweise Kister, Kurt: Das Ende der deutschen Sonderrolle, in: *SZ*, 15./16. Juni 2002; Lepenies, Wolf: Grenzen der Normalisierung, in: *SZ*, 16. April 2002; Vorbäumen, Axel: Paradigmenwechsel, in: *FR*, 15. Juni 2002; Bundeswehr bleibt weiter in Mazedonien, in: *SZ*, 15./16. Juni 2002.

[478] EMNID-Umfrage in Zusammenarbeit mit dem BMVG, zitiert in: Verantwortung für Frieden und Freiheit. Eine Textsammlung zur Sicherheitspolitik der Bundesrepublik Deutschland von 1949-2002, hrsg. vom Presse- und Informationsamt der Bundesregierung, Berlin 2002.

[479] IfD-Umfrage (Allensbach) 5068, 6031, 6077, zitiert in: Verantwortung für Frieden und Freiheit, hrsg. vom Presse- und Informationsamt der Bundesregierung.

[480] Nur 44 Prozent der Bevölkerung sprachen sich 2001 prinzipiell für die Beteiligung an friedenserzwingenden Einsätzen aus. Siehe EMNID-Umfrage, zitiert in: Verantwortung für Frieden und Freiheit, hrsg. vom Presse- und Informationsamt der Bundesregierung. Nur 28 Prozent sprachen sich 1998 für die uneingeschränkte Beteiligung an Einsätzen im Auftrag der UN unter NATO-Kommando aus. Siehe IfD-Umfrage (Allensbach) 5068, 6031, 6077, zitiert in: Verantwortung für Frieden und Freiheit, hrsg. vom Presse- und Informationsamt der Bundesregierung.

sicherheitspolitischen Konsenses vollzogen. Dieser kulturelle Wandlungsprozess beinhaltet jedoch auch wichtige Aspekte der Kontinuität. Von einer völligen Abkehr von der sicherheitspolitischen „Kultur der Zurückhaltung" kann trotz der Veränderungen nicht gesprochen werden. Es handelt sich vielmehr um eine kreative Rekonstruktion der ihr zugrunde liegenden Deutungsangebote und Normen. Dies zeigt sich zum ersten besonders deutlich am Deutungsangebot der Bündnissolidarität. Mit diesem etabliert sich zwar im sicherheitspolitischen Diskurs ein Argumentationsmuster zugunsten militärischer Auslandseinsätze, zugleich ist die ihm zugrunde liegende Norm des Multilateralismus fest in der sicherheitspolitischen Kultur institutionalisiert. Das Deutungsangebot greift damit auf bereits in der sicherheitspolitischen Kultur angelegte Normen zurück. Zum zweiten kann trotz eines grundsätzlichen Konsenses in der Frage militärischer Auslandseinsätze der Bundeswehr weiterhin von einer gewissen Spaltung im Rahmen des Elitendiskurses gesprochen werden. Diese Spaltung bezieht sich auf die Betonung unterschiedlicher Deutungsangebote zur Legitimierung militärischer Auslandseinsätze. So greifen die Vertreter der linken Diskursgemeinschaft vor allem auf das gewandelte Verständnis der Basiserzählung und damit auf ein historisch-moralisches Deutungsangebot zurück. Demgegenüber betonen vor allem die Vertreter der CDU/CSU den Aspekt der Bündnissolidarität zur Legitimierung militärischer Auslandseinsätze der Bundeswehr. Diese Spaltung wiederum beinhaltet zugleich eine Gemeinsamkeit – die Betonung von Kontinuität. Das Deutungsangebot der Bündnissolidarität kann sich dabei direkt auf die sicherheitspolitische Norm des Multilateralismus beziehen. Bündnissolidarität und eine daraus folgende Beteiligung an militärischen Interventionen erscheint somit als grundsätzliche Kontinuität des Zieles – Multilateralismus – und Wandel der Instrumente – militärische Auslandseinsätze. In ähnlicher Weise gilt diese Betonung von Kontinuität auch für das zweite dominante Deutungsangebot, die deutsche Vergangenheit. Die antimilitaristische Handlungsaufforderung „Nie wieder Krieg" erscheint in diesem Zusammenhang an den Zeitraum 1945 bis 1990 gebunden zu sein. Das eigentlich zugrunde liegende Motiv, so die Argumentation, sei jedoch die Herstellung und Wahrung von Frieden. Dazu müsse unter Umständen auch militärische Gewalt angewandt werden und dies legitimiere auch militärische Auslandseinsätze der Bundeswehr. Von einer Militarisierung deutscher Sicherheitspolitik oder einer grundsätzlichen Abkehr von einer Politik der militärischen Zurückhaltung könne daher keine Rede sein:

> „Pazifismus darf nicht zu einer kaltherzigen, ideologischen Fratze werden, die zulässt und zusieht, wie Menschen zu Hunderttausenden verfolgt und umgebracht werden. [...] Nein: Eine pazifistische, gewaltfreie Grundhaltung verlangt, wo immer möglich, die Diktatoren in die Schranken zu weisen, zu entwaffnen und zur Rechenschaft zu ziehen."[481]

---

[481] Gerald Häfner und Angelika Köster-Lossack, Plenarprotokoll 13/248, 16. Oktober 1998.

Abkürzungsverzeichnis

B90/Grüne	Bündnis90/Die Grünen
BMVg	Bundesministerium der Verteidigung
BVerfG	Bundesverfassungsgericht
CDU	Christlich Demokratische Union
CSU	Christlich Soziale Union
EU	Europäische Union
ESVP	Europäische Sicherheits- und Verteidigungspolitik
FDP	Freie Demokratische Partei
GASP	Gemeinsame Außen- und Sicherheitspolitik
IFOR	Implementations Force
ISAF	International Security Assistance Force
KFOR	Kosovo Force
NATO	North Atlantic Treaty Organization
OSZE	Organisation für Sicherheit und Zusammenarbeit in Europa
PDS	Partei des Demokratischen Sozialismus
SFOR	Stabilisation Force
SPD	Sozialdemokratische Partei Deutschlands
UN	United Nations
UNAMIC	United Nations Advance Mission an Cambodia
UNEF II	United Nations Emergency Force II
UNIFIL	United Nations Interim Force in Lebanon
UNMIK	United Nations Interim Administration in Kosovo
UNOSOM II	United Nations Operation in Somalia II
UNPROFOR	United Nations Protection Force
UNSCOM	United Nations Special Commission
UNTAC	United Nations Transitional Authority in Cambodia
WEU	Westeuropäische Union

Literaturverzeichnis

1. Monographien und Sammelwerke

Alemann, Ulrich von (Hrsg.): Politikwissenschaftliche Methoden. Grundriss für Studium und Forschung, Opladen 1995.

Almond, Gabriel A. und Sidney Verba: The Civic Culture, Princeton 1963.

Asmus, Ronald D.: German Strategy and Opinion after the Wall 1990-1993, Santa Monica 1994.

Asmus, Ronald D.: Germany's Contribution to Peacekeeping. Issues and Outlook, Santa Monica 1995.

Asmus, Ronald: Germany's Geopolitical Maturation. Public Opinion and Security Policy in 1994, Santa Monica 1995.

Bellers, Jürgen: Politische Kultur und Außenpolitik im Vergleich, München/Wien 1999.

Berger, Thomas U.: Cultures of Antimilitarism: National Security in Germany and Japan, Baltimore/London 1998.

Berg-Schlosser, Dirk und Jakob Schissler (Hrsg.): Politische Kultur in Deutschland. Bilanzen und Perspektiven der Forschung, Opladen 1987.

Bittermann, Klaus und Thomas Deichmann (Hrsg.): Wie Dr. Joseph Fischer lernte, die Bombe zu lieben. Die Grünen, die SPD, die NATO und der Krieg auf dem Balkan, Berlin 1999.

Boekle, Henning, Volker Rittberger und Wolfgang Wagner: Normen und Außenpolitik: Konstruktivistische Außenpolitiktheorie (Arbeitspapiere zur Internationalen Politik und Friedensforschung, Nr. 34), Tübingen 1999.

Böhme, Jörn: Der Golfkrieg, Israel und die deutsche Friedensbewegung. Dokumentation einer Kontroverse, Frankfurt a.M. 1991.

Bundesministerium der Verteidigung (Hrsg.): Weißbuch 1994. Weißbuch zur Sicherheit der Bundesrepublik Deutschland und zur Lage und Zukunft der Bundeswehr, Bonn 1994.

Cremer, Ulrich und Dieter S. Lutz (Hrsg.): Die Bundeswehr in der neuen Weltordnung, Hamburg 2000.

Duffield, John C.: World Power Forsaken: Political Culture, International Institutions, and German Security Policy after Unification, Stanford 1998.

Eberwein, Wolf Dieter und Karl Kaiser: Deutschlands neue Außenpolitik. Band 4: Institutionen und Ressourcen, München 1998.

Elsässer, Jürgen (Hrsg.): Nie wieder Krieg ohne uns. Das Kosovo und die neue deutsche Geopolitik, Hamburg 1999.

Finnemore, Martha: National Interest in International Society, Ithaca 1996.

Hacke, Christian: Die Außenpolitik der Bundesrepublik Deutschland. Weltmacht wieder Willen?, Berlin 1997.

Haftendorn, Helga: Deutsche Außenpolitik zwischen Selbstbeschränkung und Selbstbehauptung 1945-2000, Stuttgart/München 2001.

Halbwachs, Maurice: Das kollektive Gedächtnis, Stuttgart 1967.

Harnisch, Sebastian und Hanns W. Maull (Hrsg.): Germany as a Civilian Power. The Foreign Policy of the Berlin Republic, Manchester 2001.

Hudson, Valerie (Hrsg.): Culture and Foreign Policy, Boulder 1997.

Inacker, Michael J.: Unter Ausschluss der Öffentlichkeit: Die Deutschen in der Golfallianz, Bonn 1992.

Johnston, Alistair I.: Cultural Realism. Strategic Culture and Grand Strategy in Chinese History, Princeton 1995.

Kaiser, Karl (Hrsg.): Zur Zukunft der deutschen Außenpolitik. Reden zur Außenpolitik der Berliner Republik, Bonn 1998.

Kaiser, Karl und Hanns W. Maull (Hrsg.): Deutschlands neue Außenpolitik. Band 1: Grundlagen, München 1997.

Kaiser, Karl und Klaus Becher: Deutschland und der Irak-Konflikt. Internationale Sicherheitsverantwortung Deutschlands und Europas nach der deutschen Vereinigung (Arbeitspapier zur Internationalen Politik 68), Bonn 1992.

Kamp, Karl-Heinz und Peter R: Weilemann: Deutsche Außenpolitik für das 21. Jahrhundert: Plädoyer für eine neue außenpolitische Kultur (Arbeitspapier der Konrad-Adenauer-Stiftung), Sankt Augustin 2000.

Kamp, Karl-Heinz: Die Debatte um den Einsatz deutscher Streitkräfte außerhalb des Bündnisgebietes, Sankt Augustin 1991.

Katzenstein, Peter J. (Hrsg.): The Culture of National Security: Norms and Identity in World Politics, New York 1996.

Kier, Elizabeth: Imagining War, Princeton 1999.

Kirste, Knut: Das außenpolitische Rollenkonzept der Bundesrepublik (Fallstudie, DFG-Projekt „Zivilmächte", Fassung vom 7. Januar 1998), Trier 1998.

Lutz, Dieter (Hrsg.): Der Kosovo-Krieg. Rechtliche und rechtsethische Aspekte, Baden-Baden 1999/2000.

Markovits, Andrei S. und Simon Reich: Das deutsche Dilemma. Die Berliner Republik zwischen Macht und Machtverzicht, Berlin 1998.

Markovits, Andrei S. und Simon Reich: The German Predicament. Memory and Power in the New Europe, Ithaca/London 1997.

Medick-Krakau, Monika (Hrsg.): Außenpolitischer Wandel in theoretischer und vergleichender Perspektive: Die USA und die Bundesrepublik Deutschland, Baden-Baden 1999.

Philippi, Nina: Bundeswehr-Auslandseinsätze als außen- und sicherheitspolitisches Problem des geeinten Deutschlands, Frankfurt a.m. u.a. 1997.

Rattinger, Hans, Joachim Behnke und Christian Holst: Außenpolitik und öffentliche Meinung in der Bundesrepublik. Ein Datenhandbuch zu Umfragen seit 1954, Frankfurt a.M. 1995.

Rittberger, Volker (Hrsg.): German Foreign Policy Since Unification. Theories and Case Studies, Manchester 2001.

Rittberger, Volker: Deutschlands Außenpolitik nach der Vereinigung. Zur Anwendbarkeit theoretischer Modelle der Außenpolitik: Machtstaat, Handelsstaat oder Zivilstaat, Tübingen 1999.

Ruggie, John Gerard: Constructing the World Polity. Essays on International Institutionalisation, London u.a. 1998.

Schirrmacher, Frank (Hrsg.): Der westliche Kreuzzug. 41 Positionen zum Kosovo-Krieg, Frankfurt 1999.

Schmid, Thomas (Hrsg.): Krieg im Kosovo, Reinbek 1999.

Schöllgen, Gregor: Die Außenpolitik der Bundesrepublik Deutschland. Von den Anfängen bis zur Gegenwart, München 2001.

Schwab-Trapp, Michael: Kriegsdiskurse. Die politische Kultur des Krieges im Wandel 1991-1999. Opladen 2002.

Schweigler, Gebhard: Grundlagen der außenpolitischen Orientierung der Bundesrepublik Deutschland. Rahmenbedingungen, Motive, Einstellungen, Baden-Baden 1985.

Siedschlag, Alexander: Die aktive Beteiligung Deutschlands an militärischen Aktionen zur Verwirklichung Kollektiver Sicherheit, Frankfurt a.M. u.a. 1995.

Staack, Michael: Handelstaat Deutschland. Deutsche Außenpolitik in einem neuen internationalen System, Paderborn u.a. 2000.

Thomas, Caroline und Klaus-Peter Weiner (Hrsg.): Auf dem Weg zur Hegemonialmacht? Die deutsche Außenpolitik nach der Vereinigung, Köln 1993.

Thomas, Caroline und Rudolph Nikutta (Bearb.): Bundeswehr und Grundgesetz. Zur neuen Rolle der militärischen Intervention in der Außenpolitik, Frankfurt a.M. 1991.

Ulbert, Cornelia: Die Konstruktion von Umwelt, Baden-Baden 1997.

Waltz, Kenneth: Theory of International Politics, Reading 1979.

Wendt, Alexander: Social Theory of International Politics, Cambridge 1999.

2. Aufsätze und Beiträge

Alemann, Ulrich von und Wolfgang Tönnesmann: Grundriss: Methoden der Politikwissenschaft, in: Alemann, Ulrich von (Hrsg.): Politikwissenschaftliche Methoden. Grundriss für Studium und Forschung, Opladen 1995, S. 17-140.

Almond, Gabriel A.: Politische Kulturforschung – Rückblick und Ausblick, in: Berg-Schlosser, Dirk und Jakob Schissler (Hrsg.): Politische Kultur in Deutschland. Bilanzen und Perspektiven der Forschung, Opladen 1987, S. 27-38.

Baumann, Rainer und Gunther Hellmann: Germany and the Use of Force: 'Total War', the 'Culture of Restraint' and the Quest for Normality, in: *German Politics* 1/2001, S. 61-82.

Baumann, Rainer, Volker Rittberger und Wolfgang Wagner: Neorealist Foreign Policy Theory, in: Rittberger, Volker (Hrsg.): German Foreign Policy Since Unification. Theories and Case Studies, Manchester 2001, S. 37-67.

Berger, Thomas U.: Norms, Identity, and National Security in Germany and Japan, in: Katzenstein, Peter J. (Hrsg.): The Culture of National Security: Norms and Identity in World Politics, New York 1996, S. 317-356.

Berger, Thomas U.: The Past in the Present: Historical Memory and German National Security Policy, in: *German Politics* 1/1997, S. 39-59.

Bourdieu, Pierre: Ökonomisches Kapital – Kulturelles Kapital – Soziales Kapital, in: ders.: Die verborgenden Mechanismen der Macht, Hamburg 1992.

Brettschneider, Frank: Massenmedien, öffentliche Meinung und Außenpolitik, in: Eberwein, Wolf Dieter und Karl Kaiser: Deutschlands neue Außenpolitik. Band 4: Institutionen und Ressourcen, München 1998, S. 215-226.

Bürklin, Wilhelm und Christian Jung: Deutschland im Wandel. Ergebnisse einer repräsentative Meinungsumfrage, in: Korte, Karl-Rudolf und Werner Weidenfeld (Hrsg.): Deutschland-TrendBuch. Fakten und Orientierungen, Bonn 2001, S. 675-711.

Checkel, Jeffrey T.: The Constructivist Turn in International Relations Theory, in: *World Politics* 2/1998, S. 324-348.

Desch, Michael C.: Culture Clash. Assessing the Importance of Ideas in Security Studies, in: *International Security* 1/1998, S. 141-170.

Duffield, John C. u.a.: Correspondence. Isms and Schisms: Culturalism versus Realism in Security Studies, in: *International Security* 1/1999, S. 156-180.

Duffield, John: Political Culture and State Behavior: Why Germany confounds Neorealism, in: *International Organization* 4/1999, S. 765-803.

Eder, Klaus: Politik und Kultur. Zur kultursoziologischen Analyse politischer Partizipation, in: Honneth, Axel u.a. (Hrsg.): Zwischenbetrachtungen. Im Prozess der Aufklärung, Frankfurt 1989, S. 519-548.

Finnemore, Martha: Constructing Norms of Humanitarian Intervention, in: Katzenstein, Peter (Hrsg.): The Culture of National Security. Norms and Identity in World Politics, New York 1996, S. 153-185.

Fischer, Joschka: Vorwort: Von der Macht und ihrer Verantwortung, in: Markovits, Andrei S. und Simon Reich: Das deutsche Dilemma. Die Berliner Republik zwischen Macht und Machtverzicht, Berlin 1998, S. 7-16.

Greiffenhagen, Martin und Sylvia: Politische Kultur, in: Bundeszentrale für Politische Bildung (Hrsg.): Grundwissen Politik, Bonn 1997, S. 167-238.

Greiffenhagen, Sylvia und Martin: Politische Kultur, in: Andersen, Uwe und Wichard Woyke (Hrsg.): Handwörterbuch des politischen Systems der Bundesrepublik Deutschland, Bonn 1997, S. 463-467.

Harnisch, Sebastian und Hanns W. Maull: Conclusion: 'Learned its lesson well?': Germany as a Civilian Power ten years after Unification, in: Harnisch, Sebastian und Hanns W. Maull (Hrsg.): Germany as a Civilian Power. The Foreign Policy of the Berlin Republic, Manchester 2001, S. 128-156.

Harnisch, Sebastian und Hanns W. Maull: Introduction, in: Harnisch, Sebastian und Hanns W. Maull (Hrsg.): Germany as a Civilian Power. The Foreign Policy of the Berlin Republic, Manchester 2001, S. 1-9.

Harnisch, Sebastian: Change and Continuity in Post-Unification German Foreign Policy, in: *German Politics* 1/2001, S. 35-60.

Hellmann, Gunther: Goodbye Bismarck? The Foreign Policy of Contemporary Germany, in: *Mershon International Studies Review* 1/1996, S. 1-39.

Hellmann, Gunther: Jenseits von „Normalisierung" und „Militarisierung": Zur Standortdebatte über die neue deutsche Außenpolitik, in: *APuZ*, B1-2/1997, S. 24-33.

Herz, Thomas: Die „Basiserzählung" und die NS-Vergangenheit. Zur Veränderung der politischen Kultur in Deutschland, in: Clausen, Lars (Hrsg.): Gesellschaften im Umbruch. Verhandlungen des 27. Kongresses der Deutschen Gesellschaft für Soziologie in Halle an der Saale, Frankfurt/New York 1995, S. 91-110.

Holst, Christian: Einstellungen der Bevölkerung und der Eliten: Vom alten zum neuen außenpolitischen Konsens?, in: Eberwein, Wolf-Dieter und Karl Kaiser (Hrsg.): Deutschlands neue Außenpolitik. Band 4: Institutionen und Ressourcen, München 1998, S. 227-238.

Hyde-Price, Adrian: Germany and the Kosovo War: Still a Civilian Power?, in: *German Politics* 1/2001, S. 19-34.

Jackman, Robert W. und Ross A. Miller: A renaissance of political culture?, in: *American Journal of Political Science* 3/1996, S. 632-659.

Jepperson, Ronald L., Alexander Wendt und Peter J. Katzenstein: Norms, Identity and Culture in National Security, in: Katzenstein, Peter J. (Hrsg.): The Culture of National Security: Norms and Identity in World Politics, New York 1996, S. 33-75.

Jetschke, Anja und Andrea Liese: Kultur im Aufwind. Zur Rolle von Bedeutungen, Werten und Handlungsrepertoires in den internationalen Beziehungen, in: *ZIB* 1/1998, S. 149-179.

Kaase, Max: Sinn oder Unsinn des Konzepts „Politische Kultur" für die vergleichende Politikforschung, oder auch: Der Versuch, einen Pudding an die Wand zu nageln, in: Kaase, Max und H.D. Klingemann (Hrsg.): Wahlen und politisches System, Opladen 1983, S. 144-172.

Kaiser, Karl und Klaus Becher: Germany and the Iraq Conflict, in: Gnesotto, Nicole und John Roper (Hrsg.): Western Europe and the Gulf, Paris 1992, S. 39-70.

Katzenstein, Peter J.: Introduction: Alternative Perspectives on National Security, in: ders. (Hrsg.): The Culture of National Security: Norms and Identity in World Politics, New York 1996, S. 1-32.

Kielinger, Thomas: The Gulf War and Consequences from the German Point of View, in: *Außenpolitik* 3/1991.

Kinkel, Klaus: Peacekeeping Mission: German Can Now Play Its Part, in: *NATO-Review (Web Edition)* 5/1994, S. 3-7.

Kirste, Knut und Hanns W. Maull: Zivilmacht und Rollentheorie, in: *ZIB*, 2/1996, S. 283-312.

Kowert, Paul und Jeffrey Legro: Norms, Identity, and Their Limits: A Theoretical Reprise, in: Katzenstein, Peter J. (Hrsg.): The Culture of National Security: Norms and Identity in World Politics, New York 1996, S. 451-497.

Krause, Joachim: Deutschland und die Kosovo-Krise, in: Clewing, Konrad und Jens Reuter (Koord.): Der Kosovo-Konflikt. Ursachen-Akteure-Verlauf, München 2000, S. 395-416.

Krause, Joachim: Die Rolle des Bundestages in der Außenpolitik, in: Eberwein, Wolf-Dieter und Karl Kaiser (Hrsg.): Deutschlands neue Außenpolitik. Band 4: Institutionen und Ressourcen, München 1998, S. 137-152.

Kühnhardt, Ludger: Wertgrundlagen der deutschen Außenpolitik, in: Kaiser, Karl und Hanns W. Maull (Hrsg.): Deutschlands Neue Außenpolitik, Band 1: Grundlagen, München 1994, S. 99-128.

Legro, Jeffrey W.: Culture and Preferences in the International Cooperation Two-Step, in: *American Political Science Review* 1/1996, S. 118-137.

Maull, Hanns W.: Germany and the Use of Force: Still a Civilian Power?, in: *Survival* 2/2000, S. 56-80.

Maull, Hanns W.: Germany in the Yugoslav Crisis, in: *Survival* 4/1995-96, S. 99-130.

Maull, Hanns W.: Germany's foreign policy, post-Kosovo: still a 'Civilian Power'?, in: Harnisch, Sebastian und Hanns W. Maull (Hrsg.): Germany as a Civilian Power. The Foreign Policy of the Berlin Republic, Manchester 2001, S. 106-127.

Maull, Hanns W.: Außenpolitische Kultur, in: Korte, Karl-Rudolf und Werner Weidenfeld (Hrsg.): Deutschland-TrendBuch. Fakten und Orientierungen, Bonn 2001, S. 645-672.

Müller, Harald: German Foreign Policy after Unification, in: Stares, Paul B. (Hrsg.): The New Germany and the New Europe, Washington 1992, S. 126-173.

Philippi, Nina: Civilian Power and War: The German Debate About Out-of-Area Operations 1990-99, in: Harnisch, Sebastian und Hanns W. Maull (Hrsg.): Germany as a Civilian Power. The Foreign Policy of the Berlin Republic, Manchester 2001, S. 49-67.

Pye, Lucian W.: Political Culture Revisited, in: *Political Psych*ology 3/1991, S. 487-508.

Reh, Werner: Quellen- und Dokumentenanalyse in der Politikfeldforschung: Wer steuert die Verkehrspolitik?, in: Alemann, Ulrich von (Hrsg.): Politikwissenschaftliche Methoden. Grundriss für Studium und Forschung, Opladen 1995, S. 201-260.

Rohe, Karl: Politische Kultur und der kulturelle Aspekt politischer Wirklichkeit, in: Berg-Schlosser, Dirk und Jakob Schissler (Hrsg.): Politische Kultur in Deutschland (Politische Vierteljahresschrift, Sonderheft 18), Opladen 1987, S. 39-48.

Schmidt, Christian: „Out-of-Area" - Eine Chronologie zu den Auslandseinsätzen der Bundeswehr, in: *antimilitarismus information* 3/1997, S. 12-21.

Schwab-Trapp, Michael: Der deutsche Diskurs über den Jugoslawienkrieg. Skizzen zur Karriere eines moralischen Dilemmas, in: Grewenig, Adi und Margaret Jäger (Hrsg.): Medien in Konflikten. Holocaust, Krieg, Ausgrenzung, Duisburg 1999, S. 97-110.

Schwab-Trapp, Michael: Der deutsche Diskurs über den Kosovokrieg und die Politik der Menschenrechte, in: Allmendinger, Jutta (Hrsg.): Gute Gesellschaft? Verhandlungen des 30. Kongresses der Deutschen Gesellschaft für Soziologie in Köln 2000, Opladen 2001, S. 1037-1053.

Schwab-Trapp, Michael: Der Kosovokrieg und die deutsche politische Kultur des Krieges, in: *Sozialer Sinn* 2/2001, S. 233-258.

Schwab-Trapp, Michael: Diskurs als soziologisches Konzept. Bausteine für eine soziologisch orientierte Diskursanalyse, in: Hirseland, Andreas u.a. (Hrsg.): Handbuch Sozialwissenschaftliche Diskursanalyse, Band 1: Theorien und Methoden, Opladen 2001, S. 261-283.

Schwab-Trapp, Michael: Srebrenica - ein konsensbildendes Ereignis? Diskursive Eliten und der Diskurs über den Jugoslawienkrieg, in: Neckel, Sighard und Michael Schwab-Trapp (Hrsg.): Ordnungen der Gewalt. Beiträge zur Soziologie des Krieges und der Gewalt, Opladen 1999, S. 119-130.

Steinkamm, Armin A.: Völkerrecht, Humanitäre Intervention und Legitimation des Bundeswehr-Einsatzes. Völker- und wehrrechtliche Aspekte des Kosovo-Konfliktes 1999, in: Clewing, Konrad und Jens Reuter (Koord.): Der Kosovo-Konflikt. Ursachen-Akteure-Verlauf, München 2000, S. 335-362.

Stephan, Cora: Der moralische Imperativ. Die Friedensbewegung und die neue deutsche Außenpolitik, in: Schmid, Thomas (Hrsg.): Krieg im Kosovo, Reinbek 1999, S. 269-277.

Tewes, Henning: Das Zivilmachtkonzept in der Theorie der Internationalen Beziehungen. Anmerkungen zu Knut Kirste und Hanns W. Maull, in: *ZIB* 2/1997, S. 347-359.

Webber, Douglas: Introduction: German European and Foreign Policy Before and After Unification, in: *German Politics* 1/2001, S. 1-18.

Weber, Hermann: Paradigmenwechsel im Völkerrecht? Die Frage der Legalität der NATO-Luftangriffe auf Jugoslawien unter dem Gewaltverbot der UN-Charta, in: Siegelberg, Jens und Klaus Schlichte (Hrsg.): Strukturwandel internationaler Beziehungen. Zum Verhältnis von Staat und internationalem System seit dem Westfälischen Frieden, Opladen 2000, S. 378-416.

Wendt, Alexander: „Anarchy is What States Make of It": The Social Construction of Power Politics, *International Organization* 2/1992, S. 391-425.

Wiegandt, Manfred H.: Germany's International Integration: The Rulings of the German Federal Constitutional Court on the Maastricht Treaty and the Out-of-Area Deployment of German Troops, in: *American University Journal of International Law and Policy* 10/1995, S. 889-916.

Dokumenten- und Quellenverzeichnis

1. Drucksachen und Plenarprotokolle des Deutschen Bundestages

Drucksache 12/28

Drucksache 12/29

Drucksache 12/32

Drucksache 12/33

Drucksache 12/35

Drucksache 12/36

Drucksache 12/37

Drucksache 12/3057

Drucksache 12/3072

Drucksache 12/3073

Drucksache 12/4710

Drucksache 12/4754

Drucksache 12/4755

Drucksache 12/4759

Drucksache 12/ 4768

Drucksache 12/5248

Drucksache 12/8303

Drucksache 12/8313

Drucksache 12/8320

Drucksache 13/11469

Drucksache 13/11469

Drucksache 13/1802

Drucksache 13/1808

Drucksache 13/1835

Drucksache 13/3122

Drucksache 13/3127

Drucksache 13/6500

Drucksache 13/6501

Drucksache 14/6830

Drucksache 14/6920

Drucksache 14/6970

Drucksache 14/7296

Drucksache 14/7333

Drucksache 14/7440

Drucksache 14/7500

Drucksache 14/7503

Drucksache 14/7512

Drucksache 14/7513

Drucksache 14/7930

Drucksache 14/7938

Plenarprotokoll 12/101, 12. Deutscher Bundestag, 101. Sitzung, Bonn, Mittwoch, den 22. Juli 1992.

Plenarprotokoll 12/150, 12. Deutscher Bundestag, 150. Sitzung, Bonn, Freitag, den 26. März 1993.

Plenarprotokoll 12/151, 12. Deutscher Bundestag, 151. Sitzung, Bonn, Mittwoch, den 21. April 1993.

Plenarprotokoll 12/169, 12. Deutscher Bundestag, 169. Sitzung, Bonn, Mittwoch, den 2. Juli 1993.

Plenarprotokoll 12/2, 12. Deutscher Bundestag, 3. Sitzung, Bonn, Donnerstag, den 14. Januar 1991.

Plenarprotokoll 12/240, 12. Deutscher Bundestag, 240. Sitzung, Bonn, Freitag, den 22. Juli 1994.

Plenarprotokoll 12/3, 12. Deutscher Bundestag, 3. Sitzung, Bonn, Donnerstag, den 17. Januar 1991.

Plenarprotokoll 13/149, 13. Deutscher Bundestag, 149. Sitzung, Bonn, Freitag, den 13. Dezember 1996.

Plenarprotokoll 13/248, 13. Deutscher Bundestag, 248. Sitzung, Bonn, Freitag, den 16. Oktober 1998.

Plenarprotokoll 13/48, 13. Deutscher Bundestag, 48. Sitzung, Bonn, Freitag, den 30. Juni 1995.

Plenarprotokoll 13/76, 13. Deutscher Bundestag, 76. Sitzung, Bonn, Mittwoch, den 6. Dezember 1995.

Plenarprotokoll 14/162, 14. Deutscher Bundestag, 162. Sitzung, Berlin, Freitag, den 30. März 2001.

Plenarprotokoll 14/174, 14. Deutscher Bundestag, 184. Sitzung, Berlin, Freitag, den 1. Juni 2001.

Plenarprotokoll 14/184, 14. Deutscher Bundestag, 184. Sitzung, Berlin, Mittwoch, den 29. August 2001.

Plenarprotokoll 14/187, 14. Deutscher Bundestag, 187. Sitzung, Berlin, Mittwoch, den 19. September 2001.

Plenarprotokoll 14/190, 14. Deutscher Bundestag, 190. Sitzung, Berlin, Donnerstag, den 27. September 2001.

Plenarprotokoll 14/198, 14. Deutscher Bundestag, 198. Sitzung, Berlin, Donnerstag, den 8. November 2001.

Plenarprotokoll 14/202, 14. Deutscher Bundestag, 202. Sitzung, Berlin, Freitag, den 16. November 2001.

Plenarprotokoll 14/210, 14. Deutscher Bundestag, 210. Sitzung, Berlin, Sonnabend, den 22. Dezember 2001.

Plenarprotokoll 14/243, 14. Deutscher Bundestag, 243. Sitzung, Berlin, Freitag, den 14. Juni 2002.

Plenarprotokoll 14/30, 14. Deutscher Bundestag, 30. Sitzung, Bonn, Donnerstag, den 25. März 1999.

Plenarprotokoll 14/31, 14. Deutscher Bundestag, 31. Sitzung, Bonn, Freitag, den 26. März 1999.

2. Dokumente, Quellen und Zeitungsartikel

Bundeswehr bleibt weiter in Mazedonien, in: *SZ*, 15./16. Juni 2002.

Enzensberger, Hans Magnus: Hitlers Widergänger, in: *Der Spiegel*, 4. Februar 1991.

Fischer, Joschka: Multilateralismus als Aufgabe deutscher Außenpolitik. Rede anlässlich der ersten Konferenz der Leiterinnen und Leiter deutscher Auslandsvertretungen am 4. September 2000 in Berlin, in: Bulletin der Bundesregierung, Nr. 53, 4. September 2000.

Fischer, Joschka: Rede vor der 54 Generalversammlung der Vereinten Nationen am 22. September 1999 in New York, in: Bulletin der Bundesregierung, Nr. 57, 24. September 1999.

Fischer, Joschka: Rede zur Neuausrichtung der Bundeswehr am 26. September 2001 im Deutschen Bundestag, in: Bulletin der Bundesregierung, Nr. 64, 26. September 2001.

Habermas, Jürgen: Wider die Logik des Krieges, in: *Die Zeit*, 15. Februar 1991.

Kister, Kurt: Das Ende der deutschen Sonderrolle, in: *SZ*, 15./16. Juni 2002.

Lepenies, Wolf: Grenzen der Normalisierung, in: *SZ*, 16. April 2002.

Scharping, Rudolf: Das transatlantische Bündnis auf dem Weg in das 21. Jahrhundert, Rede bei der Deutschen Atlantischen Gesellschaft in Bonn-Bad Godesberg am 18. April 1999, in: Bulletin der Bundesregierung, Nr. 18, 21. April 1999.

Scharping, Rudolf: Frieden und Stabilität in und für Europa - Europas Herausforderungen und Deutschlands Beitrag, Rede beim "Forum der Chefredakteure zur Sicherheitspolitik" der Bundesakademie für Sicherheitspolitik am 26. Januar 1999 in Bad Neuenahr, in: Bulletin der Bundesregierung, Nr. 6, 9. Februar 1999.

Scharping, Rudolf: Grundlinien deutscher Sicherheitspolitik, Rede an der Führungsakademie der Bundeswehr in Hamburg am 8. September 1999, in: Bulletin der Bundesregierung, Nr. 56, 23. September 1999.

Scharping, Rudolf: Rede zur Neuausrichtung der Bundeswehr vor dem Deutschen Bundestages am 26. September 2001, in: Bulletin der Bundesregierung, Nr. 64, 26. September 2001.

Schröder, Gerhard: Die Grundkoordinaten deutscher Außenpolitik sind unverändert: Frieden und Sicherheit und stabiles Umfeld für Wohlstand festigen, Rede bei der 37. Kommandeurstagung der Bundeswehr am 29. November 1999 in Hamburg, in: Bulletin der Bundesregierung, Nr. 83, 6. Dezember 1999.

Schröder, Gerhard: Erklärung der Bundesregierung zur aktuellen Lage im Kosovo, abgegeben am 15. April 1999 vor dem Deutschen Bundestag, in: Bulletin der Bundesregierung, Nr. 16, 16. April 1999.

Schröder, Gerhard: Historische Erinnerung und Identität, Rede zum Deutsch-Französischen Kolloquium am 25. September 1999 in Genshagen, in: Bulletin der Bundesregierung, Nr. 66, 13. Oktober 1999.

Schröder, Gerhard: Rede auf der 37. Münchner Konferenz für Sicherheitspolitik am 3. Februar 2001 in München, in: Bulletin der Bundesregierung, Nr. 11-2, 3. Februar 2001.

Schröder, Gerhard: Rede im Rahmen der Haushaltsdebatten im Deutschen Bundestag am 5. Mai 1999, in: Bulletin der Bundesregierung, Nr. 26. 6. Mai 1999.

Schröder, Gerhard: Regierungserklärung des Bundeskanzlers zur aktuellen Lage nach Beginn der Operation gegen den internationalen Terrorismus in Afghanistan vor dem Deutschen Bundestag am 11. Oktober 2001 in Berlin, in: Bulletin der Bundesregierung, Nr. 69/1 vom 12. Oktober 2001.

Schröder, Gerhard: Verlässlichkeit in den internationalen Beziehungen, Rede zur offiziellen Eröffnung des Sitzes der DGAP in Berlin am 2. September 1999, in: Bulletin der Bundesregierung, Nr. 55, 20. September 1999.

Steinberger, Petra: Der Anfang ist Schweigen, in: *SZ*, 19. September 2002.

Verantwortung für Frieden und Freiheit. Eine Textsammlung zur Sicherheitspolitik der Bundesrepublik Deutschland von 1949-2002, hrsg. vom Presse- und Informationsamt der Bundesregierung, Berlin 2002.

Verheugen, Günter: Europa und die Zukunft der humanitären Hilfe – aus Krisen lernen, Rede zur Eröffnung des Symposiums am 22. April 1999 in Bad Neuenahr, in: Bulletin der Bundesregierung, Nr. 20, 16. April 1999.

Vorbäumen, Axel: Paradigmenwechsel, in: *FR*, 15. Juni 2002.

Weidenfeld, Werner: Abschied von Adenauer, in: *Die Welt*, 01. Juni 2002.

3. Umfragedaten

„interesse". Informationen. Daten. Hintergründe, 11/2001, hrsg. vom Bundesverband deutscher Banken.

Politbarometer, Februar 1991, Datensatz der Forschungsgruppe Wahlen, Mannheim.

Politbarometer, Juli 1995, Datensatz der Forschungsgruppe Wahlen, Mannheim.

Politbarometer, September 1995, Datensatz der Forschungsgruppe Wahlen, Mannheim.

Politbarometer, Oktober 1995, Datensatz der Forschungsgruppe Wahlen, Mannheim.

Politbarometer, November 1995, Datensatz der Forschungsgruppe Wahlen, Mannheim.

Politbarometer, Dezember 1995, Datensatz der Forschungsgruppe Wahlen, Mannheim.

Politbarometer, September 1996, Datensatz der Forschungsgruppe Wahlen, Mannheim.

Politbarometer, Dezember 1996, Datensatz der Forschungsgruppe Wahlen, Mannheim.

Politbarometer, April 1999, Datensatz der Forschungsgruppe Wahlen, Mannheim.

Politbarometer, Mai 1999, Datensatz der Forschungsgruppe Wahlen, Mannheim.

Politbarometer, Juni 1999, Datensatz der Forschungsgruppe Wahlen, Mannheim.

Politbarometer, September 1999, Datensatz der Forschungsgruppe Wahlen, Mannheim.

Politbarometer, August 2001, Datensatz der Forschungsgruppe Wahlen, Mannheim.

Politbarometer, September 2001, Datensatz der Forschungsgruppe Wahlen, Mannheim.

Politbarometer, November 2001, Datensatz der Forschungsgruppe Wahlen, Mannheim.

Politbarometer, Dezember 2001, Datensatz der Forschungsgruppe Wahlen, Mannheim.

Politbarometer, Januar 2002, Datensatz der Forschungsgruppe Wahlen, Mannheim.

Politbarometer, März 2002, Datensatz der Forschungsgruppe Wahlen, Mannheim.

Dank

Dieses Buch widme ich meiner Familie. Ohne den Rückhalt meiner Eltern, Adi und Willi Florack, und meiner Schwester Christine wäre dieses Buch niemals entstanden.

Danken möchte ich zudem Fabian Klose. Vor allem in der Schlussphase des Schreibens war seine Unterstützung eine unschätzbare Hilfe.

Zu weiterem Dank verpflichtet bin ich Julian Eckl und Moritz Weiß für Anregungen und kritische Diskussionen. Ebenso bedanken möchte ich mich bei Manuela Glaab, Lars Colschen, Franco Algieri und Johannes Varwick für inhaltliche Anregungen und Korrekturen, sowie den beiden Gutachtern, Prof. Dr. Dr. h.c. Werner Weidenfeld (Ludwig-Maximilians-Universität München) und Prof. Dr. Johannes Paulmann (International University Bremen).

Martin Florack   Duisburg, November 2004